全国**创新创业**教育“十三五”规划教材

INNOVATION AND ENTREPRENEURSHIP

大学生创新创业

微课版 第2版

◉ 邓文达 罗旭 刘寒春 主编

人民邮电出版社
北京

图书在版编目（CIP）数据

大学生创新创业 : 微课版 / 邓文达，罗旭，刘寒春主编. -- 2版. -- 北京 : 人民邮电出版社，2019.8（2023.2重印）
全国创新创业教育“十三五”规划教材
ISBN 978-7-115-51474-5

Ⅰ. ①大… Ⅱ. ①邓… ②罗… ③刘… Ⅲ. ①大学生－创业－高等学校－教材 Ⅳ. ①G647.38

中国版本图书馆CIP数据核字（2019）第111856号

内容提要

大学是培养创新创业人才的重要基地，大学生是创业的生力军。大力开展创新创业教育，培养大学生的创新创业能力，成为我国教育改革与发展的必然趋势。本书是作者多年从事创新创业教育经验的总结，共分为10章，主要内容包括了解创新创业概念、了解创新与创新思维、评估创业者与组建创业团队、寻找创业机会与识别创业风险、了解创业资源、进行商业模式的创新与设计、制订创业计划、如何开办企业、初创企业的营销管理、初创企业的财务管理。

本书既可以作为高等院校、高等职业院校等学校的创新创业课程教材，也可以作为社会有志于创业的人士了解、学习创新创业知识的自学读物。

◆ 主　　编　邓文达　罗　旭　刘寒春
　责任编辑　刘　琦
　责任印制　马振武

◆ 人民邮电出版社出版发行　　北京市丰台区成寿寺路11号
　邮编　100164　　电子邮件　315@ptpress.com.cn
　网址　http://www.ptpress.com.cn
　北京天宇星印刷厂印刷

◆ 开本：787×1092　1/16
　印张：14.25　　　　2019年8月第2版
　字数：416千字　　　2023年2月北京第22次印刷

定价：42.00元

读者服务热线：（010）81055256　印装质量热线：（010）81055316
反盗版热线：（010）81055315
广告经营许可证：京东市监广登字20170147号

第2版前言

中国已进入“全民创业”的时代。自2014年夏季达沃斯论坛上总理第一次提出“大众创业、万众创新”之后，2015年3月5日的政府工作报告中，“大众创业、万众创新”更是被提升到中国经济转型和保增长的“双引擎”之一的高度。中国大地上正席卷着一股创新创业的新浪潮。

创业以特有的魅力改变着一个又一个国家或地区的经济发展轨迹，已成为这个时代的主旋律和最强音。创业，引领了科学技术创新，塑造了当代商业繁荣，成为经济增长的推进器，科技创新的孵化器，就业岗位的增容器。

创业的核心是创业者，大学是培养创新创业人才的重要基地，大学生是创业的生力军。随着我国创业环境的改善，社会创业气氛的活跃和创业文化的逐步形成，大学生的创业意愿日见高涨，大学生创业者不断涌现。麦可思研究院联合中国社科院发布的《中国大学生就业报告》显示，近5年来，大学生毕业即创业比例连续从2011届的1.6%上升到2017届的3.0%，接近翻了一番。2014年以来，国务院多次强调并发文要通过多种措施提高大学生的创业率。2014—2019年，我国在全国实施了大学生创业引领计划，以期逐步提高高等学校毕业生的创业比例。

但创业是一项高风险的商业活动，大学生创业存在诸多不确定性，面临许多障碍和风险，因此也有很高的失败率。《中国大学创新创业教育发展报告》分析认为：总结大学生创业失败的原因，可以看出，只有创业的激情、优秀的创意及自己的团队是不够的。

由于欠缺必要的管理经验、市场运作策划能力、正确面对失败的心态以及足够的资本支持，大学生创业的成功率较低。要解决大学生创业的问题，不仅需要从外部解决营造创业氛围和优化创业环境的问题，更需要从内部解决好大学生自身素质能力提升的教育问题。因此，迫切需要对所有的大学生进行系统的创业教育和创业训练，唤醒其创业意识，提升其创业素质，培育其创业精神，锻炼其创业能力，为大学生未来自主创业、灵活就业做好准备。

作为一项促进创业教育的战略措施，2015年5月13日，国务院办公厅发布《关于深化高等学校创新创业教育改革的实施意见》（以下简称《意见》）。《意见》要求进行教学及考试改革，扩大小班化教学，培养学生的批判性和创造性思维；探索非标准答案考试，破除“高分低能”积弊。此外，我国还探索将发表论文、获得专利和自主创业等情况折算为学分。《意见》强调指出：“高等教育要重视培养大学生的创新能力、实践能力和创业精神，普遍提高大学生的人文素养和科学素养。”同时，面对大学生目前就业难的形势和创业与生俱来的风险性这样的双重背景，高等学校加强大学生的创新创业教育势在必行。

创业教育不仅有利于增强大学生的创新能力，还可以帮助学生开辟新的就业渠道，缓解日益加重的就业压力，并且有助于从长远和根本上解决大学生的就业问题，具有重大而深远的意义。

基于此，本书编者结合自己多年从事创新创业教育与创业实践的经验，编写了本书。希望本书能够对大学生创新创业素质培养和大学创新创业教育有所助益。

本书由邓文达、广西交通职业技术学院罗旭、铜陵职业技术学院刘寒春任主编。本书配套了PPT课件、视频等丰富的教学资源，同时在书中还引入了二维码技术呈现随书微课拓展资源（扫描知识点旁边的二维码即可访问）。PPT课件、视频等资源请登录www.ryjiaoyu.com下载。

编者

2019年5月

目录

第4章

创业机会与创业风险

第5章

创业资源

第1章

了解创业，规划你的职业生涯

【学习目标】

通过本章的学习，使学生了解创业的概念、创业与创业精神的关系、创业与职业发展的关系以及创业和创业精神在当今时代背景下的意义和价值，正确认识并理性对待创业。

【学习重点与难点】

重点：创业的概念、创业三要素、创业过程、创业时机与途径。

难点：创业精神、创业与职业发展的关系、大学生创业规划。

案例分析

1-1 一名身患尿毒症的大学生的创业故事

2015年5月中旬，华南理工大学的基金会账号收到20万元。看到捐款人的姓名是蒲少涛，负责基金会账号管理的老师有些吃惊。这位2005级的校友大二时被检查出尿毒症，在学校和同学的帮助下，凭借着自强不息的毅力完成了学业。他的病维持治疗本就花销不菲，20万元从何而来?

记者采访蒲少涛当天，他从清远市来到广州的中山大学附属第一医院进行例行检查、取药，脸色稍差，但精神不错。毕业后，蒲少涛因病工作无望才选择了创业，目前经营的天猫网店年营业额已经达到2 000万元。

“起初，创业是为了生存。”这位2007年度“中国大学生自强之星”曾经这样说道。他不仅在毕业后成功创业，还找到了志同道合的爱人，有了自己的宝宝。

◢ 一边治疗一边敲键盘

2005年，蒲少涛从陕西农村考入华南理工大学，成了一名光荣的国防生，踌躇满志之时，却在2006年年底查出患有尿毒症。

蒲少涛没有怨天尤人，而是坚强地面对病情。在医院接受治疗期间，为配合治疗，他一天只喝一口水；前前后后10余次血液透析治疗，每次都疼得全身发抖，他从没喊过一声苦。

蒲少涛也有感觉绝望的时候，那时他会一个人偷偷哭，“感觉自己像用药物维持的肉体，少做一次透析治疗就是慢性自杀”。

出院后蒲少涛重返学校，坚持每天治疗4次。未来看似黯淡，但蒲少涛并未自暴自弃，总是尽力做好力所能及的事。由于身体原因，蒲少涛不得不放弃国防生资格，他的课余时间多了起来，他便自学钟爱的计算机编程。“我得学个一技之长。”蒲少涛开始为自己考虑，于是选修了计算机专业的课程，还上网找教程学习。

如果那时有人经过蒲少涛的宿舍，就会经常看到他一边做治疗，一边敲键盘。“学编程的时候，感觉治疗的时间过得飞快。”蒲少涛笑着说，学习也转移了他的治疗压力。

有一次，听到老师说想找人改版国防生网站，蒲少涛心头一热，便毛遂自荐。当他把作品交上去时，老师觉得新网站效果挺好。得知蒲少涛具备网页设计的技能后，老师们热情地介绍新的“客户”给他。在校期间，蒲少涛设计了十几个网站。

网页设计这一兼职让蒲少涛赚取了一定的生活费，更重要的是让他增强了生活下去的信心。这时，蒲少涛对未来的期许是，找一份工作养活自己。他从未想过创业，直到面临“毕业即失业”的尴尬。

◢ 工作无望只能创业

在当时全球金融风暴的影响下，毕业生们面临着前所未有的就业艰难的情况。然而，凭借着扎实的编程技术，蒲少涛却被好几个不错的软件开发公司抛来橄榄枝。当时有一家公司对他非常感兴趣，而他也很想进那家公司，于是他将病情告诉了对方，并再三保证身体不会影响工作，以后病情也与公司无任何关系，但对方还是回绝了他。至此，蒲少涛断了找工作的念头。

别人创业大多是出于兴趣，或追逐理想，但对蒲少涛而言，创业是被逼无奈的选择。

恰在这时，学校老师给蒲少涛带来一个好消息：省里正支持大学生自主创业，对于符合条件的学生可以提供一笔启动资金。为此，蒲少涛拿到了10万元的创业启动资金。

毕业后，在与别人合租的民宅里，“光杆司令”蒲少涛开始了网站设计与维护的创业项目。由于缺少资金，他一直在犹豫是否招人，担心人来了没项目。但不迈出第一步，就永远不能获得成功。最终，蒲少涛破釜沉舟，招了4名员工，搬进另一所140平方米的民宅。

创业压力大，很多事情蒲少涛必须亲力亲为，他的身体备受考验。有一天他给客户送展板，回来时已是晚上10点钟，已经没公交车了。那天下着大雨，他走了半个小时，腿都抽筋了。蒲少涛很拼，经常为了几百元的订单熬夜，因为他没有退路。

一年多下来，去掉员工工资和各项投入，蒲少涛发现自己并没有赚到钱。

2011年，听从哥哥的建议，蒲少涛把目光投向了电商，成为天猫最早做建材与家居产品网上定制与销售的商家。由于发展需要，他将创业战场从广州搬迁到了清远，注册成立了清新乐友家居用品有限公司，存储仓库从最初的一两百平方米，扩大到1 000多平方米。公司发展至今，已成为一家专业的窗轨供应商。

◢ 不断转型升级冲业绩

随着同类型网店越来越多，价格战导致利润降低，不利于公司长久发展。蒲少涛从营销模式和服务质量上进行突破，希望成就独一无二的品牌。

公司在全国布局了1 000个线下服务网络，“从在广州找第一个师傅开始，半年时间新疆、西藏都有了人，只要订单一下，师傅就上门进行窗帘的专业安装服务”。

蒲少涛还开发了一套ERP系统，专门用于定制类订单管理。早期用普通的网店销售系统时，客户每提出一个意见，网店这边就需要人工对照表格进行定价改动，效率低且容易出错。系统改进后，工作量大大减轻了，“之前得15个销售人员才能完成的工作，目前只需要10个人”。

为了更好地为顾客服务，公司还提出了“20元规则”，即顾客收货发现产品有不满意之处（如颜色有差别），公司会给予顾客几元到20元的赔偿。因此，即便有的顾客只买了10元的产品，也有可能获得20元的赔偿。

优质的产品与客户体验，使蒲少涛的“致尚家居”旗舰店成为天猫窗帘配件销售第一品牌。从2012年开始，“致尚家居”已是天猫KA级商家。

产品可以复制，服务可以模仿，公司要长久发展，转型升级、掌握核心技术是关键。蒲少涛把目光转向智能家居，尝试通过手机控制整个家居的带“电”产品。蒲少涛说：“如果可行，顾客回家前就可以通过手机App先开好空调、放好洗澡水。”蒲少涛形容，“这就像给现在的产品装上大脑。”

◢ 步入正轨不忘反哺

公司走上正轨后，蒲少涛以更加实在的方式回报社会。在粤北的清远市，蒲少涛公司的员工大多数学历不高，许多都是高中毕业生，但平均每月能拿到四五千元，勤奋一些的甚至能拿到上万元，“买房都不是难事”。每年公司会给员工安排体检，还设立奖金奖励优秀员工。

另外，网店每一笔订单成交额的千分之一，将会捐助给贫困山区的孩子们供其上学。蒲少涛还想为陕西农村的农产品打通网上销售渠道，希望帮助农民多挣一点钱。

2015年5月19日，蒲少涛不声不响地给华南理工大学基金会账号汇款20万元，希望用于重病学生的帮扶。蒲少涛说：“在我最困难的时候，学校和社会给了我巨大的关爱和帮助，现在我有了一定的能力，要将这份关爱和帮助传递下去。”

由于尿毒症，蒲少涛非常容易疲惫，经常失眠。每3个月他就得到广州进行全面的复查，每个月要拿一次药。为了方便透析治疗，他将工作的方式转变成上午在公司上班，下午在家用远程网络操控管理。

目前，蒲少涛还在等待合适的肾源。即便如此，他依然对未来充满期许，“病好了以后还要继续进修学习，继续创业”。

课堂思考与讨论

1. 谈谈蒲少涛创业成功的原因。你从蒲少涛身上看到了哪些创业精神？
2. 蒲少涛创业成功后不忘回报社会，对你有什么启发？

1.1 » 创业概述

创业名言

“只要有 50 个企业家，就可以从危难中拯救美国。”

——艾柯卡（美国现代著名企业家）

创业，无疑是当今时代极具吸引力的一个字眼，因为它不仅意味着创造出更丰富的产品、服务，为我们自身和社会创造财富，还可以让创业者施展才能，实现自身价值和人生理想。当今的时代是一个全民创业的时代，大学生创业已成为毕业生流向社会的一种全新的就业方式。那么，什么是创业？

1.1.1 大学生创业的内涵与意义

1．大学生创业的内涵

“创业”一词最早出现于《孟子·梁惠王下》：“君子创业垂统，为可继也。”故《辞海》将“创业”解释为“开创基业”，《汉语成语词典》将“创业”解释为“创办事业”。

杰弗里·蒂蒙斯（Jeffry A.Timmons）所著的创业教育领域的经典教科书——《创业创造》（New Venture Creation）中将“创业”定义为：创业是一种思考、推理结合运气的行为方式，它为运气带来的机会所驱动，需要在方法上全盘考虑并拥有和谐的领导能力。

综合国内外学者的观点，关于什么是“创业”，可以从狭义和广义两个层面来理解。

① 广义的创业。广义的创业泛指在各个领域开创事业并且在特定领域内造成较大的影响，一般强调关系到国计民生的事业。战国七雄为了实现霸业而东征西战，历代开国君臣为建立新的国家而运筹帷幄，斗智斗勇，他们是在创业；汉唐的文治武功是创业；唐宋的休养生息、发展经济也是创业。创业总是以价值实现为终极目标的，创业的价值是个人价值与社会价值的统一。

② 狭义的创业。狭义的创业也称为自主创业，是指创办企业，可定义为：创业是创业者在不确定的环境中，通过发现、识别和捕捉创业机会并有效整合资源，获取商业利润，创造个人价值与社会价值的过程。

对创业的内涵，可以从以下5个方面进行理解。

（1）创业是一个复杂的创造过程，它创造出某种有价值的新事物。这种新事物不仅要对创业者本身有价值，而且对社会也要有价值。价值属性是创业的重要属性，同时也是创业活动的意义所在。没有增值，创业就没有意义，初创企业也不可能存活。

（2）创业需要创业者贡献必要的时间和大量的精力，付出极大的努力。要完成整个创业过程，要创造新的有价值的事物，就需要大量的时间；而要获得成功，更需要坚忍不拔的意志和坚持不懈的努力，而且很多创业活动的创业初期都是在非常艰苦的环境下度过的。当然，创业的渐进和成功也会带来很大的成就感。

（3）创业需要面对资源难题，设法突破资源束缚。一般情况下，创业者可以直接控制的可用资源往往很少，创业几乎都会经历白手起家、从无到有的过程。例如，牛根生和他的创业团队把一个一无奶源、二无工厂、三无市场的“三无企业”发展成了年销售额达21亿元的大型企业，成功的核心因素之一就是借助别人的资源。因此，创业者只有努力创新资源整合手段和资源获取渠道，才能真正摆脱资源约束的困境。

（4）创业需要寻求有效机会。创业通常离不开创业者识别机会、把握机会和实现价值的有效活动。创业者从创业起始就需要努力识别商业机会，只有发现了商业机会，才有可能更好地整合资源和创造价值。因此，一般认为寻求有效机会是产生创业活动的前提。

（5）创业要承担必然的风险。创业的风险可能有各种不同的形式，这取决于创业的领域和创业团队的资源。通常的创业风险主要有人力资源风险、市场风险、财务风险、技术风险、外部风险、合同风险等几个方面。创业者应具备超人的胆识，甘冒风险，勇于承担多数人望而却步的风险。

2．大学生创业的重要意义

随着高等教育学校数量的增多和规模的扩张，大学毕业生的就业问题也日渐突出。据教育部统计，我国应届高校毕业生人数多年来持续增长，不断创历史新高，就业形势十分严峻。2015年应届大学毕业生达749万人，2016年达765万人，2017年高达795万人，2018年超过820万人，2018年堪称史上更难就业季。根据人社部的毕业生数据，如果加上中职毕业生和2017年尚未就业的大学生数量，2018年待就业的加在一起约有惊人的1 500万，大学生就业“狼多肉少”的现象越来越严重。为了解决大学生就业难题，近年来从中央到地方都出台了一些应对措施，其中鼓励大学生创业被摆在了突出的位置，“大力支持自主创业、促进以创业带动就业”成为应对就业难题的重大战略。因此，大学毕业生创业具有十分重要的意义。

（1）以创业带动就业是缓解大学生就业难的有效途径。创业具有扩大就业的倍增效应。大学生创业不仅是就业的重要形式，而且能带动就业，为更多的人解决就业问题。调查结果表明：一个大学生创业，平均可以带动8个大学生或社会待业人员的就业。因此，培育大学生的创业精神和创业技能，提倡和鼓励大学生自主创业，通过创业来解决大学生就业问题无疑是一条可行且有效的途径。

（2）大学毕业生创业有利于大学生自我价值的实现。随着社会的不断发展，创办企业越来越需要创业者具有较高的知识水平和技术能力，而拥有专业知识和具有人力资本的大学生更有能力通过创业来实现价值创造。大学毕业生通过自主创业，可以把自己的兴趣与职业紧密结合起来，做自己最感兴趣、最愿意做和自己认为最值得做的事情。创业为大学生创造了发展的机会，提供了增加个人财富的可能性，这有利于大学生提高自己的社会地位。对许许多多梦想着开创自己事业的大学生而言，创业不但是一种充分实现自我价值的机会，更是发挥个人潜能的舞台。

（3）大学毕业生创业有利于培养大学生的创新精神。创业的本质是创新，而创新是一个民族的灵魂，是一个国家兴旺发达的不竭动力。青年大学生作为最具活力的群体，是未来社会的精英，如果大学生失去了创造的冲动和欲望，那么国家最终将失去发展的不竭动力。大学生的创业活动，有利于培养其勇于开拓创新的精神，使其把就业压力转化为创业动力，有利于培养出越来越多的各行各业的创新型人才，是我国实现发展创业型经济的重要途径，能够为创业型经济的发展提供根本性支撑。

（4）大学毕业生创业有利于促进中小企业的快速发展。从国际经验来看，等量资金投资于小企业所创造的就业机会是大企业的4倍。我国约有99.5%的企业属于小企业，65%～80%的劳动者在其中就业。美国对中小企业的发展一直比较重视，称其为“美国经济的脊梁”。美国企业的创新产品有82%来自中小企业。因此，应鼓励大学生自主创业。

（5）大学毕业生创业有利于培养其艰苦奋斗的作风。大学生自主创业的过程中，困难和挫折，甚至失败都在所难免，这就要求自主创业的大学毕业生具备顽强的意志和良好的品格，勇于承担风险，自立自强，艰苦拼搏，通过创业培养自立自强的意识、风险意识、拼搏精神和艰苦奋斗的作风。

1.1.2 创业的要素与类型

1．创业的要素

人们研究创业活动的一个基本方法就是分析创业要素，即具备了哪些要素就可以进行创业活动了。尽管研究的成果很多，如“三要素说”：技术、创新模式和创业团队，产品、资金、团队，也有人认为是资金、策划、市场；“四要素说”：创业者、创业机会、创业组织、创业资源；“五要素说”：眼光、思想、魄力、资本、关系。但迄今为止，人们对创业要素的认识和分析中，最为典型和公认的创业要素模型为蒂蒙斯模型。该模型提炼出了创业的三大关键要素，即创业机会、创始人及其创业团队、创业资源，如图1-1所示。这三个核心要素是创业活动中不可或缺的。

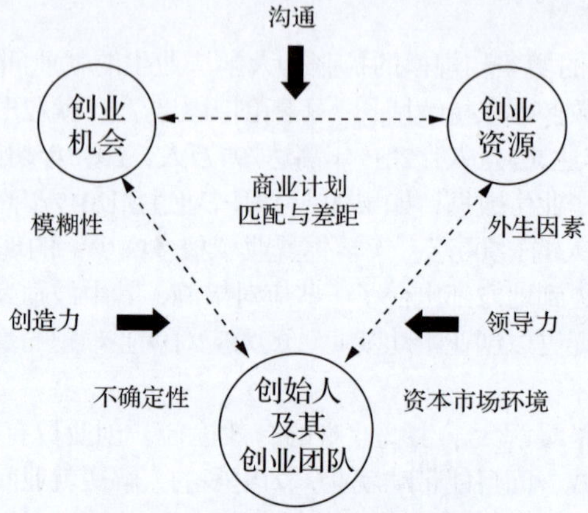

图 1-1 蒂蒙斯创业三要素模型

蒂蒙斯认为：

① 创业机会是创业过程的核心驱动力，如果没有机会，创业活动就成了盲动，难以创造真正的价值。

创业过程始于创业机会，而不是钱、战略、网络、团队或商业计划。开始创业时，商业机会比资金、团队的才干和能力及适当的资源更重要。在创业过程中，资源与商机间经历着一个适应→差距→适应的动态过程。商业计划为创业者、创业机会和资源三个要素的质量和相互间匹配和平衡提供了语言和规则。

② 创始人及其创业团队是创业过程的主导者和核心，如果没有创业者及其创业团队的主观努力，创业活动是不可能发生的。

创始人及其创业团队的作用就是利用其自身的创造力在模糊、不确定的环境中发现机会，并利用企业网络和社会资本等外界因素组织和整合资源，主导企业利用搜寻到的创业机会创造价值。

③ 创业资源是创业成功的必要保证，创始人及其创业团队把握住合适的机会后，还需要有相应的资金和设备等资源；如果没有必要的资源，机会也就难以被开发和实现。

④ 创业过程实际上是三个要素之间相互作用、由不平衡向平衡发展的过程。

在三个要素中绝对的平衡是不存在的，但企业要保持发展，必须追求一种动态的平衡。处于模型底部的创始人或工作团队要善于平衡，借此推进创业过程，他们必须做的核心工作是：对创业机会的理性分析和把握，对风险的认识和规避，对资源的合理利用和配置，对工作团队适应性的分析和认识。

用保持平衡的观念展望企业未来时，创业者必须思量的问题是：目前的团队能否领导公司在未来成长得越来越好；下一阶段要想取得成功会面临怎样的困难。这些问题在不同的阶段以不同的形式出现，关系企业的可持续发展。

总之，创业者要在千变万化的环境中依靠创业机会、创始人及其创业团队和创业资源三要素之间的和谐和平衡，分析解决各种问题，努力协调创业中各种资源的配置，从而保证创业成功。

2．创业的类型

创业活动涉及各行各业，创业者的创业动机千差万别，创业项目和领域多种多样，创业的类型也因此呈现多样化，可以从不同角度对其进行分类。

（1）基于创业形式的分类

根据创业形式，可以将创业分成复制型创业、模仿型创业、安定型创业和冒险型创业。

① 复制型创业

复制型创业即在现有的经营模式的基础上，简单复制原有公司的经营模式进行的创业。例如，某人原本在餐厅里担任厨师，后来辞职自行创立了一家与原服务餐厅类似的新餐厅。

在现实社会中，新企业中属于复制型创业的比例很高，且由于前期经验的累积，创业者创业的成功率较高。例如，1998年，牛根生（伊利副总裁）从伊利集团离开后，带领手下几名干将启动了一场"复制一个伊利"的计划，创办了蒙牛乳业集团。

② 模仿型创业

这种形式的创业虽然创新的成分也很低，但与复制型创业的不同之处在于，其创业过程对于创业者而言还是具有很大冒险成分的。例如，某一制鞋公司的经理辞掉工作，开设了一家当下流行的网络咖啡店。这种形式的创业具有较高的不确定性，学习过程长，犯错机会多，代价也较高昂。这种创业者如果具有合适的创业人格特性，经过系统的创业管理培训，掌握了正确的市场进入时机，还是有很大机会获得成功的。

③ 安定型创业

这种形式的创业，虽然为市场创造了新的价值，但对创业者而言，无太大的改变，做的也是比较熟悉的工作。这种类型的创业强调的是创业精神的体现，也就是创新的活动，而不是新组织的创造，企业内创业即属于这一类型。例如，研发单位的某小组在开发完成一个新产品后，继续在该企业部门开发另一个新产品。

④ 冒险型创业

冒险型创业是一种难度很高的创业活动，有较高的失败率，但一旦创业成功，投资回报也很高。这种类型的创业想要获得成功，对创业者能力、创业时机、创业精神发挥、创业策略研究拟定、商业模式创新、经营模式设计、创业过程管理等各方面都有很高的要求。

（2）基于创业动机的分类

2001年，全球创业观察报告最先提出了生存型创业和机会型创业的概念，并逐年对其进行了丰富。依据创业者的创业动机，可以将创业分成生存型创业和机会型创业。

① 生存型创业

生存型创业是指创业者受生活所迫，由于没有其他更好的选择，不得不参与创业活动来解决其所面临的困难。这种类型的创业者，最初或许根本就没有什么创业的概念以及伟大的理想与梦想，只是出于生存的需要，在现有市场中捕捉机会，从事低成本、低门槛、低风险、低利润的创业。例如，我国20世纪80年代初期的创业者以及下岗职工的创业行为大都属于这种类型。清华大学的一份调查报告指出，这一类型的创业者占我国创业者总数的90%。

生存型创业大多属于复制型和模仿型创业，创业项目多集中在餐饮、美容美发、商业零售、房地产经纪等比较容易进入的生活服务业，创业企业一般规模较小，其面临的市场竞争比较激烈。对生存型创业者来说，要想做大做强，必须克服小富即安的惰性思想，善抓机遇，走机会型创业的道路。

② 机会型创业

机会型创业是指创业者基于实现自我价值的强烈愿望，在发现或创造新的市场机会下进行的创业活动。从事机会型创业的人通常不会选择自我雇佣的形式，而是具有明确的创业梦想，进行了创业机会的识别和把握，有备而来。例如，李彦宏创办百度公司就是典型的机会型创业。他舍弃在美国的高薪岗位，毅然回国创业，其主要原因是他发现了互联网搜索引擎存在的巨大商机，同时期望实现自我人生的更大发展。相比生存型创业，机会型创业不仅能解决创业者自己的就业问题，而且能解决更多人的就业问题，有可能创造更大的经济效益和社会价值。所以，无论是从缓解就业压力的角度还是创造社会和经济价值的角度，政府和社会都应该更加关注机会型创业，大力倡导机会型创业。

（3）基于创业起点的分类

依据创业者的创业起点，可将创业分为创建新企业和企业内创业。

①创建新企业

创建新企业是指创业者或团体从无到有地创建全新的企业组织。这个过程充满机遇，创业者和团队的想象力、创造力可以得到最大限度的发挥，但创业的风险和难度较大，创业者会遇到缺乏资源、经验和相关方支持的困境。

②企业内创业

企业内创业是指在企业内进行创新创造的过程，意指现有的企业为了适应市场环境的变化，开发新的产品或者服务，为了提高企业竞争力和盈利能力而开展的创业活动。

通常情况下，企业内创业是由有创意的员工发起的，其在企业的支持下进行企业内部新项目的创业，并与企业分享创业成果。

在创业领域，企业内创业由于其独特的优势而受到越来越多创业者和企业的关注。例如，2000年，深圳华为集团为了解决机构庞大的问题和老员工的问题，鼓励内部创业，将华为非核心业务与服务业务（公交、餐饮）“分离”出去，以内部创业方式先后成立了广州市鼎兴通讯技术有限公司、深圳市华创通电子有限公司等。这些内创公司依托华为强大的经济实力与市场占有率为其产品提供相关技术服务等，同时也成就了企业内部员工的创业梦。

1.1.3 创业的过程与阶段

1．创业的一般过程

创业的一般过程包括创业者从产生创业想法开始的自我评估到创建新企业并获取回报，通常分为以下6个主要的过程环节，如图1-2所示。

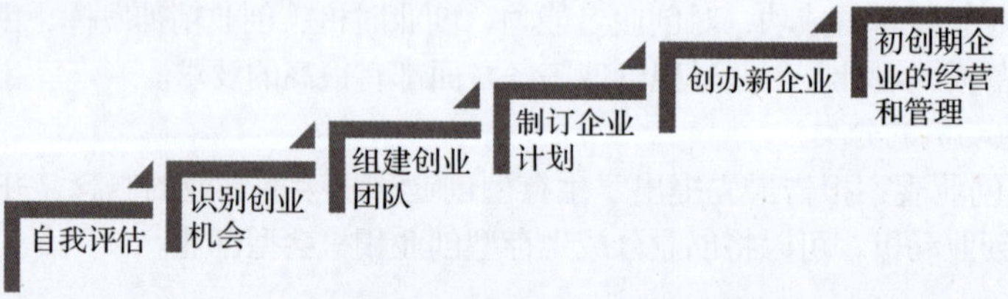

图 1-2 创业的一般过程

（1）自我评估

“想创业不一定能创业，能创业不一定能成功创业。”创业者的性格、技能和资源往往决定了创业的成败。当你产生了创业动机后，在打算创办一家企业之前，你需要全面而客观地评价自己，判断自己是否适合创办和经营企业，是否具备了创办和经营企业的基本能力，因为创业是一种极大的挑战。

（2）识别创业机会

识别创业机会是创业过程的核心环节。李嘉诚说过：“机会存在是客观的，机会发现是主观的，只要做一个有心人，发现机会的存在不是一件困难的事情。”创业者在识别创业机会阶段应有敏锐的嗅觉，能够广泛结交朋友并与他们交流沟通，以便准确地寻找和识别创业机会，分析并判断其商业价值，最终抓住创业机会，确定创业项目。

（3）组建创业团队

创业活动的复杂性决定了不可能由创业者一个人包揽所有的事务，而要通过组建分工明确的创业团队来完成各自的任务。创业团队的优劣，基本上决定了创业能否成功。

因此，对于创业公司来说，团队的重要性不言而喻。然而大多数创业者却没有认识到这一点，他们觉得只要项目好，就会有好的市场前景。事实上并非如此，再好的项目也是需要人来运作的。所以创业者需要构建一个分工合作、步调一致的团队，如新东方三剑客、腾讯五虎将、阿里巴巴十八罗汉等。

（4）制订创业计划

创业计划是对与创业项目有关的事项进行全方位安排的一份书面文摘，用以描述创办一个企业时所有相关的外部及内部要素，包括商业前景的展望，人员、资金、物质等各种资源的整合，以及经营思想、战略的确定等，是为创业项目制定的一份完整、具体、深入的行动指南。因此，创业者在创办企业之前，必须撰写一份创业计划书，来帮助创业者进行自我评价，以及判断项目的可行性、竞争力与赢利能力。

（5）创办新企业

企业是创业行为的产物，是创业者实现创业梦想的实体基础。创办新企业包括选择适当的企业法律形式和经营地址、公司制度设计、企业注册、确定进入市场的途径（包括是选择完全创办新企业还是加入现有企业等）。值得注意的是，许多创业者在创业初期迫于生存的压力，以及对未来缺乏准确预判，往往容易忽视这部分工作，结果给以后的发展留下了隐患。

（6）初创期企业的经营和管理

企业一经建立，首先面临的是经营和管理问题，包括创业初期的市场营销、产品设计和规划、财务和售后服务体系的建立等。这一阶段包括选择正确的管理模式、明确创业成功的关键、及时发现运作中出现的问题，并完善相应的管理和控制系统，确保企业或店铺的正常运作。在安全度过生存期后，创业者需要了解新创企业成长的一般规律，预判可能面临的问题及如何防范和解决问题，如何实现新企业的发展。

2．创业的阶段

从新创企业发展的性质来看，创业可分为4个基本阶段。

第一阶段，即生存阶段。以产品、技术和服务来占领市场，重点是要有想法，会销售。

第二阶段，即公司化阶段。以规范管理来增加企业效益，这需要创业者提高思维层次，要从企业战略的高度来思考问题。

第三阶段，即集团化阶段。以产业化的核心竞争力为硬实力，依靠一个个团队的合作，构建子公司和整个集团的系统平台，通过系统平台来完成管理。

第四阶段，即总部阶段。以一种无国界的经营方式构建集团总部，依靠一种可跨越行业边界的无边界核心竞争力，让企业发展达到最高层级。

1.2 » 创业精神

创业名言

创业精神既不是科学，也不是艺术，而是一种实践。

——德鲁克（现代管理学之父）

创业精神是创业的动力，也是创业的支柱。没有创业精神就不会有创业行动，也就无从谈创业成功。因此，创业精神对创业至关重要。

1.2.1 创业精神的定义与内涵

创业精神是指在创业者的主观世界中，那些具有开创性的思想、观念、个性、意志、作风和品质等，主要表现为勇于创新、敢当冒险、团结合作、坚持不懈等。

国内外学者对创业精神从心理学的角度进行了深入研究，对创业精神的理解可概括为以下几点。

第一，如果个体表现出创新、承担风险和主动进取的行为，那么他就具有创业精神。

第二，创业精神是为了开发机会而集中独特系列资源创造新价值的过程。

第三，创业精神也是创业者在个性方面所具有的特征，如机会捕捉能力、高成就动机、内在控制源等。

创业精神有三个层次的内涵：哲学层次的创业思想和创业观念，是人们对于创业的理性认识；心理学层次的创业个性和创业意志，是人们创业的心理基础；行为学层次的创业作风和创业品质，是人们创业的行为模式。

创业精神的实质就是以创新为基础的行为与思维方式，就是不满足于现状，改变旧有条件，寻求解决问题的新途径。

1.2.2 创业精神的作用

创业是以创新为核心的活动。创新精神作为创业者必备的心理品质，是决定创业成败的重要因素。创业精神能够激发人们进行创业实践的欲望，是一种心理上的内在动力机制。它在很大程度上决定着一个人是否敢于投身创业实践活动，支配着人们对创业实践活动的态度和行为，并影响着态度和行为的方向及强度。

创业精神能够渗透到以下3个方面并产生作用。

（1）个人成就的取得：个人如何成功地创建自己的企业。

（2）大企业的成长：大企业如何使其整个组织都重新焕发创业精神，以具有更强的竞争力和获得更大的成长。

（3）国家的经济发展：使人民富裕，使国家强大。

总之，创业精神的力量能够帮助个人、企业，乃至整个国家（或地区）在面对21世纪的竞争时走向成功和繁荣。当前，世界产业结构正经历着彻底转变，创业精神在我国将发挥更大的作用，它有利于加快转变经济发展方式，促进经济社会又好又快地发展。

1.2.3 大学生创业精神的培育

创业既是一种能力，也是一种精神。提高人的主观能动性、提高辩证思维能力和提高自主创新思维能力，是培养创业精神的新思路。培育大学生的创新精神，是一个系统工程，全社会都应该热心地关注和支持大学生创新创业。政府、高校、教师、大学生及家庭应各尽其责，构建“五位一体”互相协作的创业精神培养机制。

1．宣扬优秀的创业文化

校园是学生成长的外部环境，校园文化对学生具有陶冶功能、激励功能、导向功能。高校应想方设法将创业精神有机地融入文化活动、科技活动等活动中，以培养学生的创业精神。具体来说，可经常邀请成功的企业家或成功的校友来学校做报告，增强大学生的创业信心，利用他们的创业激情感染大学生，使他们成为激励大学生创业的榜样；还可以借鉴国外发达国家大学生创业精神的培养方式，着力营造鼓励创业的校园文化环境。当代著名教育家张楚廷先生曾说，学校不应只强调教育，还应重视文化；有了文化，教育自然就在其中。高校要在社会主义核心价值体系教育中融入创业精神的教育，加强对学生的创业教育及相关风险意识的教育，在校园中形成推崇创新、尊重创业、宽容失败的文化环境。

2．培育创业人格

美国斯坦福大学教授推孟曾在30年中追踪研究了800人的成长过程，结果发现，他们中成就最大的20%与成就最小的20%最明显的差异就是个性方面的不同。高成就者具有谨慎、自信、不屈不挠、积极进取、坚持不懈等心理特征。这说明个性特征对个体的创业来说是非常重要的，尤其是"独立性""坚持性""敢为性"等。人格教育同创业精神与创业能力的培养是相辅相成的。高校要依据大学生的心理特点，有针对性地讲授心理健康知识，帮助大学生树立心理健康意识，优化心理素质，增强心理调适能力和对社会生活的适应能力，自觉培养坚忍不拔的意志品质和艰苦奋斗的精神，提高承受和应对挫折的能力。此外，高校还可以采用创业案例剖析创业者的人格特征、进行心理训练等，让学生掌握形成良好心理素质与优良人格的方法。

3．培养创新能力

创新是创业精神的核心，高校必须强调对学生创新能力的培养。要尊重学生的个性发展，爱护和培养学生的好奇心、求知欲，为学生的天赋和潜能的充分开发创造一种宽松的环境。鼓励学生勇于突破，有意识地突破前人，突破书本。通过开设创新创造类课程、举办主题技能竞赛让学生感受、理解知识产生和发展的过程，培养学生的科学精神和创新思维。

4．强化创业实践

学校要鼓励学生利用课余时间参加一定的创业模拟和社会实践活动，增强学生对企业的了解和对社会的适应能力。例如，在校内外开展创业竞赛活动、与社会企业联合开展学生的实习见习等。"纸上得来终觉浅，绝知此事要躬行"，我们应让学生在实践中磨炼自己，形成正确的创业认知，培养创业精神和提高解决问题的能力。

1.3 » 大学生创业的时机与途径

1.3.1 大学生创业的时机

1．在校创业

在校创业，是指边读书边创业的活动。有的学生想出了好的创业点子，有的学生申请了专利，想把专利技术转化成实实在在的产品，但他们又都不愿意放弃学业，于是出现了在校创业的现象，如清华大学的王科、邱虹云和徐中就是典型的在校创业的例子。这种做法的优点是能够在创业的同时继续完成学业，但不足之处是可能难以处理好创业和学习的矛盾，有时会顾此失彼。

2．毕业即创业

毕业即创业是当前大学生在就业过程中积极倡导的一种"就业"选择。这样，可减轻国家、社会的负担，及早为社会、个人创造财富，并能在大学毕业生中形成一种激励。只要条件具备，大学毕业生完全可以成为创业者。

3．就业后创业

有着创业理想的大学生，在条件还不成熟时，如没有合适的项目，没有足够的资金，没有一定的社会阅历和社会经验，难以应对社会复杂的人际关系的时候，没有必要急着创业，而可以先到一些公司去工作，获得实践经验，积累一定资金，并策划一些好的创业项目之后，再图发展。

1.3.2 大学生创业的途径

1．利用专利技术入股，寻找投资人

大学生在大学期间拥有发明专利，即可利用专利技术去寻找投资人，如果能获得风险投资家的青睐，则更容易迅速成为老板；如果公司的经营管理科学合理，则可较快获得成功。如丁磊在创办网易公司的过程中、张朝阳在创办搜狐公司的过程中，都获得了风险投资的支持。

2．首先进入欲创业的行业学习技术，然后再创业

有的大学生希望在技术领域创业，但又缺乏实践经验，技术不够精湛。在这种情况下，大学生可先进入希望进行创业的行业，学习技术，了解现状，等到条件成熟时，再开始创业。

如学机电维修的大学生，可先进机械制造厂打工，学习机械设计、制造技术，再到机械设备应用企业实习一段时间，等到技术成熟后，再自己开办机械配件加工厂或机电维修中心。有一位学习电力技术的大学生毕业之后在广东的一家公司打工，那家公司的业务是承接电力设备系统的建设工作。他在那家公司工作三年之后，熟悉了公司的业务运作程序和全部的技术，于是他回到家乡自己筹资创办了一家类似的公司，每年可承接几百万元的业务。几年下来，他拥有了500多万元的资本。

3．通过推销，积累原始资本，再创办公司

推销是一个充满挑战与机遇的职业，有的大学生毕业之后先从事仪器、药品、机械、电子设备等推销工作，当推销的商品数量大时，可获得高额的业务提成。有了一定的资本和经验之后，他们就注册成立贸易公司，为一些企业做产品销售代理，因为做销售代理可采用先销售产品后付款的形式，所以对新创办公司的资金周转非常有帮助。

4．看准市场，创办实体

有的大学生有灵活的经济头脑，能洞悉市场的需求，则可采用贷款、集资的方式创办自己的实体创业。

四川省的欧阳晓玲，中专毕业后，辞职筹资创办了四川省第一个民营林业园艺科技企业——永川园艺植物研究所，她带领全所员工从事果树良种的引种、繁育和配套栽培等技术研究、技术服务，承包经营荒地，将荒山秃岭变成了生“金”长“银”的示范园林，带领5万多名农民致富，取得了巨大的经济效益和社会效益。

5．从小事做起，由小利起步

历史上，有不少企业家开始做的都是很不起眼的小本生意，很快就完成了资本积累。

1928年，有一对叫麦当劳的年轻兄弟，他们在加利福尼亚开了一个小电影院，同时兼营一个小食品店专卖汉堡包。说来也怪，汉堡包的生意比电影院的生意好得多。这种15美分一个的汉堡包看来不起眼，可由其创造的年营业额竟高达25万美元，于是麦当劳兄弟便干脆专营汉堡包，并成立了麦当劳公司。

大学生创业普遍面临缺乏资金的困难，从小事做起，从求小利做起，不失为一条稳妥的途径。投入小，风险就小，但积小利成大利，聚沙成塔。

6．“借鸡生蛋”，借钱赚钱

大学生开始创业时，资金都比较少，有时看准了机会，自己也没有力量去干，或者自己有一定的资金，但缺乏经验，难把事情办好。在这种情况下，最好能“借鸡生蛋”，即利用别人的资金、关系、组织机构和人员去干事，事成之后参加利润分成。

例如，有个学模具设计与制造的大学生掌握了制造先进模具的技术，便联系了一个学经营管理的大学同学，他们与某乡政府合作，由该乡政府出资60万元，创办了一个模具厂，由两位大学生承包经营，模具厂的业务很快扩大，获得了良好的经济效益。

1.4 » 大学生创业与职业生涯发展

创业名言

人生一辈子不创一次业一定是一件非常糟糕的事情。人一辈子总是要为自己干件事情，创业就是为自己干的事情。

——俞敏洪（新东方创始人）

创业是可以规划的，创业能力对个人职业生涯的发展起着积极的作用。

1.4.1 职业生涯与职业生涯规划

1．什么是职业生涯

职业生涯是指个人通过从事工作所创造出的一种有目的的、延续一定时期的生活模式。这个定义由美国职业发展协会（National Career Development Association）提出，是职业生涯领域中被广泛使用的一个定义。

职业生涯也可以从另一个角度分为外职业生涯和内职业生涯。

外职业生涯是指从事职业时的工作单位、工作地点、工作内容、工作职务、工作环境、工资待遇等因素的组合及其变化过程。例如，职务目标是总经理，经济目标是年薪30万元。外职业生涯的构成因素通常是由别人给予的，也容易被别人收回。外职业生涯因素中，职务与待遇的取得往往与自己的付出不符，尤其是职业生涯初期。有的人一生疲于追求外职业生涯的成功，但内心却极为痛苦，因为他们往往不了解，外职业生涯的发展是以内职业生涯的发展为基础的。

内职业生涯是指从事一项职业时所具备的知识、观念、心理素质、能力等因素的组合及其变化过程。例如，工作成果目标是销售经理的工作业绩，心理素质目标是经受得住挫折，能做到临危不惧、宠辱不惊。内职业生涯中的各项因素，可以通过别人的帮助而具备，但主要还是靠自己的努力追求而获得。与外职业生涯构成因素不同，内职业生涯的各构成因素内容一旦取得，别人便不能收回或剥夺。

2．什么是职业生涯规划

职业生涯规划是指个体将个人发展与组织发展相结合，对决定个人职业生涯的个人因素、组织因素和社会因素等进行分析，制订个人一生中在事业发展上的战略设想与计划安排。

根据定义，职业生涯规划首先要对个人特点进行分析，然后对所处组织环境和社会环境进行分析，再根据分析结果制订一个人的奋斗目标，选择实现这一奋斗目标的职业，编制相应的工作、教育和培训的行动计划，并对每一步骤的时间、顺序和方向做出合理的安排。

在现代社会，尽早做好职业生涯规划对于一个人的发展至关重要。只有这样，才能认清自我，不断探索开发自身潜能的有效途径或方式，才能准确地把握人生方向，塑造成功的人生。实践证明，在职业生涯中能够有所成就的人，往往是那些有着清晰的职业生涯规划的人。

1.4.2 创业能力对职业生涯发展的重要意义

如今，创业已成为大学生职业生涯中的一种选择。但是，创业是一个实践性很强的过程，要求创业者不仅要拥有创业精神、创新意识，同时还要具备足够的创业能力。创业能力与新创企业的成败直接相关，创业能力越强，则创业成功率越高。

当大学生选择了创业这个没有上司的职业之后，就需要自我管理、自我决策、自我规划。因此，在选择创业前，应该进行创业实践训练，向成功的企业家学习，在实践中提高自己的组织管理能力、开拓创新能力、人际关系协调能力、决策能力，以及发现问题与解决问题的能力等，然后再去创业，这样无疑可以大大提高创业的成功率。

1.4.3 大学生创业规划

大学生创业已成为毕业生流向社会的一种全新的就业方式。对于一个立志创业的大学生来说，职业生涯规划与其创业规划在一定程度上是等同的。要制订一份好的规划，可以参考以下创业四部曲。

步骤一：了解你自己

一个有效的创业规划，必须在充分且正确地认识自身的条件与相关的环境的基础上进行。对自我及环境的了解越透彻，越能做好规划。因为创业规划的目的不只是协助创业者达到和实现个人目标，更重要的是帮助其真正了解自己。

了解你自己

创业测试

1-1 现在你具备创业的基本素质吗

创业充满了诱惑，但并非每个人都适合走这条路。美国创业协会设计了一份测试题，可以帮助你在做出决策前对自己有一个初步的了解。

以下每题都有4个选项：A. 经常；B. 有时；C. 很少；D. 从不。你可以在每题后面填写相应的选项。

1. 在急需决策时，你是否在想“再让我考虑一下吧”？（ ）
2. 你是否为自己的优柔寡断找借口说“得慎重，怎能轻易下结论呢”？（ ）
3. 你是否为避免冒犯某个有实力的客户而有意回避一些关键性的问题，甚至有意迎合顾客？（ ）
4. 你是否无论遇到什么紧急任务都先处理日常的琐碎事务？（ ）
5. 你是否非得在巨大压力下才肯承担重任？（ ）
6. 你是否无力抵御妨碍你完成重要任务的干扰和危机？（ ）
7. 你在决策重要的行动和计划时，常忽视其后果吗？（ ）
8. 当你需要做出很可能不得人心的决策时，是否找借口逃避而不敢面对？（ ）
9. 你是否总是在晚上才发现有要紧的事没办？（ ）
10. 你是否因不愿接受艰巨的任务而寻找各种借口？（ ）
11. 你是否常来不及躲避或预防困难情形的发生？（ ）
12. 你总是拐弯抹角地宣布可能得罪他人的决定吗？（ ）
13. 你喜欢让别人替你做你自己不愿做而又不得不做的事吗？（ ）

计分：选A得4分，选B得3分，选C得2分，选D得1分。

■分析：

得分50分以上，说明你的个人素质与创业者相去甚远；

40～49分，说明你不算勤勉，应彻底改变拖沓、低效率的缺点，否则创业只是一句空话；

30～39分，说明你在大多数情况下充满自信，但有时犹豫不决，不过没关系，这也是稳重和深思熟虑的表现；

15～29分，说明你是一个高效率的决策者和管理者，有望成为成功的创业者，你还等什么！

（资料来源：中国大学生创业网）

步骤二：明确创业目标

明确创业目标

创业者要善于观察和发现新的机遇、新的商机，用创新的思维来设计自己的创业思路，找准自己的创业方向，站在成功创业者的“肩膀”之上，确立自己的目标。

高尔基说：“一个人追求的目标越高，他的才能就发挥得越快，对社会就越有益。”如果创业者自己都不知道要到哪儿去，那通常哪儿也去不了。但是一个人在明确自己想做什么、能做什么的同时，还应考虑社会的需求是什么。如果一个人所选择的创业领域既符合自己的兴趣又与自己的能力相一致，但却不符合社会的需求，那么，这种创业的前景也会变得暗淡。由于分析社会需求及其发展态势并非一件易事，因此，在选择创业目标时，应该进行多方面的探索，以求得出客观而正确的判断。

职业规划设计案例

步骤三：制订行动计划

大学生在确定了创业目标后，围绕创业目标的实现，需要制订具有针对性、明确性与可行性的行动计划，特别是要详尽制订大学期间和毕业后三到五年内的行动计划。

步骤四：开始行动

一个人的创业规划不管多么好，多么严密，只要没有跟上行动，就依然是一张废纸。立即行动，是实现目标和梦想的唯一途径。

总之，一份创业规划必须将个人理想与社会实际有机地结合起来，从而设计出既合理又可行的创业发展目标。只有在自身因素和社会条件两者之间实现最大限度的契合，才能在现实中发挥优势、避开劣势，使创业规划更具有可操作性。

1.5 » 大学生创业优惠政策

为了支持大学生创业，国家和各级地方政府出台了许多优惠政策，涉及融资、开业、税收、创业培训、创业指导等诸多方面。对打算创业的大学生来说，了解这些政策，才能走好创业的第一步。

1.5.1 大学生创业政策解读（国家）

1．税收优惠

持人力资源和社会保障部核发的“就业创业证”（注明“毕业年度内自主创业税收政策”）的高校毕业生在毕业年度内（指毕业所在自然年，即1月1日至12月31日）成立个体工商户、创办个人独资企业的，3年内按每户每年8 000元为限额依次扣减其当年实际应缴纳的增值税、城市维护建设税、教育费附加和个人所得税。对高校毕业生创办的小型微利企业，按国家规定享受相关税收支持政策。

2．创业担保贷款和贴息

符合自主创业条件的大学生，可在创业地按规定申请创业担保贷款，贷款额度为10万元。鼓励金融机构参照贷款基础利率，结合风险分担情况，合理确定贷款利率水平；对个人发放的创业担保贷款，在贷款基础利率基础上上浮3个百分点以内的，由财政部给予贴息。

3．免收有关行政事业性费用

毕业2年以内的普通高校学生从事个体经营（除国家限制的行业外）的，自其在工商管理部门首次注册登记之日起3年内，免收管理类、登记类和证照类等有关行政事业性费用。

4．享受培训补贴

对大学生创办的小型微利企业，新招用毕业年度高校毕业生，签订1年以上劳动合同并缴纳社会保险费的，给予1年的社会保险补贴。对大学生在毕业学年（即从毕业年度7月1日起的12个月）内参加创业培训的，根据其获得创业培训合格证书或就业、创业情况，按规定给予培训补贴。

5．免费创业服务

有创业意愿的大学生，可免费获得公共就业和人才服务机构提供的创业指导服务，包括政策咨询、信息服务、项目开发、风险评估、开业指导、融资服务、跟踪扶持等“一条龙”创业服务。

6．取消高校毕业生落户限制

高校毕业生可在创业地办理落户手续（直辖市按有关规定执行）。

7．创新人才培养

创业大学生可免费加入各地各高校实施的系列“卓越计划”“科教结合协同育人行动计划”

等，同时免费学习跨学科专业开设的交叉课程、免费加入创新创业教育实验班等，社会及学校也可探索建立跨院系、跨学科、跨专业交叉培养创新创业人才的新机制。

8．开设创新创业教育课程

自主创业大学生可免费利用各高校的各类专业课程和创新创业教育资源，免费学习面向全体学生开设的研究方法、学科前沿、创业基础、就业创业指导等方面的必修课和选修课；同时可免费学习各地区、各高校推出的资源共享的慕课、视频公开课等在线开放课程，可进行在线开放课程学习认证和学分认定。

9．强化创新创业实践

自主创业大学生可共享学校面向全体学生开放和使用的大学科技园、创业园、创业孵化基地、教育部工程研究中心、各类实验室、教学仪器设备等科技创新资源和实验教学平台，可参加全国大学生创新创业大赛、全国高职院校技能大赛和各类科技创新、创意设计、创业计划等专题竞赛，以及高校学生成立的创新创业协会、创业俱乐部等社团，提升创新创业实践能力。

10．改革教学制度

自主创业大学生可享受各高校建立的自主创业大学生创新创业学分累计与转换制度的政策；还可享受将学生开展创新实验、发表论文、获得专利和自主创业等情况折算为学分，将学生参与课题研究、项目实验等活动认定为课堂学习的新探索的政策；同时，可享受为有意愿、有潜质的学生制订的创新创业能力培养计划，以及创新创业档案和成绩单等系列客观记录，并量化评价学生开展创新创业活动情况的教学实践活动的政策；还可享受优先支持参与创业的学生转入相关专业学习的政策。

11．完善学籍管理规定

有自主创业意愿的大学生，可享受高校实施的弹性学制，允许放宽修业年限，允许调整学业进程、保留学籍休学创新创业的政策。

12．大学生创业指导服务

自主创业大学生可享受各地各高校对自主创业学生实行的持续帮扶、全程指导、一站式服务，以及地方、高校两级信息服务平台为学生实时提供的国家政策、市场动向等信息和创业项目对接、知识产权交易等服务；可享受使用各地在充分发挥各类创业孵化基地作用的基础上，因地制宜建设的大学生创业孵化基地和享受相关培训、指导服务等扶持政策。

1.5.2 大学生创业扶持政策（地方）

全国各个地市情况不同，其出台的优惠政策也各有不同，下面以湖南省常德市为例，来介绍大学生创业扶持政策。

1．高校毕业生自主创业资金扶持对象

凡普通高校毕业生在本市辖区内自主创业且符合下列条件的，均可享受高校毕业生自主创业资金扶持政策。

（1）具有一定组织协调能力、科技创新能力和自主创业能力。

（2）自主创业项目符合国家产业导向和就业需求，具有一定技术先进性和开发价值，市场前景较好。

（3）依法登记并取得工商行政管理部门核发的营业执照，具有健全的财务规章制度和固定的营业场所，担任所创办企业的法人代表。

（4）无不良信用和违法记录。

2．高校毕业生自主创业扶持“五补一奖”具体内容

（1）开办费补贴。高校毕业生首次创业且在办理工商注册登记满6个月后，可给予一次性自主创业开办费补贴。补贴标准为不超过其自主创业开办费总额的20%且最高限额每户不超过1万元。

（2）所得税补贴。高校毕业生从事个体经营、创办企业的（国家限制的行业除外），自工商注册登记之日起3年内，每年按其实际缴纳所得税的20%给予所得税补贴（最高限额每户每年不超过1万元）。

（3）房租补贴。高校毕业生租赁房屋用于自主创业的，自租赁之日起2年内给予房租补贴。其标准为每月每平方米补贴不超过1元（实际租用面积超过100平方米的，按100平方米计算；房租补贴超过实际租房费用的，按实际租房费用补贴）。

（4）小额担保贷款贴息补贴。高校毕业生自主创业开办劳动密集型小企业（国家限制的行业除外）且申请小额担保贷款额度不超过200万元或从事个体经营且申请小额担保贷款额度不超过10万元的，可享受最长不超过2年的贴息。

（5）还贷补贴。对创业1年以上，因自然灾害或国家产业政策调整及其他原因致使创业失败的高校毕业生，确因家庭困难无力清偿小额担保贷款的，对逾期贷款债务给予不超过20%且最高限额每户不超过5万元的补贴。

（6）创业成功奖励。每年对拉动就业明显、缴纳利税较多、影响较大的高校毕业生创业成功典型给予一次性奖励。

3．孵化基地为孵化企业提供的服务（常德市）

（1）帮助落实创业孵化场地和孵化企业基本办公条件。

（2）协助孵化企业办理成立公司事宜及其他业务。

（3）为孵化企业聘用人员提供档案和户口托管、接转组织关系、办理保险等相关服务。

（4）搭建科技信息网络平台，提供科技和产业信息。

（5）进行创业项目的开发和对接，推介各类创业项目。

（6）提供管理咨询、法律、会计、审计、评估、专利、企业管理、战略设计、市场策划等咨询服务；为入驻企业进行行业研究、项目投资分析等。

（7）积极协助孵化企业申请各级扶持资金和创业基金。

（8）帮助孵化企业落实相关创业扶持政策。

（9）孵化基地定期组织相关专家帮助研究、解决孵化企业创业过程中遇到的困难，审核孵化企业的发展规划，督促孵化基地各项措施的落实，指导孵化企业创业活动。

（10）孵化基地提供相关的物业管理、后勤保障服务；组织入驻企业参加各类交流活动。

（11）孵化基地每年开展一次创业明星评选活动，对当选的创业明星予以表彰奖励。对相关受表彰企业在各类媒体进行免费形象推介和宣传。

思考与训练

1．思考并回答以下问题

（1）你认为创业精神对创业有哪些积极作用？

（2）如果你是一位准创业者，大学期间你准备如何拓展自己的人脉资源？

2．分析以下案例并回答问题

“中国大姨夫”背后的创业故事

女朋友经期身体不适，可自己却在异地爱莫能助……这是令不少身为男朋友者感到头痛的难题。然而，中南大学学生伍锋明、杨尚文和湖南师范大学学生冯鹏举，却敏锐地从中捕捉到了商机。这三名大男生剑走偏锋，通过创办网站“亲爱的520”，卖起了女性用品——卫生巾，被同学们笑称为“中国大姨夫”。

◢ 放弃保研与高薪，卖起卫生巾

名校出身、放弃高薪工作，中南大学能源科学与工程学院应届毕业生伍锋明不走寻常路，找来他的两位合伙人杨尚文和冯鹏举，在网上卖起了卫生巾，追逐着自己的创业梦想。

一次，他收到在广州上学的女朋友寄来的爱心包裹，打开一看，里面有袜子、贴身衣物等物品。深受感动的他，想用同样的方式给女友以关怀。“想到她那几天特别不舒服，我心里就难受，于是大胆地给她寄了卫生巾，结果她很感动，哭得稀里哗啦。”

那些异地恋的年轻情侣们，都有可能面临同样的问题。伍锋明由此提出了一个大胆的创业设想——在网上卖卫生巾。伍锋明找来同院系的杨尚文和湖南师范大学软件学院的冯鹏举商讨创业事宜，三人一拍即合。“我们仨从大二开始便搭档创业，有过失败也有过成功，磨合到现在也积累了一定的创业经验。”杨尚文说。

◢ 卖的不仅是产品，还有贴心服务

为了证明创业项目的可行性，他们经常浏览女性论坛搜寻相关信息，发帖征集网友意见，还专程向身边的女性朋友“请教”。接下来，三人找代理商洽谈合作业务，探索销售模式，自建网站……

经过2个月的精心筹备，2014年2月26日晚8点，网站正式上线。上线当天就收到100多笔订单。网站累计注册会员达3 000人，累计订单超过600余笔。

他们在网上推出的卫生巾套装，不仅有日用和夜用的卫生巾，还有红糖姜茶、“暖宝宝”、湿巾、“情书”等贴心物品。伍锋明说，网站建立之初就被定义为传递关爱与呵护的平台，他们卖的不仅是产品，更是服务。如果男生在购买卫生巾时想给女友写封情书，他们也可以免费代写。考虑到有些女生经期时心情会受影响，他们还赠送香包等舒缓情绪的小礼品。

◢ 被笑称“中国大姨夫”

对于不少男性来说，在超市里经过卫生巾专卖区时都难免会脸红。这3位名校大男生卖起了卫生巾，被同学们笑称为“中国大姨夫”。经媒体报道后，这个称号更是火遍全国。

“同学们见了我就说，‘中国大姨夫’来了。”冯鹏举说，“刚开始我们觉得这称呼带着嘲笑的意味，后来发现，其实这也是一种关注。现在，我们反倒把它当成一种荣誉了，我们既然当了‘中国大姨夫’，那就把‘大姨夫’的工作给做好。”

（资料来源：舒文，赵佑．中国教育新闻网）

【问题】

（1）“中国大姨夫”的创业属于哪种创业类型？

（2）放弃保研与高薪，伍锋明、杨尚文和冯鹏举3个大男人去卖卫生巾，是不是有点不可理喻？你认为他们创业最后的结局是成功还是不成功，为什么？

第2章

创新与创新思维

【学习目标】

通过本章的学习，使大学生形成对创新与创新思维的理性认识，了解创新与创业的关系、创新型人才应具备的素质以及如何突破创新思维障碍，培养大学生的创新思维。同时，通过案例讲解，让大学生掌握7种创新思维方式和5种常用的创新方法，帮助大家进一步提高创新思维能力和促进创新成果的转化。

【学习重点与难点】

重点：创新与创新思维的概念、创新人才应具备的素质、大学生创新思维的培养。

难点：突破创新思维障碍，培养创新思维方式，掌握创新的方法。

案例分析

2-1　王永庆卖米

2008年5月12日，汶川发生特大地震。灾情牵动了大陆人民的心，也牵动了台湾同胞的心。你还能想起来台湾同胞中是谁，或是哪家企业第一个向灾区捐款吗？那就是著名的台塑集团，捐款数额达1亿元人民币。大家知道，台塑集团的创始人王永庆先生倍受各界推崇，是令人尊敬的华人企业家，被誉为“经营之神”。

虽然现在台塑集团的生意做得很大，但早年王永庆却是从卖米开始的。下面我们看看王永庆早年卖米的故事，看看他卖米和别人卖米有什么不同。

王永庆早年因家贫读不起书，只好去做买卖。16岁的王永庆从老家来到嘉义开了一家米店。那时，小小的嘉义已有近30家米店了，竞争非常激烈。而他的米店开办得最晚，规模最小，没有任何优势。怎么办呢？怎样才能打开销路呢？

那时，所有的米店都是坐等顾客上门的，只有王永庆沿街去推销。那时候的台湾，农业还处于手工作业状态，由于稻谷收割与加工技术落后，很多小石子之类的杂物很容易掺杂在米里。人们在做饭之前，都要淘洗好几次米，还得拣出石子，很不方便。但大家都已见怪不怪，习以为常。王永庆就从这司空见惯中找到了突破口。他和两个弟弟一起动手，一点一点地将夹杂在米里的砂石之类的杂物拣出来，然后再卖。一时间，小镇上的主妇们都说，王永庆卖的米质量好，用他家的米做饭省去了很多麻烦。这样，一传十，十传百，王永庆米店的生意日渐红火起来。

另外，王永庆还增加了“送货上门”的服务，这在当时也是一项创举。更重要的是，在送货上门时，他还做了以下工作。

第一，在送米上门的同时，他还总是见缝插针地做一些精心的统计，如这户人家有几口人，每天用米量是多少，需要多长时间送一次，每次送多少，他都一一列在本子上，据此估计该户人家下次买米的时间。到时候，不等顾客上门，他就主动将相应数量的米送到对方的家里了。

第二，在送米的时候，王永庆还细心地为顾客擦洗米缸，记下米缸的容量；如果米缸里还有陈米，他就将陈米倒出来，把米缸擦干净后，再把新米倒进去，然后将陈米放回米缸上层，这样陈米就不至于因存放过久而变质。王永庆这一细心的服务令顾客深受感动，赢得了很多顾客的心。

第三，王永庆还会了解顾客家发工资的日子，并记录下来，然后在他们发工资后一两天内去收米钱。

王永庆这些精细、务实、跟别人不同的服务，使嘉义人都知道在米市马路尽头的巷子里，有一个卖好米并送货上门的王永庆。王永庆就是这样从小小的米店生意开始了他后来问鼎台湾首富的事业。

课堂思考与讨论

1. 面对激烈的市场竞争，王永庆是如何寻找突破口，打开销路的？他采取了哪些别人没有采取的创新举措？
2. 王永庆的创新属于什么创新？对你有什么启发？

我国经济发展进入新常态，传统增长动力在减弱，资源环境约束在加剧，要素成本越来越高，我国要在世界新技术革命和产业变革的新格局中占据主动，必须靠创新。

2015年《政府工作报告》中，38次提到“创新”，13次提到“创业”，尤其2次专门提到“大众创业，万众创新”。只有通过万众创新，才能创造出更多的新技术、新产品和新市场，才能提高经济发展的质量和效益；只有通过大众创业，才能增加更多的市场主体，才能增强市场的动力、活力和竞争力。

2.1 » 关于创新

创业名言

一个优秀企业的发展，是不断战胜对手和超越自我的结果。创新与卓越同在，创新是企业的生存之本。

——南存辉（正泰集团董事长）

创新是企业持续稳健发展的不竭动力。

——李家民

可以说，人类社会是伴随着创新而诞生和发展的，人类的发展史就是一部创新的历史。那么，什么是创新？

2.1.1 创新的定义

创新是人脑的一种机能和属性——与生俱来，是以新思维、新发明和新描述为特征的一种概念化过程。“创新”一词起源于拉丁语，原意有3层含义：第一，更新；第二，创造新的东西；第三，改变。创新是人类特有的认识能力和实践能力，是人类主观能动性的高级表现形式，是推动人类进步和社会发展的不竭动力。

创新是人与生俱来的一种能力，同时也是可以在后天靠培训而重新激发和提升的一种能力。

在经济学上，创新的概念起源于美籍奥地利经济学家熊彼特在1912年出版的《经济发展概论》。熊彼特在其著作中提出：创新是指把一种新的生产要素和生产条件的“新结合”引入生产体系。它包括5种情况：① 引入一种新产品；② 引入一种新的生产方法；③ 开辟一个新的市场；④ 获得原材料或半成品的一种新的供应来源；⑤ 采用新的组织形式。

其实，创新还应包括观念和思维的创新，这也是很重要的。有位教授曾总结道，深圳特区之所以能取得今天的成绩，首先归功于制度的创新。如果没有特区拓荒者的观念和思维的创新，就不可能有制度的创新，更谈不上深圳的惊人发展。

2.1.2 创新与创业

虽然创业与创新是两个不同的概念，但是两个范畴之间却存在着本质上的契合，及内涵上的相互包容和实践过程中的互动发展。第一个提出创新概念的美籍奥地利著名经济学家熊彼特认为，创新是生产要素和生产条件的一种从未有过的新组合，这种新组合能够使原来的成本曲线不断更新，由此会产生超额利润或潜在的超额利润。创新活动的这些本质内涵，体现着它与创业活动性质上的一致性和关联性。

（1）创新是创业的基础，而创业推动着创新。从总体上说，一方面，科学技术、思想观念的创新，促进了人们物质生产和生活方式的变革，产生了新的生产、生活方式，进而为整个社会不断地提供新的消费需求，这是创业活动之所以源源不断的根本动因；另一方面，创业在本质上是人们的一种创新性实践活动。无论是何种性质、类型的创业活动，它们都有一个共同的特征，那就是创业是主体的一种能动的、开创性的实践活动，是一种高度的自主行为，在创业实践的过程中，主体的主观能动性将会得到充分的发挥，正是这种主观能动性充分体现了创业的创新性特征。

（2）创新是创业的本质与源泉。熊彼特曾提出："创业包括创新和未曾尝试过的技术"。创业者只有在创业的过程中具备持续不断的创新思维和创新意识，才可能产生新的富有创意的想法和方案，才可能不断寻求新的模式、新的思路，最终获得创业的成功。

（3）创新的价值在于创业。从一定程度上讲，创新的价值就在于将潜在的知识、技术和市场机会转变为现实的生产力，实现社会财富的增长，造福于人类社会。而实现这种转化的根本途径就是创业。

（4）创业推动并深化创新。创业可以推动新发明、新产品或新服务的不断涌现，创造出新的市场需求，从而进一步推动和深化各方面的创新，因而也就提高了企业甚至是整个国家的创新能力，推动了经济的增长。

通过以上对创业与创新关系的论述，我们知道二者密不可分，并且了解了创业与创新的联合对于解决我国目前的就业问题至关重要。由于创新与创业的密切关系，我国高等院校的创业与创新教育应该相互渗透融合，我们应弘扬创新与创业的精神，健全创新与创业的机制，完善创新与创业的环境，加强产、学、研相结合，加强创新与创业的交叉渗透和集成融合，并且不断地与实践相结合，推动社会的可持续发展。

2.1.3 创新的分类

提起创新，人们往往联想到技术创新和产品创新。其实，创新的种类远不止这些。创新主要有思维创新、产品（服务）创新、技术创新、组织与制度创新、管理创新、营销创新、商业模式创新等。

1．思维创新

思维创新是一切创新的前提，任何人都不应该封闭自己的思维。若思维成定式，就会严重阻碍创新。有些部门或企业提出"不换脑筋就换人"，就是这个道理。有的公司不断招募新的人才，重要原因之一就是期望其带来新观念、新思维，不断创新。国内外近年来还出现了"思维空间站"，其目的就是进行创新思维训练。

2．产品（服务）创新

对于生产企业来说，产品要创新；对于服务行业而言，服务要创新。手机在短短的几年内已从模拟机、数字机、可视数字机发展到智能手机，手机的更新演变，生动地告诉我们产品的创新之迅速。而王永庆卖米的创新就是服务创新。不要以为创新就非得轰轰烈烈、惊天动地，把卖米这样细小的工作做好同样也是一种了不起的创新。

3．技术创新

就一个企业而言，技术创新不仅指应用自主创新的技术，还可以是创新地应用合法取得的、他方开发的新技术，或已进入公有领域的技术，从而创造市场优势。

技术创新是企业发展的源泉和竞争的根本。但创业者要认识到，技术上的领先不等于创新成功。

4．组织与制度创新

典型的组织变革和创新是指通过员工态度、价值观和信息交流，使他们认识和实现组织的变革与创新。在企业中没有一个一成不变、普遍适用的最佳管理理论和方法，企业中人的行为是组织与个人相互作用的结果。通过企业的组织变革和创新，可以改变人的行为风格、价值观念、熟练程度，同时也能改变管理人员的认知方式。

组织与制度创新主要有以下3种。

① 以组织结构为重点的变革和创新，如重新划分或合并部门，进行流程改造，改变岗位及岗位职责，调整管理幅度等。

② 以人为重点的变革和创新，即改变员工的观念和态度——知识的变革、态度的变革、个人行为乃至整个群体行为的变革。通用电气公司（General Electric Company，GE）总裁韦尔奇执政后采取了一系列措施来改革GE这部“老机器”。有一个部门主管工作很得力，所在部门连续几年盈利，但韦尔奇认为他可以干得更好。这位主管不理解，韦尔奇便建议其休假一个月：放下一切，等你再回来时，变得就像刚接下这个职位，而不是已经做了4年。休假之后，这位主管果然调整了心态，像换了个人似的。

③ 以任务和技术为重点，即将任务重新组合分配，更新设备，进行技术创新，达到组织创新的目的。

5．管理创新

管理创新是指企业把新的管理要素（如新的管理方法、新的管理手段、新的管理模式等）或要素组合引入企业管理系统以更有效地实现组织目标的活动。

6．营销创新

营销创新是指营销策略、渠道、方法、广告促销策划等方面的创新，海尔集团的“亲情营销”和“事件营销”都属于营销创新。

海尔集团由一个亏空147万元的集体小厂，最终发展成为享有国际盛誉的世界百强企业；同时，“海尔”这两个字的价值也从无到有，从小到大，目前已发展成为一个涵盖所有家电产品，市场占有率领先的中国家电优秀品牌，其成功的背后离不开不断创新的营销理念。

7．商业模式创新

商业模式创新是指企业把新的商业模式引入社会生产体系，并为客户和自身创造价值。通俗地说，商业模式创新就是指企业以新的有效方式赚钱。新引入的商业模式，既可能在构成要素方面不同于已有商业模式，也可能在要素间关系或者动力机制方面不同于已有商业模式。

阿里巴巴凭借电子商务商业模式的不断创新，成了中国乃至世界最大的电子商务企业。

2.1.4 创新型人才应具备的素质

美国哈佛大学校长普西曾经深刻地指出：一个人是否具有创新能力，是“一流人才和三流人才之间的分水岭”。高等院校是培养创新型人才的主阵地。在具体实践中，创新型人才应具备何种素质、如何界定创新型人才，仍然是我们应予以关注的问题。我们认为，创新型人才应具备以下基本素质。

1．深厚的文化知识基础

文化知识素质对提高人的综合素质和创新能力具有至关重要的作用，是一个人能取得创新性成果的重要基础。需要指出的是，这里的文化知识素质不是狭隘的仅仅专指“专业”领域内的知识，而应当是一个复合性的知识体系。理工科专业的学生不但要做到对领域内相关学科知识的融会贯通，还要了解一些人文社会科学知识；与之对应，人文社会科学专业的学生也要适当了解自然科学的前沿研究成果。

2．活跃的创新思维

所谓创新思维，就是创新人才在思维活动中所表现出的思维的独创性、灵活性、敏锐性、严密性和预见性等思维品质。创新活动是一种探索性的活动，表现为对客观事物发展变化本质的认识和对客观事物发展变化规律的揭示。它需要走前人、别人没有走过的路，做前人、别人没有做过的事，提出前人、别人没有提出过的想法和见解。要做到这些，就要求创新型人才具有创新思维。

创新思维的培养不是一朝一夕的，更多地依赖于平时的潜移默化，主要体现在以下方面。

（1）强烈的好奇心

好奇心是人对新奇刺激的一种探究反应，当新奇刺激出现时，人们会注意它，进而接近、了解它，尝试解决“这是什么”“为什么”等问题。从不同角度尤其是从新奇的、不同寻常的角度思考问题的能力，以及改变自己思考角度的意愿与能力，是创造性思维非常重要的方面。创新型人才就应具有强烈的求知欲和敏锐的好奇心，不满足于一成不变的事物、现象和行为，从往往在常人看来司空见惯的现象中看出不平常的东西和其中所包含的特殊意义。

（2）充满兴趣

兴趣可以对一个人的行为产生持久的驱动力。人们有了兴趣的推动，就能提高感知的效果，就能耐心细致地去观察，就能大胆设想，就能勤于动脑、积极思考。所以，兴趣是一种特殊的认识倾向。当这种认识倾向进一步与所从事的实际活动相关时，工作也会变成一件乐事。在身心愉悦的前提下工作，往往会使人思维活跃、想象丰富、精力充沛，自然创造能力就高、创新能力就大。从事创新工作需要付出很大的体力、脑力劳动，它需要坚忍不拔的意志和持久的毅力，兴趣则可以有效地激发人的耐力。

（3）发散的想象力

想象力是一种由已有形象创造新的形象的能力，是一种举一反三的创造性思维能力，是一种由不知到知的发散思维能力。亚里士多德曾精辟地指出：“想象力是发现、发明等一切创造性活动的源泉。”想象力无疑会对人进行创造活动和掌握新的知识经验起到重要的作用，影响乃至决定创新的方向和水平。从一定意义上来说，发散的想象力是创新型人才的核心素质。

3．高效的创新行动力

创新型人才不仅要能够发现问题，敢于提出问题，而且要具备解决问题的能力，这就是创新行动力。有了深厚的基础知识，运用活跃的创新思维，再具备高效的创新行动力，就可将创新思维的成果付诸实践。具体来说，创新行动力包括两点：恒心和毅力、迅速展开行动的能力。

（1）恒心和毅力

恒心就是一种持之以恒的精神。因为所有的创新型成果的产出都有一个从量变到质变的过程，量变的不断积累才能达到质变的飞跃。毅力就是在追求目标的过程中，抵抗各种挫折、压力、痛苦的能力。如果说恒心是一条线的话，毅力就是一个点。因为任何创新型成果的取得都需要一个过程。所以，恒心和毅力是所有创新型人才必备的素质。拥有恒心和毅力不一定能够成功，但是没有恒心和毅力则一定不能成功。

（2）迅速展开行动的能力

许多人在计划了某一件事之后，却迟迟不能开始行动，这些人往往还有无数个理由和借口，最终一事无成。所谓“成功者在行动，失败者找借口”，创新型人才做出创新成果的过程实际上就是“有条件要上，没有条件，创造条件也要上”的过程。只有行动起来，才能取得实质性的进展。

4．高度的合作意识

创新需要借助集体的智慧、团队的力量，需要不同学科、不同专业、不同层次的人相互配合、通力合作才有可能完成。“闻道有先后，术业有专攻”，因此，要实现某一创新，往往需要很多人的参与，参与者的合作意识必不可少。

创新型人才的成长不是一蹴而就的，其素质的锻造更多来源于个人平时的积累和周边良好环境的熏陶。明确创新型人才应具备的素质，有利于个人对照相应的素质要求在日常学习或工作中逐步养成和提高，有利于高等院校按照相应创新型人才的素质要求制订合理的管理制度与确定相应的教育机制，有利于社会各界按照创新型人才的素质要求选贤任能，切实发挥创新型人才的重要作用。

2.2 » 什么是创新思维

创业名言

在识别创新思想方面最成功的公司总裁，总是善于同有创新意识的人打交道的，善于倾听他们的意见，包括听起来有点古怪的意见……为了获取创新思想，作为公司总裁必须乐于承认和接受由创新思想带来的种种不愉快。

——斯威尼（美国管理学家）

2.2.1 创新思维的定义与特征

1．创新思维的定义

创新思维是人类思维的高级过程，是指人类在探索未知领域的过程中，能够打破常规，积极向上，寻求获得新成果的具有社会价值的新颖而独特的思维活动。

创新思维不是创意，更不是创造力。创新思维运行的过程就是创意的认知过程，创意输出的过程就是创造力产生的过程。也就是说，创新思维是创意的组成部分，也是创造力产生的“工具”。因此，创新思维是在抽象思维和形象思维的基础上和相互作用中发展起来的，抽象思维和形象思维是创造性思维的基本形式。

2．创新思维的特征

创新思维具有以下特征。

（1）思维方向的求异性，即从别人习以为常的地方看出问题。

（2）思维结构的灵活性，是指思维结构灵活多变、思路及时转换变通的品质。

（3）思维进程的突发性，即思维在时间上以一种突然降临的情景标志着某个突破的到来，表现出一个非逻辑性的品质。

（4）思维效果的整体性，即思维成果迅速扩大和展开，在整体上带来价值的更新。

（5）思维表达的新颖性，即思维内容是前所未有的。

2.2.2 创新思维与一般思维的区别

创新思维之所以有别于一般思维而成为一种新的思维形式，其主要特点是其思维形式的反常性、思维过程的辩证性、思维空间的开放性、思维成果的独创性和思维主体的能动性。

（1）思维形式的反常性，又经常体现为思维发展的突变性、跨越性或逻辑的中断，这是因为创新思维主要不是对现有概念、知识的逻辑推理，而是依靠灵感、直觉或顿悟等非逻辑思维形式。

（2）思维过程的辩证性，主要是指它既包含逻辑思维（抽象思维），又包含非逻辑思维；既包含发散思维，又包含收敛思维；既有求同思维，又有求异思维等。由此形成创新思维的矛盾运动，从而推动创新思维的发展。创新思维实际上是各种思维形式的综合体。

（3）思维空间的开放性，主要是指创新思维需要从多角度、全方位、宽领域地去思考问题，而不再局限于逻辑的、单一的、线性的思维，从而形成开放式思维。

（4）思维成果的独创性，是创新思维的直接体现或标志，常常表现为创新成果的新颖性及唯一性。

（5）思维主体的能动性，表明了创新思维是创新主体的一种有目的的活动，而不是客观世界在人脑中简单、被动的直映，充分显示了人类活动的主观能动性。

2.2.3 创新思维的过程

创新思维是以发现问题为中心、以解决问题为目标的高级心理活动。通常将创新思维产生的过程分为准备阶段、酝酿阶段、顿悟阶段和验证阶段。

1．准备阶段

创新思维是从发现问题、提出问题开始的。“问题意识”是创新思维的关键，提出问题后必须为着手解决问题做充分的准备。这种准备包括必要的事实和资料的收集、必需的知识和经验的储备、技术和设备的筹集以及其他条件的提供等。同时，必须对前人在同一问题上所积累的经验有所了解、对前人尚未解决的问题进行深入的分析。这样既可以避免重复前人的劳动，又可以使自己站在新的起点从事创造工作，还可以帮助自己从旧问题中发现新问题，从前人的经验中获得有益的启示。准备阶段常常要经历相当长的时间。

2．酝酿阶段

酝酿阶段要对前一阶段所获得的各种资料和事实进行消化吸收，从而明确问题的关键所在，并提出解决问题的各种假设和方案。此时，有些问题虽然经过反复思考、酝酿，但仍未得到完美的解决，这使思维常常出现“中断”。这些问题仍会不时地出现在人们的头脑中，甚至转化为潜意识，这样就为第三阶段（顿悟阶段）打下了基础。许多人在这一阶段常常表现为狂热和如痴如醉，令常人难以理解。例如，我们非常熟悉的牛顿把手表当鸡蛋、陈景润在马路上与电线杆相撞等。这个阶段可能是短暂的，也可能是漫长的，甚至延续好多年。创新者的观念仿佛是在“冬眠”，等待着“复苏”和“醒悟”。

3．顿悟阶段

顿悟阶段也称为豁朗阶段。经过酝酿阶段对问题的长期思考，创新观念可能会突然出现，思考者大有豁然开朗的感觉，会感受到“山重水复疑无路，柳暗花明又一村”。这一心理现象就是灵感或灵感思维。灵感的来临，往往是突然的、不期而至的。例如，德国数学家高斯为证明某个定理，被折磨了两年仍一无所得，可是有一天，正如他自己后来所说的“像闪电一样，谜一下解开了”。

4．验证阶段

思路豁然贯通以后，所得到的解决问题的构想和方案还必须在理论上和实践上进行反复论证和试验，以验证其可行性。经验证后，有时方案得到确认，有时方案得到改进，有时方案甚至完全被否定，再回到酝酿阶段。总之，灵感所获得的构想必须经过检验。

2.3 » 突破创新思维障碍

创业名言

在创新活动中，只有知识广博、信息灵敏、理论功底深厚、实践经验丰富的人，才易于在多学科、多专业的结合创新中和跳跃性的创造性思维中求得较大的突破。

——朗加明

我不盲目创新，微软、Google做的都是别人做过的东西。最聪明的方法肯定是学习最佳案例，然后再超越。

——马化腾（腾讯创始人）

创新思维是一切创新的前提，若思维成定式，就会严重阻碍创新。所以，创业者要善于克服思维定式，突破思维障碍。

2.3.1 克服思维定式

所谓思维定式，就是根据已有的知识、经验，在头脑中形成的一种固定的思维模式，也就是思维习惯。遇到问题，人们总会自然地沿着固有的思维模式进行思考。

思维定式是一种按常规处理问题的思维方式，也称之为常规思维。一提到思维定式，很多人认为它就是思维障碍，这是片面的。事实上，日常生活中，绝大多数人的行为90%以上都是依赖思维定式思考的结果。换句话说，这种思维习惯既可能成为我们良好的“助手”，帮我们形成正确的行为，缩短思考时间，提高效率；也可能成为我们最坏的“敌人”，把我们的思维拖入特定的陷阱。思维定式就如同一把双刃剑，它有利于常规思考，却不利于创新思考，不利于创造。

创业案例

2-1 红绿灯规则

有一个被普及到全世界并使人们养成了习惯的规则，那就是“红灯停，绿灯行”。以至于时间长了大家形成习惯心理之后，不论是在哪里，哪怕不是在路上，只要我们看到红色的信号灯，都会自然而然地产生“停止”的行为反应。

评析

类似“红绿灯规则”这样的思维定式，对于规范个体的行为、形成良好的秩序是非常必要的，也是要大力提倡的。

创业案例

2-2 鸡蛋能立起吗

有一个叫中谷的日本人就对哥伦布产生了怀疑：难道鸡蛋就真的不能完整地立起来吗？这就是思维求异。他用放大镜反复观察蛋壳表面，终于找到了把鸡蛋完整立起来的方法。许多表示怀疑的人在他的指导下，用很短的时间就把鸡蛋立起来了。今天，我们在电视上看到的把鸡蛋立在玻璃杯边沿上的表演，就是突破思维定式的结果，也是思维求异的表现。

评析

思维定式会让我们的思维受到限制，缺乏求异性与发散性，难以打开思路，难以产生出创造性的思维结果。所以，当我们面对一个问题的时候，要警觉头脑中思维定式的影响和束缚，要用发展的眼光，怀疑思维定式，肯定它的局限性，要用思维的求异性、发散性压倒思维定式，这样就有可能产生新的、创造性的思维结果。

突破思维定式是指我们在进行创造活动时，在进行创新思考时，要有意识地抛开以往思考这些问题时的习惯（思维程序和模式），警惕和排除它对寻求新的设想所可能产生的束缚作用，敢于怀疑，敢于打破条条框框，敢于开拓新思路，努力寻求创新。

思维定式有以下4种表现。

1. 书本定式

所谓书本定式，就是在思考问题时不顾实际情况，不加思考地盲目运用书本知识，一切从书本出发，认为书本上的一切都是正确的，以书本为纲的思维模式。当然，书本对人类所起的积极作用是显而易见的，但是，许多书本知识是有时效性的，随着社会的发展，有些书本知识会过时。知识是要更新的，所以当书本知识与客观事实之间出现差异时，受到书本知识的束缚，死抱住书本知识不放，就会使人形成思想障碍，失去获得重大新成果的机会。

例如，18世纪五六十年代，英国的天文工作者勒莫尼亚曾经先后12次观察到天王星，但当时的天文著作中都说，土星是太阳系中最靠外的一颗星。勒莫尼亚受这种观点的禁锢，没有认识到天王星也是太阳系内的一颗行星，使天王星的发现被推迟了近20年。直到1781年，英国天文学家赫歇尔突破了这种局限，发现了天王星。他们二者的差别就在于后者突破了书本定式。

2．经验定式

经验定式是理解、处理问题时往往不由自主地按照以往的经验去做的一种思维习惯，它实际上是把经验绝对化、夸大化的表现，而忽视了经验的相对性和片面性。

在一个没有盖的器皿中，几只跳蚤一起蹦跳着，每一只每一次都跳同样的高度，人们根本不用担心它们会跳出器皿。为什么这些跳蚤会把蹦跳的高度控制得如此一致呢？

原来这是特殊训练的结果。跳蚤的训练场是一个比表演场地稍低一点的器皿，上面盖了一块玻璃。开始这些跳蚤都拼命地想跳出器皿，奋力地跳，结果总是撞到玻璃上。这样经过一段时间后，即使拿掉玻璃盖板，跳蚤也不会跳出去了，因为过去的经历已经使跳蚤产生了经验定式。

通过长时间的实践活动所积累的经验，是值得重视和借鉴的。但是，经验只是人们在实践活动中取得的感性认识，并未充分反映出事物发展的本质和规律。人们如果受经验定式的束缚，就会墨守成规，失去创新能力。

3．权威定式

在思维领域，不少人习惯引证权威的观点，不假思索地以权威的是非为是非，一旦发现与权威相违背的观点，就认为是错误的，这就是权威定式。

人们普遍都有相信权威的心理。心理学家穆勒曾做过一个实验，他提出了一些问题，请100名学生做书面回答。答卷交上后，他做了简单讲评，并谈到了某位学术权威对这些问题的见解。后来他又发下答卷，要学生进行修改，结果学生们都不假思索地采用了权威的意见。

这便是心理学上著名的“权威实验”，证明了人们普遍存在 “相信权威胜于相信自己”的心理。事实上，权威也是会犯错误的。大发明家爱迪生也曾经极力反对交流电，许多科学家都曾预言飞机是不能上天的。所以，英国皇家学会的会徽上有一句话：“不迷信权威。”

4．从众定式

从众定式是指人不假思索地盲从众人的认知与行为。

例如，有时候骑着自行车来到十字路口，正好赶上红灯，本应停下来，但是看到大家都骑着车往前冲，自己也毫不迟疑地跟着往前冲。这种随大流，别人怎么做，我也怎么做，别人怎么想，我也怎么想的思维模式，就是从众定式。从众定式产生的原因，可能是屈服于群体的压力，或是认为随波逐流没错。具有从众定式思维的人缺少独立性，难以产生创造性思维。

总之，思维定式是创新的主要障碍。要进行创新创造活动，必须摆脱思维定式的束缚。突破思维定式一个重要的方面就是学习掌握创新思维方法，提高思维求异、发散、联想和变通的能力。

2.3.2 扩展思维视角

人的思维活动不仅有方向、有次序，还有起点。有起点，就有切入的角度。我们把思维开始时的切入角度，称为思维视角。思维视角就是思考问题的角度、层面、路线或立场。实际上，思维视角对于创新活动来说非常重要，在进行创新思考时我们应尽量多地增加头脑中的思维视角，学会从多种角度思考同一个问题。

1．肯定—否定—存疑

思维中的“肯定视角”就是，当我们思考一个具体的事物的时候，首先设定它是正确的、好的、有价值的，然后沿着这种视角，寻找这种事物的优点和价值。

思维中的“否定视角”正与此相反，“否定”，也可以理解为“反向”，就是从反面和对立面来思考一个事物；并在这种视角的支配下寻找这个事物的错误、危害、失败等负面价值。

对于某些事物或者问题，我们一时也许难以判定，那就不应该勉强地“肯定”或者“否定”，不妨放下问题，让头脑冷却一下，过一段时间再进行判定。这就是“存疑视角”。

2．自我—他人—群体

我们观察和思考外界的事物，总是习惯以自我为中心，用我的目的，我的需要，我的态度，我的价值观念、情感偏好、审美情趣等，作为标准尺度去衡量外来的事物。

“他人视角”要求我们在思维过程中应尽力走出“自我”的狭小天地，走出“围城”，从别人的角度，站在“城外”，对同一事物进行一番思考，发现创意的苗头。

任何群体总是由个人组成的，但是，对于同一个事物，从个人的视角和从群体的视角，往往会得出不同的结论。

3．无序—有序—可行

“无序视角”是指我们在进行创意思维的时候，特别是在其初期阶段，应该尽可能地打破头脑中的所有条条框框，包括那些法则、规律、定理、守则、常识之类的东西，进行一番“混沌型”的无序思考。

“有序视角”的含义是，我们的头脑在思考某种事物的时候，按照严格的逻辑来进行，透过现象，看到本质，排除偶然性，认识必然性。

创意的生命在于实施，我们必须实事求是地对观念和方案进行可行性论证，从而保证头脑中的新创意能够在实践中获得成功。这就是“可行视角”。

总之，创新思维是一种习惯。要想拥有这种习惯必须通过认真的学习，掌握各种创新思维方法。科学有序的方法才是成功的坚实基础。

2.3.3 超越自我

突破障碍就是突破自我，进一步说就是超越自我，超越自我才是创新。

所谓“超越”，实际上也是一种思维方式。这种思维方式，就是站在时代的制高点，超越时空的限制，根据对客观规律的正确认识，对事物的发展趋势进行正确的判断，从而做出科学的决策。

只有超越才有创新，超越不是脱离实际的凭空幻想，而是创造性的、科学的“大胆假设”与“小心求证”。超越自我才能超越现实。超越自我意味着思维方式的不断创新，也意味着人生目标的不断前移，意味着人生价值的实现。

2.4 » 大学生创新思维的培养

创新是一个民族进步的灵魂，是一个国家兴旺发达的不竭动力。创新思维是人类最高层次的思维，它是创新教育的核心。培养学生的创新精神必须着力于培养学生的创新思维能力。21世纪是知识经济时代，知识经济的本质就是创新，培养创新思维是时代对大学生提出的基本要求，也是大学生必备的素质。

2.4.1 创新思维的基础

人类思维具有3种形式：逻辑思维、形象思维和创新思维。钱学森指出：“思维学是研究思维过程和思维结果，不管在人脑中的过程。这样我从前提出的形象（直感）思维和灵感（顿悟）思维其实是一个，即形象思维，灵感、顿悟都是不同大脑状态中的形象思维。另外，人的创造需要把形象思维的结果再进行逻辑论证，是两种思维的辩证统一，是更高层次的思维，应取名为创造思维，这是智慧之花！所以，人类思维应归纳为逻辑思维、形象思维和创造思维。”

钱学森所说的“创造思维”就是创新思维。由此可见，创新思维是建立在逻辑思维和形象思维基础之上的。

1．逻辑思维

逻辑思维即抽象思维，它撇开事物的具体形象而抽取其共同的本质，因而具有抽象性的特征。逻辑思维只研究事物间的共性，而不研究事物间的差异，是一种求同性思维，是一种用概念、判断、推理来反映现实的思维过程。

逻辑思维帮助我们正确认识客观世界，解决常规问题，表达思想。逻辑思维具有严密性，但容易形成思维定式。例如，爱迪生请一名数学家计算他发明的电灯泡的容积。数学家先测量灯泡的各段直径及壁厚，通过复杂的数学计算求出了灯泡的容积。而爱迪生只是将水倒满灯泡，再将灯泡中的水倒入量杯，直接读取量杯的容积刻度，就知道了灯泡的容积。这位数学家就是陷入了思维定式，只知道用自己的数学知识解决问题。

2．形象思维

形象思维又称直觉思维，是一种借助于具体形象来展开思维的过程，它反映事物间的差异性，而忽视了事物间的共性，是一种求异性思维，具有以下特点。

（1）非逻辑性

形象思维建立在感官认识的基础之上，具有经验性。中国有句俗话——“久病成良医”，就是形象思维经验性的体现。

（2）直接性

形象思维可以在需要解决的问题和解决方法之间直接形成某种关联。例如，鲁班的手被草的叶子割破了，他直接由草的叶子的形状而取得突破，发明了锯子。

（3）发散性

发散性也就是想象力。在黑板上画一个圆圈，问幼儿园的小朋友这画的是什么，小朋友的回答千奇百怪：有的说是圆石头，有的说是太阳，有的说是油饼，有的说是车轮等。这就是形象思维体现出来的想象力。对创新来说，想象力具有非常重要的意义，爱因斯坦指出：“想象力比知识更重要，因为知识是有限的，而想象力概括着世界上的一切，推动着进步，并且是知识进化的源泉。”

（4）灵感

灵感是人们在创造活动中，受到某种启示，其内部知识积淀突然爆发，得到奇思妙想，使长期思考的问题得到解决的思维过程。灵感具有偶然性，也具有必然性，只有知识丰富、有准备的人，才能抓住瞬间出现的灵感解决问题。牛顿被树上掉下来的苹果砸中而获得灵感，成为经典力学的创始人。但如果一个人没有牛顿那样丰富的学识，即使被苹果砸中N次，也不可能发现万有引力定律。

由此可知，逻辑思维和形象思维各有优、缺点，只有在思维过程中扬长避短、相互补充，才能形成创新思维。

2.4.2 创新思维的几种形式

创新活动中除了有按常规的逻辑思维活动外，还有一些与人们日常思维有异的特殊思维方式，即所谓的创造性思维，也即创新思维。创造性思维能使人突破思维定式去思考问题，从新的思路去寻找解决问题的方法。通常使用的创造性思维方式有逆向思维、侧向思维、求异思维、类比思维、综合思维、发散思维、联想思维等。

1．逆向思维

所谓逆向思维，就是指突破常规考虑问题的固定思维模式，采用与一般思考习惯相反的思考、分析的思维方式。通俗地讲，就是倒过来想问题。

例如，水总是由高向低流动，有什么办法能使其由低向高流动呢？由此，人们发明出了各种类型的泵。说话声音高低能引起金属片相应的振动，相反金属片的振动也可以引起声音高低的变化。由此，爱迪生在对电话的改进中，发明了世界上第一台留声机。又如，小孩掉进水里，把人从水中救起，是使人脱离水，是正向思维；司马光救人是打破缸，使水脱离人，这就是逆向思维。

2．侧向思维

有位心理学家做过这样一个实验：把狗和鸡关在两堵短墙之间，在狗和鸡的前面用铁丝网隔开放了一盆饲料。鸡一看到饲料就马上直冲过去，左冲右突就是吃不到食。狗先是蹲在那儿直勾勾地看着食物和铁丝网，又看看周围的墙，然后转身往后跑，绕过墙来到铁丝网的另一边，结果吃到了食物。人类在考虑某个问题时也有类似的现象，有人总是死抱着正面进攻的方法一味蛮干，这丝毫不能解决问题；而有人则采用迂回战术，用意想不到的方法，轻而易举地获得成功。这就是侧向思维。

侧向思维与逆向思维一样，都是相对常规思维而言的。它们的区别在于：逆向思维在许多场合表现为与他人的思维方向相反，但轨迹一致；而侧向思维不仅在方向上不同，而且在轨迹上也有所不同，偏重于另辟蹊径。

例如，要剪一个圆纸板，通常先在纸板上画出一个相应直径的圆，再用剪刀仔细剪下来，花费时间较长。有人想到用圆规画圆，把圆规的笔尖改装为小刀片，则使圆规成了一个很好的切圆片专用工具，这就用不同的方法解决了相同的问题，还节省了时间。

3．求异思维

求异思维的关键在于，人不受任何框架、任何模式的约束，能够突破、跳出传统观念和思维习惯的禁锢，从新的角度认识问题，以新的思路、新的方法创造人类前所未有的更好、更美的东西。

1981年，英国王子查尔斯和王妃在伦敦举办了耗资10亿英镑的“世纪婚典”。商家在包装盒上印上了王子和王妃的照片，在各类产品上设计、印制了许多纪念图案，而这其中最出色的应首推一家经营望远镜的公司。盛典之际，人山人海，当后排的人们正为无法看到王妃风采而着急时，该公司及时推来一车车“观礼潜望镜”，人们蜂拥而上，不一会就将其抢购一空。按理说，婚礼与潜望镜之间并没有什么直接联系，但精明的商人硬是从中找到了二者的内在联系，从而获取了丰厚的利润。这就是“求异”带来的成果。

4．类比思维

类比思维是一种或然性极大的逻辑思维方式，它的创造性表现在：在发明创造活动中，人们能够通过类比已有事物，开启创造未知事物的发明思路，其中隐含着触类旁通的含义。它把已有的事和物与一些表面看来与之毫不相干的事和物联系起来，寻找创新的目标和解决的方法。

例如，飞机与鸟类、飞机与蜻蜓，由鸟的飞行运动制成了飞机，飞机高速飞行时机翼产生强烈振动，有人根据蜻蜓羽翅的减振结构设计了飞机的减振装置；天津一名学生根据小狗爬楼的运动方式发明了狗爬式上楼车等。这些都是类比思维的结果。

（资料来源：胡飞雪．创新思维训练与方法．北京：机械工业出版社，2015）

5．综合思维

在日常生活中经常会遇到这样的情况：由两个或更多的人拉一辆车或划一条船，尽管各人用力的方向各不相同，但车或船往往能朝着一个正确的方向——即合力的方向前进。在创新活动中，同样可以把几个不同的主意合起来，或者相互补充取其长处重新组合起来，去解决同一个难题或完成同一件作品，这就是综合思维，又称集中思维。

6．发散思维

通常人们考虑问题，由起点（提出问题）到终点（解决问题）总喜欢按一条思路进行，行不通就打住。这时，也许从多个不同角度去考虑，就会很容易解决问题。这种围绕一个问题，突破常规思维的束缚，沿不同方向去思考、探索，寻求解决问题的各种可能性，由一点到多点的思维形式就称为发散思维，又称扩散思维、多向思维、辐射思维。扩散的范围愈广，产生的设想就愈多，解决问题的可能性就愈大。面对一个新方法、新技术、新规律、新产品、新现象，一个训练有素的发明者会考虑能否有其他更多的用途，制作更多类型的作品，设计新的装置，开创新的技术种类、新的系列化产品、新的应用领域。

7．联想思维

联想是指从一种事物想到另一种事物的心理活动。联想可以是概念与概念之间的联想，也可以是方法与方法之间的联想，还可以是形象与形象之间的联想。由下雨想到潮湿，由烟雾想到白云，看到狮子想到猫等，都是联想。

联想的本质是发现原来认为没有联系的两个事物（或现象）之间的联系。有一句话说得好："在一定程度上，人与人之间创造力的差别在于看到同样的事情产生不同的联想。"世界上第一个"盾构施工法"，就是联想思维的产物。

19世纪20年代，英国要修一条穿越泰晤士河的地下隧道。如果采用传统的支护开掘法，松软多水的岩层就很容易塌方。法国工程师布伦诺尔为此一筹莫展。

一天，他无意中发现有只小虫使劲儿地往坚硬的橡树皮里钻。细心的布伦诺尔注意到，那只小虫是在其硬壳保护下进行"工作"的。此情此景使工程师恍然大悟——河下施工为什么不能采用小虫的掘进技术呢？

循着这条思路，布伦诺尔发明了"盾构施工法"，也就是先将一个空心钢柱打入岩层中，而后在这个"盾构"保护下进行施工。采用了这样的方法后，他顺利地完成了对松软岩层的施工。100多年来，"盾构施工法"得到了很大发展，已经在各种岩层条件中得到了应用。

这里，那只以壳护身、敢钻橡树皮的小虫成了"创新源"，它使工程师联想到了水下隧道施工技术，二者的共同点是"壳"。通过这样的联想，盾构代替了支护，取得了了不起的成就。

（资料来源：唐殿强．创新能力教程．石家庄：河北科学技术出版社，2005）

2.4.3 如何培养大学生的创新思维

大学生创新思维的培养应着重从以下几个方面做起。

1．知识是产生创新思维的必要前提

创新是建立在广博的知识基础之上的。没有厚实的知识积累，即使有了创新点子，也无法将点子转变为解决问题的方法。科幻小说中有许多相当新颖的创新思想，但限于科技知识水平，许多想法无法实现。牛顿有句名言："我之所以看得更远，是因为我站在巨人的肩膀上。"巨人的肩膀就是前人知识的积淀，所以培养创新思维的第一步，就是做好知识的积累。

科学的创新来不得半点虚假，没有任何捷径可走。知识基础是对前人智慧成果的集成，是形成创造力的必要条件，离开了扎实深厚的知识基础，就不可能顺利开展创新活动。现代社会的发展要求我们个人不能只拥有单一的学科知识，而必须拥有跨学科的知识结构。只有如此，才能从多个角度去分析问题、解决问题，也更加容易形成创新思维。

创业小贴士

对一个问题的思考，不能只从一个角度入手，要力争从众多的新角度去观察思考，以求获得更多的新认识，提出更多解决问题的新方法。当我们不能直接解决问题时，可以尝试运用逆向思维、侧向思维、求异思维、类比思维、综合思维、发散思维、联想思维的方式，从不同的方向提出解决问题的方法。

2．破除创新思维枷锁是培养大学生创新思维的基础

影响大学生进行创新思维的枷锁大致有四种：从众思维枷锁、权威思维枷锁、经验思维枷锁和书本思维枷锁，这四种思维枷锁就是"2.3.1克服思维定式"小节中介绍的四种思维定式。对于大学生来说思维的枷锁就像一座监狱，只有将守旧观念丢掉，勇于冲破思维藩篱，才能走进创新的世界。可见，要想培养大学生的创新能力，就必须破除创新思维枷锁。

3．充分激发创新思维潜能是培养大学生创新思维的关键

激发大学生创新思维潜能的方法大致有以下六种。

（1）良性暗示

暗示可分为良性暗示和负面暗示，学者们认为暗示通过显意识进入潜意识，到达意识的深层部分，它深刻地，从根本上影响着、折射着、塑造着人的生命。良性暗示能够开发头脑中的思维潜能，大学生应该尽可能多地从周围环境和别人那里得到良性暗示，或者直截了当地对自己进行良性暗示，同时要拒绝和抛弃那些抑制思维潜能的负面暗示。

（2）幽默氛围

幽默是个人生活的“味精”，它对于缓解生活紧张、协调人际关系，都有重要的作用。从创新思维的角度来说，各种类型的幽默都是言谈举止方面表现出来的一种创意。也就是说，能够引我们发笑的地方，一定是出乎意料的新东西，对于众所周知的事物，人们是不会发笑的。幽默与创新思维之间存在着密切的关系，个人为了激发出幽默，必然要摆脱理性思考和固有结论的束缚，而这正是创新思维的必要条件。

（3）梦境顿悟

学者们认为梦是一种形象思维，梦会给我们带来许许多多的启示和创新意念。因为当我们做梦时，我们超越了白天清醒状态缠绕于头脑中的“可能与不可能”“合理与不合理”“逻辑与非逻辑”的界限，而进入一个超越理性、横跨时空的自由自在的思维状态。柴可夫斯基梦中谱曲、凯库勒发现苯分子结构都是梦境创新思维的结果。

（4）快乐心灵

快乐是主体自我感觉到的一种自在、舒服的心理状态。快乐与创新密不可分，因为快乐与主体的需求有关，而需求可以通过外界事物来改变，也可以通过内心的调节来改变。所谓内心的调节也就是思维视角的转变。一个没有忧虑烦恼、心地宽容、永远心灵快乐的人，头脑中的创意就会源源不断地涌出。

（5）制造绝境

人在绝境或遇险的时候，会展示出非凡的能力。没有退路就会产生爆发力，这种爆发力就是潜能。所以，只要你能给自己制造绝境，就有可能开发出无穷无尽的潜能。在任何困难面前，你认为你行，你就会面对困境想出有效对策，激发头脑中潜在的能量，从而产生有效行动。

（6）成果激励

每一个人都希望自己的体力劳动或脑力劳动能够获得成果，因而用未来的成果便能很好地激发一个人的积极性，使他的大脑高速运转起来。明白这个道理后，我们要让大学生的思维潜能得到充分的开发，就要用将来的学习成果激励他们，使他们精神上有强烈的收获感，这对他们的头脑和精神是一种莫大的鼓舞。

4．投身社会实践是培养大学生创新思维的落脚点

“实践是检验真理的唯一标准”，所以，要开发大学生的创新思维，培养大学生的创新能力，就必须让他们投身到社会实践中。每一项发明，无论是成功与失败，都是无数次创新思维实践的结果。现代高校应针对大学生创新思维的培养，多组织开展行之有效的社会实践活动，让广大同学在课堂学习之余，充分走向社会，融入实践劳动，进行创新思维锻炼。只有在实践中才能找出想与做的差距，只有在实践中创新理念才能变为现实，也只有在实践中才能让大学生的创新意识、创新能力得到真正的发展。

5．应用创新思维应避免的几个误区

在应用创新思维时，我们还应当尽量避免以下几个误区。

（1）思维过度发散，舍近求远

有一个很经典的例子，就是用高度表测量楼房高度的问题。实验者提出了诸如以高度表为单摆，通过单摆在楼顶的摆动频率计算楼房高度；将高度表从楼顶自由垂直下落，通过高度表下落所用时间计算楼房高度等十来种方法，就是没有使用高度表直接读出楼房高度的方法。虽然这只是一个体现利用发散思维解决问题的例子，但是创新思维应当尽量避免这种思维方式。我们要牢记：创新的目的就是要以最简单、最直接的方法解决问题。舍近求远解决问题不利于创新思维。

（2）过度求新，忽视创新成本

在创新过程中，还应当避免过度求新，而忽视了创新的实现代价与实现的价值之间的关系。某些人在创新活动中一味求新，似乎不采用最新技术，不使用最新方法，就不能体现出创新水平。但是，创新毕竟还属于社会活动，与社会条件密切相关，太“超前”的创新技术，如果实现的成本太高，远超它实现的价值，就不会在短时间内得到社会的认可和应用。

20世纪90年代初，某食品厂从国外引进了一套蔬菜水果脱水技术，用来生产脱水蔬菜和水果。这种技术在当时很先进，既保持了蔬菜、水果的营养，又可以使其长期存放，照理应当很有市场竞争力。但厂家忽视了这套技术及设备的高额引进成本。由于引进成本高，产品价格超出当时人们的消费承受力，导致产品卖不出去，引进的设备长期闲置，最后成了一堆废铁。20年后，技术成熟了，脱水蔬菜、水果的生产成本已接近消费者的承受力，但原来最先引进这项技术的食品厂已经从市场上消失了。

2.5 » 创新的方法

创业名言

良好的方法能使我们更好地发挥运用天赋的才能，而拙劣的方法则可能阻碍才能的发挥。因此，科学中难能可贵的创造性才华，由于方法拙劣可能被削弱，甚至被扼杀。

——贝尔纳（法国生理学家）

笛卡儿说过：“最有价值的知识是关于方法的知识。”方法不仅仅可以提高个人的学习和工作效率，达到事半功倍的效果，其更重要的价值在于能够成功复制。

创新的方法是指创新活动中带有普遍规律性的方法和技巧。它是通过研究一个个具体的创新过程，如创新的题目是怎样确定的、创新的设想是怎样提出的、设想又是如何变成现实的等，从而揭示创新的一般规律和方法。

应用创新的方法，能诱发人们潜在的创新能力，使长期以来被人们认为是神秘的、只有少数发明家或创新者所独有的创新设想，为普通人所掌握。

创新的方法多达数百种，但常用的方法大概只有十几种，对此我们必须有选择地进行学习。这里，我们选择了用途最广泛、最实用的5种方法。

2.5.1 缺点列举法

所谓缺点列举法，就是通过对已有的、熟悉的事物进行深入的分析，在对其缺点一一进行列举的基础上，找出相应的解决方案，从而找到创新的方法。

缺点列举法可以帮助我们突破“问题感知障碍”，启发我们发现问题，找出事物的缺点和不足，从而有针对性地进行创新和发明。而对于企业来说，如果能站在消费者的立场上，切实改进产品的缺点，就能进一步满足消费者的需求，赢得到市场的认可，从而为企业带来可观的经济效益。

创业案例

2-3　二相插座的发明

1894年，松下幸之助出生在日本一个贫寒的家庭。正如一些朋友了解的那样，又瘦又小的他9岁起就开始打工养家。后来，他凭着一项发明开创了自己的事业。

在那个时代，电源的插口是单相的，只有一个插口，也就是说如果插口接了电灯，那就不能干别的了，如熨衣服等，人们使用起来很不方便，但大家都对此习以为常，没有人着手进行改进。

勤奋好学的松下幸之助很快就注意到了电源插座的这个缺点。于是他开始动脑筋、想办法：怎样才能克服这种不便呢？经过反复思考和实验，他终于发明了二相插座，有效地克服了以前电源插座的缺点，赢得了巨大的市场。

“为什么呢？怎么你会那么想呢？”松下幸之助经常这样问别人。正是他这种处处留意事物的不足和缺点并积极想办法改进的精神，才使得他做出了许许多多电器方面的创新，而这些创新也成就了他的事业。

（资料来源：创业充电站）

评析

人们对于平时看惯了的事物，比较容易见怪不怪，习以为常。带着常见不疑这样的心理就很难看到事物的“问题”，而问题意识的缺乏，恰恰是创新的首要“敌人”。优秀的人总是善于看到普通人看不到的问题和缺点，从而获得成功。

2.5.2 奥斯本检核表法

所谓检核表，就是围绕需要解决的问题或者创新的对象，把所有的问题罗列出来，然后一个个讨论，以打破旧的思维框架，引出创新设想。

检核表法几乎适用于任何类型与场合的创新活动，因此享有“创新方法之母”的美称。不同的领域流传着不同的检核表，但知名度最高的还是要数奥斯本检核表。

虽然奥斯本检核表是围绕产品设计进行的，但也广泛适用于其他领域。下面是奥斯本检核表的内容。

（1）现有的东西有无其他用途？保持原状不变，能否扩大用途？稍加改变，有无别的用途？这需要运用发散思维的方法，想方设法地广泛开发现有东西的用途。

夜光粉是一种用量少、用途不算广的发光材料，过去多用于钟表上。后来，人们扩大了它的用途，设计出了夜光项链、夜光玩具、夜光壁画、夜光钥匙扣、夜光棒等，应有尽有；还有人制成了夜光纸，将其裁剪成各种形状，贴在夜间或停电后需要指示其位置的地方，如电器开关处、火柴盒上、公路转弯处、楼梯扶手和应急通道及出口处等。

（2）能否从别处得到启发？能否借用别处的经验和发明？过去有无类似的东西可供模仿？谁的东西可模仿？现有的发明能否引入其他的创造设想之中？

建房时，要安装水暖设备，经常要在水泥楼板上打洞，既慢又费力。山西省的一位建筑工人就想到用能烧穿钢板的电弧机来烧水泥板，经过改造，发明了水泥电弧切割器。这种切割器在水泥上打洞又快又好，这就借用了其他领域的创新。

（3）现有的东西是否可以做某些改变？改变一下会怎样？可改变一下形状、颜色、音响、味道吗？是否可改变一下型号模具或运动形式？改变之后，效果如何？

1898年，亨利·丁根把滚柱轴承中的滚柱改成了圆球，发明了滚珠轴承，大大降低了摩擦力。

有人把自行车的轮子做成椭圆形，使人骑起来可以一上一下地起伏，犹如骑在马上奔驰一般，使这种自行车成了一种新的运动器械，使生活在城市里没有机会骑马的人也能领略到骑马的滋味。

（4）现有的东西能不能增加一些东西？能否添加部件、拉长时间、增加长度、提高强度、延长使用寿命或加快转速？

在两层玻璃中间加入某些材料，就制成了防弹、防震、防碎的新型玻璃。

五年级学生贝明刚在半导体收音机上加装了一个磁棒，研制成了无向半导体收音机。

（5）缩小一些会怎样？现在的东西能否缩小体积、减轻重量、降低高度，使之变小、变薄？能否省略？能否进一步细分？

1950年，荷兰的马都洛夫妇为纪念他们死在集中营的爱子，投资将荷兰的典型城镇缩小1/25建成世界上第一个小人国——“马都洛丹”，从而开创了世界主题公园的先河。中国率先采用这种形式的公园是深圳的“世界之窗”和“锦绣中华”。1989年，“锦绣中华”的开幕为中国园林的发展提供了一个新方向，也为旅游业的发展创造出了一种新的手段，其惊人的游人量（高峰期每日达1.5～2.0万人次）和巨大的收益彻底打消了许多人对这种新形式的疑虑。一时间各地纷纷效仿。

（6）可否用别的东西代替？可否由别人代替？可否用别的材料代替？可否用别的方法、工艺代替？可否用别的能源代替？可否选取其他地点？

瓶盖里过去用的是橡胶垫片，后改为低发泡塑料垫片。据统计，仅海南省一年就可以节约橡胶520吨。

（7）有无可互换的成分？可否变换模式？可否更换顺序？可否变换工作规范？

重新安排通常会带来很多创造性设想。房间内家具的重新布置；商店柜台的重新安排；营业时间的合理调整；电视节目的顺序变动；车间机器设备的布局调整……都可能产生更好的结果。

（8）上下是否可以倒过来？左右、前后是否可以对调位置？里外可否对换？正反可否倒换？可否用否定代替肯定？

这是一种运用反向思维的发明创造法。小学生一般是先识字后读书，黑龙江省有三所小学的语文课在教学中将这一次序倒过来，让孩子们先读书后识字。在读书过程中，遇到不认识的字，用拼音标注。实验结果是，先读书后识字的学生的识字、阅读、写作水平均超过了先识字后读书的学生。

据2009年2月初的一个报道，国外某人竟然设计了上下颠倒的房间，轰动一时。

（9）组合起来怎样？能否装配成一个系统？能否把几个目的进行组合？能否将各种想法进行组合？能否将几个部件进行组合？

南京某中学生利用组合的办法，发明了带水杯的调色盘，并将杯子设计成可伸缩的，固定在调色盘的中央。用时拉开杯子，不用时倒掉水，使杯子收缩。

2.5.3 组合法

所谓组合法，就是将两种或两种以上的事物的部分或全部进行有机的组合、变革、重组，从而诞生新产品、新思路或形成独一无二的新技术。

据统计，现代技术创新中组合型成果已经占到了60%～70%。这也验证了晶体管发明者之一肖克莱所说的一句话：“所谓创造，就是把以前独立的发明组合起来。”

组合创新是最常见的创新活动，许许多多的发明和革新都是组合的结晶。且不说领域与领域之间的组合（如机电一体化）以及高精尖的科技成果的诞生，单看在我们生活中，组合的产品随处可见。下面是一些组合产品的例子。

- 牙膏＋中药＝药物牙膏。
- 电话＋视频采集＋视频接收＝可视电话。
- 毛毯＋电热丝＝电热毯。
- 台秤＋微型计算器＝电子秤。
- 照相机＋模/数转换器＋存储器＝数码相机。
- 自行车＋蓄电池＋电机＝电动自行车。
- 机械技术＋电子技术＝数控机床。

2.5.4 移植法

中国有句古话叫“他山之石，可以攻玉”，说的就是移植法。

所谓移植法，就是指将某个领域中已有的原理、技术、方法、结构、功能等，移植应用到其他领域，导致新设想诞生的方法。

英国生物学家贝弗里奇说：“移植法是科学研究中最有效、最简便的方法，也是应用研究中运用得最多的方法。”“重大科学成果有时来自移植。”中国四大发明之一的造纸术，其技术就来自移植，即把丝加工技术移植到造纸中，不改变技术本身，只是改变了加工对象，由加工丝改成了加工植物纤维。

再看我们身边熟悉的东西，汽车发动机上化油器的原理来自于香水喷雾器；声音除尘器的构造类似于高音喇叭；外科手术中用来大面积止血的热空气吹风器，其原理和结构与理发师手中的电吹风相同。

2.5.5 头脑风暴法

头脑风暴法又称脑力激荡法、智力激励法、自由思考法，是由美国创造学家奥斯本于1939年首次提出的，使用并发表之后就风行全球，成为在进行创新活动时常用的方法之一。

1．头脑风暴法的由来

大家知道，通电导体周围会产生磁场。若将两个通电导体并列在一起，当它们的电流方向一致的时候，其周围的磁场强度就会随之增强；当它们的电流方向相反时，其周围的磁场强度则会随之减弱。这就是磁场叠加效应。

头脑风暴法简介

人在进行思维活动时有没有叠加效应呢？答案是肯定的。当许多人在一起讨论问题时，各自以不同的思路思考问题，可以突破各种局限，具有“互补效应”；各种思想相互启发，互激升华，能形成“互激效应”。这种“互补效应”和“互激效应”使得集体思维能力大大高于个人思维能力，起到增强思维能力的作用。

头脑风暴法就是根据这一现象而设计的，它是以小团体会议（5～10人）的形式，即头脑风暴会议来提出或者解决问题的。

2．头脑风暴会议的基本原则

为了更好地运用头脑风暴法，更好地发挥“互激效应”，在进行头脑风暴会议时必须严格遵守以下4项基本原则。

（1）延迟评价。在提出设想阶段，只能专心提设想而不能对设想进行任何评价。这是因为创造性设想的提出有一个诱发深化、发展完善的过程，有些设想在提出时杂乱无章、不合逻辑，似乎毫无价值，然而它却能够引发许多有价值的设想，或帮助在以后的分析中发现开始没有发现的价值。因此，过早地评价会使许多有价值的设想被扼杀。

头脑风暴会议的基本原则

延迟评价既包括禁止批评，也包括禁止过分赞扬。头脑风暴法首先必须禁止任何批评或指责性言行。这是因为会议成员的自尊心使他们在自己的设想遭到批评或指责时，就会不自觉地进行“自我保护”，因而就会只想如何保护自己的设想，而不去考虑新的甚至更好的设想。批评和指责是创新思维的障碍或抑制因素，是产生“互激效应”的不利因素。同样，夸大其词的赞扬也不利于创造性的发挥，如“你这个想法简直太妙了”，这类恭维话会使其他与会者产生被冷落的感觉，且容易让人产生已找到圆满的答案而不值得再考虑下去的想法。

延迟评价原则是头脑风暴法的精髓。

（2）鼓励自由想象。自由想象是产生独特设想的基本条件。这一原则要求与会者尽可能解放思想，无拘无束地思考问题并畅所欲言，敢于突破，敢于“异想天开”，不必顾虑自己的想法或说法是否“离经叛道”或“荒唐可笑”，使思想保持“自由奔放”的状态。

本原则下要熟练应用求异、想象、联想、发散等多种创新思维方法。

（3）以数量求质量。要相信提出的设想越多，好设想就越多，因此要强调在有限的时间内提出尽可能多的设想。会议安排中可规定数量目标，如每人至少要有3个设想或更多。这样做可使与会者在追求数量的活跃气氛中，不再注意评价了。

1952年，华盛顿地区有1 000多千米的电话线由于大雾造成树挂，使通信中断。为了在短时间内恢复通信，当时政府指派空军解决这一问题。在进行头脑风暴的讨论中，第36个设想是用直升机螺旋桨的垂直气流吹落树挂。采用这个方法后，通信很快恢复了正常。如果在讨论中，提出第5个、第10个、第35个设想时，就戛然而止，那么就不可能找到用直升机解决这一问题的设想了。

奥斯本认为，会议的初期往往不易提出理想的设想，在后期提出的设想中，有实用价值的设想所占的比例要高得多。

（4）鼓励巧妙地利用并改善他人的设想。已经提出的设想不一定完善、合理，但却往往能提出一种解题的思路。其他人可在此基础上进行改善、发展、综合，或由此启发得到新的思路，从而提出更好的设想。

头脑风暴会议要遵守以上4项基本原则，才能充分发挥大家的创造性，保证会议气氛轻松愉快，从而能够起到“互激效应”，使大家想出更多、更好的解决问题的方案。

3．头脑风暴会议流程

（1）明确会议的主题或目标，千万不能无的放矢。一般要将会议讨论的问题提前1～5天告诉与会者。

头脑风暴会议流程

（2）会议人员以5～10人为佳，包括主持人、记录员和参加者。

（3）选择合适的主持人。主持人是头脑风暴会议的领导，会议的成功与否在很大程度上取决于主持人掌控会议的能力和艺术。

主持人的职责如下。

① 使会场保持热烈的气氛。

② 把握住会议的主题。

③ 保证全员献计献策。

主持人怎样才能做到这几点呢？首先要做好充分的准备，其次要有一定的会议主持技巧。主持人一般不能直接发表意见，只能简单地说“很好，继续进行”或“很好，现在让我们改变一下方向，考虑下一轮干些什么”等。

（4）确定记录员。记录员要把与会人员提出的所有设想一个不落地记录下来。设想是进行综合和改善的素材，每个设想都要编上号，以防止遗漏和方便评价。

（5）会议时间一般在一小时以内，最好不超过两小时。

（6）对设想的评价。对设想的评价不能在同一天进行，最好过几天再进行，这样有利于继续提出新的设想。

2.5.6 菲利普斯 66 法

菲利普斯66法，也叫小组讨论法，该方法以头脑风暴法为基础，采用分组的方式，限定时间，即每6人一组，围绕主题限定只能进行6分钟的讨论。该方法是由美国密歇根州希尔斯代尔学院校长菲利普斯发明的，因此命名为菲利普斯66法。

这种方法的最佳应用场所是大会场，因人数很多，可通过分组形成竞争，使会场气氛热烈，犹如“蜜蜂聚会”，因此也有人把这种方法称为“蜂音会议”。

著名的“黑板擦改进方案”就是菲利普斯本人应用这种方法的案例。当年，菲利普斯为底特律某制造公司做“创新思维”的演讲时，突然向听众提出了“怎样把黑板擦改进得更好”的问题，然后将听众分成了若干6人小组，实施6分钟头脑风暴会议。

会议的效果非常惊人。“使用海绵制作黑板擦，防止粉尘飞扬”“设计一种能换芯的黑板擦”“可以像电熨斗一样给黑板擦安装一个把手”等，6分钟之内诞生了许多改进黑板擦的设想，其中有些设想很快被企业采用并变成了新产品上市。①

思考与训练

1．思考并回答以下问题

（1）有人设计了黄瓜形电话，话筒的颜色、形状像一根新鲜的黄瓜，使人一见就感到清新凉爽。你认为这种话筒销售到哪些地方比较合适？

（2）中国有句古话叫“多谋善断”，其中“多谋”指的是哪种思维？“善断”又是指什么？

2．创新思维练习

（1）红色是中国色。请你用发散思维想一想，我们用红颜色还可以做什么？能办哪些事？想法越多越好。

____

____

____

（2）充电器——充电宝，它们之间怎么发生联系？你会产生什么新的创意？

____

____

____

3．分析以下案例并回答问题

让孩子的鞋子跟着孩子的脚一起长大

据2009年2月2日中央电视台《第一时间》报道：给正在长大的孩子买鞋是一件让家长非常头疼的事。鞋子没穿多久就小了，买鞋的速度怎么也赶不上小脚丫长大的速度。不过，德国科学家的一项发明让这个问题迎刃而解。

德国科学家米勒的研究小组发明了一种可以长大的鞋子。研发人员说，目前70%的儿童穿的鞋子都太大了，因为父母总是喜欢给孩子买大一号的鞋，以便让他们能多穿些日子。孩子们穿着并不合脚的鞋子走路，就会不由自主地改变走路姿势，从而引发足部的发育问题。为了解决这个问题，他们发明了一种“会长大”的鞋子。这种鞋子可以随着孩子脚的长大，慢慢延伸，最多可增加2厘米的鞋长，从而解决了孩子脚长得快、买鞋难的问题。

【问题】

小孩的鞋子还有哪些缺点？请思考后列举出来，并试着构思解决方案。例如，怎么解决小孩自己穿鞋时分不清左、右的问题？

____

____

____

① 胡飞雪．创新思维训练与方法．北京：机械工业出版社，2015.

第3章

评估创业者，组建创业团队

【学习目标】

通过本章的学习，使学生形成对创业者的理性认识，了解创业者应该具备什么样的素质和能力，并从创业者的角度进行自我评估，增强自我的创业能力。同时，通过案例的讲授使学生认识到创业团队对创业的重要性，掌握组建一支优秀创业团队的方法以及管理创业团队的技巧和策略。

【学习重点与难点】

重点：认识创业者应具备的素质与能力、创业团队的5P要素。

难点：自我评估、创业团队组建和管理策略。

案例分析

3-1 “选择了就要坚持”——百度公司创始人李彦宏

或许你不关注时政，不关注金融股市，也不关心娱乐时尚，可只要你接触过网络，你就一定用过它——百度。作为现今实力最强劲的中文搜索引擎，十多年来百度经历了从无到有、从小到大的发展壮大过程。下面，让我们来看看百度创始人李彦宏的创业故事。

中国的网民大都是百度的客户。百度能取得今天的成就，得益于李彦宏独到的眼光和坚定的信念，用他的话说就是：“认准了就去做！”十多年前，他放弃了美国“硅谷”的优厚待遇选择回国创业，一心想要创建一个中文搜索引擎。依据当时中国所处的国际、国内环境，他觉得中文搜索引擎一定会有大发展。但他身边的很多人却并不看好这个项目，有些人甚至表示反对。但他并没有因为别人不理解就轻易放弃，他表示之所以选定这个项目是基于对市场的深入调查和分析，正是因为别人还没注意到这块有潜力的市场，他才要去做。“既然认准了，就不能轻易掉头，更别说放弃。”他笑言。

创业是一个高风险、高回报的事，就好比百慕大三角，它神秘、迷人，但想要走出来，既要有运气又要有技术。这个过程总是伴随着艰辛和阻碍，从来没有什么一帆风顺。百度也一样，经历了困境和艰难。2001年、2002年，所有的互联网企业都很艰难，面对全球的泡沫经济很多企业选择掉头或是压缩成本以求盈利，这种做法限制了那些公司的发展。李彦宏说：“直到2001年，我们还在大规模投入，并没有急于赢利，但不急于赢利并不代表一直不赢利，如果企业不追求利益的话，那它就去做慈善了。”

同时，李彦宏一直坚持少承诺、多兑现的原则。百度的第一笔融资是120万元，李彦宏告诉投资人他要用6个月时间做出世界上最好的搜索引擎。没想到对方问他，如果投更多的钱，能不能用更快的时间完成？李彦宏回答不能。后来证明，李彦宏诚实的回答令对方很满意。而他真正做出来也只用了4个月时间。正是他的诚实帮助百度积累了信誉。

创业过程中，一定要具备独立的思考能力和判断力。李彦宏的这两种能力是在大学期间培养出来的，并在以后的创业途中深深地影响着他。例如，2005年百度上市；2008年百度在日本运营搜索，开始尝试国际化；2010年拆股……无一不受到他独立思考能力的影响。就像他回答一位大一女生“大学期间要为成功创业准备什么”时所说：“一定要具备独立的思考能力和判断力，那样你才不会轻信别人。”创业需要很多能力，而这两种能力应算是成大事者必备的吧！

课堂思考与讨论

1. 李彦宏创业成功的因素有哪些？哪些因素是他个人的素质和能力？你觉得创业者应该注意培养和锻炼哪些素质和能力？其中哪些是最重要的因素？
2. 对于百度的成功，很多人说是因为百度是最先做的，所以它成功了。你的观点是什么？

3.1 » 创业者

创业名言

成功根本没有秘诀，如果有的话，就只有两个：一是坚持到底，永不放弃；二是当你想放弃的时候，请回过头来再照着第一个秘诀去做。

——丘吉尔（英国前首相）

创业名言

所有创业者永远都要告诉自己一句话：从创业的第一天起，你每天要面对的是困难和失败，而不是成功。困难不是不能躲避，但不能让别人替你去扛，任何困难都必须由你自己去面对。

——马云（阿里巴巴创始人）

3.1.1 创业者的概念

“创业者”（entrepreneur）一词来源于17世纪的法语，表示某个新企业的风险承担者，早期的创业者也是风险承担的“承包商”（contractor）。在欧美的经济学研究中，将创业者定义为一个组织、管理生意或企业并愿意承担风险的人。美籍奥地利经济学家熊彼特认为，创业者应该是创新者，具有发现和引入更好的能赚钱的产品、服务和过程的能力。

我们认为，创业者首先是一个有梦想的追求者，他追求的是未来的回报，而非现在的回报。如果未来的回报低于预期，或者低于现在的回报，一个人不可能有创业的动力。因此，创业者进行创业活动是为了获得更大的价值，这种价值的实现，有物质上的诉求，而更多的是人生价值的实现。创业者的未来收益是一种投资性活动的收益，这些投资既可能是实际的资本投入，也有本人和团队的时间和精力的投入，而收益也就不只是金钱上的收益，还应包括价值的实现、理想的实现等。

创业者一般被界定为具有以下特征的人：创业者是一种主导劳动方式的领导人；创业者是具有使命、荣誉、责任、能力的人；创业者是组织、运用服务、技术、器物作业的人；创业者是具有思考、推理、判断能力的人；创业者是能使人追随并在追随的过程中获得利益的人；创业者是具有完全权利能力和行为能力的人。

在实际生活中，与一般人的观念不同，创业者所谓较高的商业才能，不仅是指创业者创办一个企业，而且还指在企业的整个发展过程中，创业者能够做出正确的决策，及时解决面临的问题，修正企业的发展方向，使企业长期保持活力，不断发展壮大，成为具有影响力的企业的才能。同时，还应该从社会发展的角度来界定创业者。那些建立了新的商业模式并获得了发展的企业，那些为其他企业的发展提供样板，为社会提供就业，不断带来财富的企业的创立者通常也被称为创业者。①

3.1.2 创业者的类型

根据不同的标准，创业者可以划分为不同的类型。

1．根据创业过程中所扮演的角色和所发挥的作用分

从在创业过程中所扮演的角色和所发挥的作用上看，创业者可划分为独立创业者和团队创业者两种类型。

（1）独立创业者

独立创业者是指自己出资、自己管理的创业者。独立创业充满挑战和机遇。独立创业者可以自由发挥自己的想象力、创造力，充分发挥主观能动性、聪明才智和创新能力；可以主宰自己的工作和生活，按照个人意愿追求自身价值，实现创业的理想和抱负。但是，独立创业的难度和风险较大：创业者可能缺乏管理经验，缺少资金、技术资源、社会资源、客户资源等，生存压力大。

（2）团队创业者

相对独立创业而言，团队创业是指在创业初期（包括企业成立前和成立早期），由一群才能互补、责任共担、愿为共同的创业目标而奋斗的人所组成的团队来进行的创业。在一个创业团队中，包括主导创业者与跟随创业者。带领大家创业的人就是团队的领导者，即主导创业者；其他成员就是跟

① 李家华．创业基础．北京：清华大学出版社，2015.

随创业者，也叫参与创业者。

美国一项针对104家高科技企业的研究报告指出，在年销售额达到500万美元以上的企业中，有83.3%是以团队形式建立的；而在另外73家停止经营的企业中，仅有53.8%有数位创始人。这一模式在一项关于“一百强企业”的研究中表现得更为明显：100家创立时间较短、销售额高于平均数几倍的企业中70%有多位创始人。

由此可见，由于知识互补、资源共享，团队创业的后期成长空间比个人创业更宽广。但是，团队创业也存在思想意识难以统一、发展过程中存在分歧以致难以为继的现象，因此，创业模式主要依据创业目标的类型来选择。Arild Aspelund对新创技术型公司的创业团队的研究表明，创业是一个包含众多人的组织形成过程，特别是这个过程更为复杂的技术型公司要求输入更多的力量。因此，新创技术型公司宜采用团队模式进行创业。

2．根据创业者的创业背景和动机分

从创业者的创业背景和动机看，创业者可划分为生存型创业者、变现型创业者和主动型创业者3种类型。

（1）生存型创业者

这类创业者是我国数量最大的创业人群。清华大学的一份调查报告指出，这一类型的创业者，占我国创业者总数的90%。

这种类型的创业者，最初或许根本就没有什么创业的概念以及伟大的理想与梦想，只是出于生存的渴望与责任，凭自己的勤劳、努力与节俭，在生存的道路上不断积累财富、经验、人脉，然后不断做大、做强，最后在历史潮流的推动下，走上一条持久创业发展的道路，最终取得自己从未曾想过的成就与事业。李嘉诚就是典型的案例。

（2）变现型创业者

这类创业者就是过去聚拢了大量资源的人，在机会适当的时候，自己出来开公司、办企业，实际是将过去的资源和市场关系变现，将无形资源变现为有形的货币。

（3）主动型创业者

主动型创业者又可以分为两种：一种是盲动型创业者，另一种是冷静型创业者。前一种创业者大多极为自信，做事冲动。这样的创业者很容易失败，但一旦成功，往往就是一番大事业。冷静型创业者是创业者中的精华，其特点是谋定而后动，他们不打无准备之仗，或是掌握资源，或是拥有技术，一旦行动，其创业成功的概率通常很大。这种创业者，执着于心中的梦想与目标，充满激情与活力，但他可能没有什么特别的权势与财富积累，只是凭借自己的眼光、思想、特长、毅力与感召力去坚持不懈地努力，感召越来越多的志同道合者，聚集越来越多的资源，吸引越来越多的投资商，凭着一股“打不死”的精神，做出一番事业。

3.1.3 创业动机

创业名言

创业时，你一定要坚持自己的梦想，给梦想一个实践的机会。

——马云（阿里巴巴创始人）

如果你没有对某一件事情充满激情，就不应该创业，绝不要为了创业而创业。

——乔布斯（苹果公司创始人）

1．什么是创业动机

我们常说，行为之后必有原因，这里所说的原因就是动机。动机与需要是紧密联系的。如果说需要是人类活动的基本动力的源泉，那么，动机就是推动这种活动的直接力量。

创业动机则是指引起和维持个体从事创业活动，并使活动朝向某些目标的内部动力。它是鼓励和引导个体为实现创业成功而行动的内在力量。说得通俗一点，创业动机就是有关创业的原因和目的，即为什么要创业、为何创业的问题。行为心理学认为："需要产生动机，进而导致行为。"创业的直接动机就是需要。

创业活动是一种综合性很强的社会实践活动，它源于人的强烈的内在需要，这种内在需要是创业活动最初的诱因和动力。如果没有创业的需要，就绝不可能产生创业行为。仅有创业需要也并不一定有创业行为，只有当创业需要上升为创业动机时，才能形成创业者竭力追求并获得最佳效果和优异成绩的心理动力。创业动机就是推动创业者从事创业实践活动所必备的积极的心理状态和动力。一旦创业者拥有了积极的心理状态和动力并将其付诸实践，他们就会坚持不懈，勇往直前。

2．创业动机的分类

美国社会心理学家马斯洛认为，人类的需要是有层次的，由低到高依次分为生理、安全、社交、尊重和自我实现需要5类。人的某种动机和行为是为了满足自己的某种需要，这正如许多人创业是为了满足某种层次的需求一样。所以，形形色色的创业者走上创业之路，其动机不外乎以下几类。

（1）生存的需要

鲁迅先生说过，我们一要生存，二要温饱，三要发展。生存是人类的第一需要。当一个人失去就业机会，为养家糊口、暖衣饱食而不得不自己创业时，他们就是前面介绍的生存型创业者。

（2）利益的驱动

有一类人觉得为别人打工、拿死工资很难脱贫致富，很难早日摆脱"房奴""车奴"的生活，创业名家们身上的财富光环也激发了他们的创业愿望。为了积累更多的财富，他们走进了创业的行列。如果创业成功，他们不仅财源滚滚，知名度、社会地位、尊严等都会上一个大台阶。这里所言并非拜金主义，只要诚信、诚实、合法，纯粹以赚大钱为目的的创业动机也无可厚非。毕竟价值观不同，生活态度和人生态度也不一样。

（3）压力的驱使

"有压力才有动力"，压力可以激发我们内在的潜能与斗志，这便是我们所说的动力。而一个潜能和斗志被激发出来的人自然要比一个随遇而安的无压力的人更有动力。当前，我国的大学生就业主要表现为毕业生和社会职位之间的供需矛盾。为了缓解就业压力，部分大学生在创业的浪潮中开始了搏击。另外，经济压力也是大学生自主创业的一种动机。大部分大学毕业生集中在城市，特别是大、中型城市，薪酬的增长跟不上房价、物价的急速增长，这无疑给毕业生带来了巨大的压力。于是，他们开始寻找实现自我价值的机会，选择了自主创业，以期通过创业带来良好的经济效益，提高自己的社会地位。

（4）积累经验和增加阅历

要知道梨子的滋味，就要亲口尝一尝。这句话道出了实践的重要性。书本知识都是前人的认知积累，而亲自实践获得的知识比间接经验要深刻、通透得多。有一类人，他们为了增加自己的实践经验，丰富自己的社会阅历，或者为了自己以后的发展或为实现自己的某个目标做好经济上的准备，在条件成熟的情况下，会利用课余或业余时间走上创业的道路。他们的动机往往很单纯，不掺杂任何物质功利因素，创业者本身也没有生活压力，就为了使自己积累更多的实践经验。

（5）实现理想和抱负

一项抽样调查结果显示，从毕业生自主创业动机来看，实现理想和抱负是大学毕业生自主创业最重要的动力。心理学研究表明：25～29岁是创造力最为活跃的时期，这个年龄段的青年正处于创造能力的觉醒时期，对创新充满了渴望和憧憬。他们思维活跃、创新意识强烈，同时所受的束缚较少。按照新的人本主义需要理论［即人共存在3种核心需要，即生存（Existence）的需要、相互关系（Relatedness）的需要和成长发展（Growth）的需要，简称ERG理论］，他们对成长的需要也更为强烈。另外，由于大学生所处的环境，他们往往更容易接触一些新的发明和学术上的新成果，或者他们中的一部分人本身就拥有具有自主知识产权的科研成果。为了能早日实现自己的目标，他们中的一部分人改变了自己的成功观念，也开始了自己的创业生涯。

总之，创业动机没有高低对错之分，也不是影响创业成功的决定性因素，无论持有什么样的创业动机都可去创业，关键是创业者对自己的创业动机一定要有明确的认识，要想清楚自己到底为什么要选择创业的道路。只有明确了创业动机，才能更加坚定走创业道路的决心，才能有助于创业的成功。而有一部分大学生，创业动机并不明确，多是“随大流”“赶时髦”“图新鲜”，或者是在周围人的影响下糊里糊涂地去创业，这样是不利于创业成功的。

另外，尽管创业动机没有高低对错之分，但相对而言，国际上真正成功的企业家都有着非常明确的愿景和梦想，因为远大的创业梦想往往能更大限度地吸引创业者，激发创业者的无限潜能，也更利于成功。例如，比尔·盖茨的梦想是为了实现每一张办公桌上都有一台计算机，他发现了在实现这个梦想过程中的一个重要环节——软件。可这个梦想，并没有提及他要当首富。一家企业要成功，必须有一个愿景，这是企业的灵魂。一旦有了一个真正的梦想，创业者克服各种困难去实现梦想的过程就是他享受人生和追求幸福的过程。因此，有志于创业的大学生应早日树立远大的创业理想和抱负，将创业同自己的人生价值追求和为祖国建功立业的想法结合起来。当然，理想也应当根据现实情况和可能的发展趋势科学合理地设定，不能盲目或盲从否则容易使创业者产生懈怠、妥协的心理，容易出现好高骛远、高目标低达成的现象。

3.2 » 大学生创业的准备

创业案例

3-1　王德正和他的景泰蓝

创业青年王德正在大学时认真学习专业知识，积累了扎实的专业功底。在校期间，王德正还举办过个人画展，在学生中也产生过一定的影响。一次在互联网上，王德正偶然看到了关于景泰蓝制作的视频，激发了他对景泰蓝制作工艺的兴趣，于是，他开始学习制作景泰蓝工艺品。他先是在网上搜索关于景泰蓝制作工艺的教程，每天除了吃和睡，只做两件事：学习教程以及在网上和爱好者交流。经过一段时间，他就熟知了作画的流程和一些基本技巧，并把制成的作品放在自己的博客上。

2009年5月，王德正参加了学校举办的首届联通杯创业大赛，他的参赛项目正是“景泰蓝工艺品”，并且获得了一等奖，王德正很受鼓舞，由此产生围绕着景泰蓝工艺品创业的想法。其实，王德正选择创业还有一个原因，就是大学生就业情况并不乐观，美术专业毕业的学生一般都会去学校做教师，而教师这个岗位竞争相当激烈，就业也非常困难。

王德正家里经济条件并不优越，他当时只想通过创业使自己有一个稳定的工作，不愿意毕业后再给父母增加经济压力。

毕业前，王德正简单地做了工艺品的市场调查，他认为在烟台地区同类产品竞争者少，有一定的市场机会，所以他决定毕业后就创业。

创业之初，屡屡遭挫

想到自己要创业了，王德正觉得他并没有完全掌握景泰蓝的制作工艺和技巧，所以他决定到更专业的地方去学习。大学一毕业，他就东拼西凑地借了10 000元，带着创业的梦想到北京拜师学艺。在北京，他找到了一家景泰蓝工艺厂，交了5 000元的学费，学习了1个多月，基本掌握了景泰蓝的制作工艺。学艺归来之后，王德正和4个同学组成创业团队成立了工作室，以

“景泰蓝工艺品”项目入驻烟台市芝罘区大学生创业孵化基地。这个创业孵化基地是当地政府为了促进大学生创业而建立的产业园区，在这里入驻的初创企业能够享受一定的优惠政策和服务，20多平方米的小房间是创业孵化基地免费提供的。这里的创业团队没有老板，不分部门，大家都是身兼数职，王德正本人也一样，技术、业务、采购、制作一肩挑。创业之初最大的难题是资金。因为了解原材料的价格，王德正本来以为创业不需要太大的资本，但每个月的电费、水费、网费、电话费的支出加起来也不是一个小数目。

最初，王德正的想法是结合他在大学学习油画的经验，他们制作的景泰蓝的工艺品以大型的工艺画为主要产品。他认为凭借他受到的关于画面的色彩、构图等方面的专业训练，肯定能够制作出高艺术水准的工艺画，而且还能卖出高价。所以，他把自己的艺术画作拿到烟台当地最具规模的工艺品集散地和一些礼品公司推销，却没有得到市场的认可，基本上没有零售商户或中间商愿意购买，而且，礼品公司也大都不感兴趣。在他的多次努力下，终于得到一家客户的订单，客户要求他制作一幅长宽各180cm的景泰蓝“花鸟富贵图”。王德正欣喜若狂，马上投入到紧张的创作之中。但是，由于他在北京学习的时间短，且只学了些做景泰蓝小件的技术，而这种大型的景泰蓝工艺品，需要更高的技术和长时间的磨炼才能掌握其制作的窍门，再加上他也没有掌握好景泰蓝在玻璃材料上的工艺技巧，最后，这个景泰蓝“花鸟富贵图”连他自己都觉得做得不好，当然也达不到客户要求，这笔买卖失败了。后来，他改用广告材料板制作景泰蓝工艺，取得了较好的艺术装饰效果。他本以为此举会大获成功，可仍然打不开市场，问者寥寥。这时，创业开始时筹集的资金也用完了。最穷的时候，王德正钱包里只有10元钱，连方便面都吃不起，只能厚着脸皮四处找朋友蹭饭。

时来运转，定位礼品

正在他一筹莫展时，一个偶然的机会，王德正听到前来视察和指导大学生创业孵化基地的当地政府领导说，当地政府想订购一些礼品。他就主动和相关部门联系，争取到了为当地区政府制作50个礼品的订单。

这一次王德正认真听取了客户的要求，精心创作了一批富有景泰蓝传统特色的小件工艺礼品，他还将活性炭跟传统的景泰蓝工艺相结合，使得工艺品还具有了清洁空气的功能。看到这批工艺品，区政府领导非常满意。王德正开始明白，企业要想生存，就必须找到特定的客户群，而满足客户需求，才是生存之道。他也因此想到，既然大件装饰品暂时没有市场，何不把目光放在小件工艺品上，把目标市场锁定为礼品馈赠市场呢？

明确了目标市场，王德正开始认真研究礼品市场的特点。他发现国内礼品馈赠市场潜力巨大，高、中、低收入人群对比均有需求。近年来，礼品已经从前几年的功能性实用物品，发展为讲品牌意识、求创意定制的商品。王德正创业团队的优势正是创意设计和定制。除此之外，工艺品在礼品市场的需求非常广泛，其中既有收藏价值的贵重工艺品，也有象征普通礼节的中低端工艺品或特色礼品。王德正将客户需求界定为普通的中低收入人群馈赠礼品和政府机构的普通礼品。所以，他主要制作小件景泰蓝，并以优惠的定价吸引更多的客户。这样做的另一个好处是，小件景泰蓝制作比较简单，工艺难度不高，只要设计和创意优秀，就能出精品，这也规避了王德正对大件景泰蓝复杂工艺掌握不好的短板。

这之后，他又多次改进工艺，例如，将景泰蓝与陶瓷相结合，开创了景泰蓝制作的新领域。他还把一种名叫“皓尔宝”的材料用于景泰蓝装饰品的制作中，产生出了一种新的工艺品，由于这种材料具有快速有效地去除甲醛、氨及苯等有毒气体的功能，可以使室内因装修而带来的空气污染得到治理，所以这种景泰蓝装饰品经过技术处理后，既能满足人们对外观美感的视觉要求，又可以在不知不觉中净化空气，提升了产品的功能。

慢慢地，王德正创业团队接到了越来越多的订单。

谋求改变，快速发展

2010年10月，王德正成立了烟台德正工艺品有限公司。

在2010年底，他得到了YBC（中国国际青年创业计划）的5万元无息贷款和创业指导导师的帮助。这让他的事业更上一层楼。

由于口碑相传和YBC的帮助，当地两家上市公司烟台万华、烟台张裕也有了向他们订购工艺品、纪念品的意向，两家公司都要求订制表现其公司特色的景泰蓝装饰品、纪念品。

如今，王德正逐步找准自己的市场定位，公司正健康稳步发展。公司拥有7名员工，每月流动资金在7万元左右，年营业额已达到300万元。王德正打算在烟台市最大的装饰画市场开一家景泰蓝工艺品专卖店。

评析

王德正是一个典型的将自身专业特长和创业相结合的创业者。本案例再次说明，创业者的能力是至关重要的。王德正是美术专业毕业生，具有一定的艺术修养和专业能力，但成功的创业者更强调拥有多项知识和技能，这是成功的保障。所以，创业者要正确评估自己的创业能力，做创业资金准备和心理准备，更重要的是创业所需能力的准备，包括社会交往能力、企业管理能力、市场营销能力、计划能力等。有多少能力，做多少事情，所以，创业需要经历由小到大的过程，不能盲目冲动。

王德正前期的困难正源于创业的能力不足，特别是对市场的深刻体察能力的不足。创业者要记住这个教训。

（资源来源：中国青年创业案例精选）

创业与就业不同，它需要创业者既要有全面的综合知识储备，又要有非凡的专业素质、心理素质和各种能力。大学生如果在创业之前，能够在知识储备、创业素质和各种能力等方面做好充分准备，就能大大提高创业的成功率。

3.2.1 大学生创业应有的知识储备

1．专业知识

专业知识是创业之本。专业知识对于创业者确定创业目标具有至关重要的作用。纵观近几年在高科技领域创业取得成功的创业者，无一不具有深厚的专业知识。

2．经营管理知识

在市场经济条件下，市场充满了竞争和风险，创业者要使自己的创业实践活动获得成功，就必须重视经营管理。在大学生创业的过程中，虽有良好产品却因经营管理不善而导致失败的案例有很多，所以创业者一定要高度重视对企业的管理。经营管理知识大致包括：人员的管理、经营目标的管理、经营过程的管理等。

3．财务管理知识

企业财务管理的基本任务和方法是做好各项财务收支的计划、组织、控制、核算、分析和考核工作，依法合理筹集资金，有效利用企业的各项资产，实现企业的生产经营目标，提高经济效益。财务管理知识内容包括：财务决策评价，资金筹集，流动资产，固定资产，无形资产和递延资产的管理，对外投资，成本核算，损益分析等。

4．税收知识

税收是国家为实现其职能，依照法律规定的标准强制地、无偿地征收货币和实物的经济行政活动，是国家参与社会产品和国民收入分配和再分配的一种主要手段。大学生创业者要学习税收知识，依法纳税。

5．法律知识

创业者要学习工商注册登记的申请登记手续、工商登记的条件、工商登记的内容等知识，以及经济合同法、涉外经济合同法等有关经济合同订立、主要条款等方面的知识，合法经营，避免因合同订立的缺陷而蒙受经济损失。

6．金融知识

大学生要创业，需要资金的支持，因此，大学生创业者要学习金融知识，了解融资的渠道、方法和注意事项等，以保证创业成功。

3.2.2 大学生创业应具备的基本素质和能力

要创业，光有热情和一定的知识是不够的。创业过程是艰辛的，而且充满了风险，作为一名涉世未深的大学生要实现成功创业，必须具有良好的综合素质。

1．良好的心理素质

许多创业者成功的经验和失败的教训证明，良好的心理素质是创业成功的关键。良好的心理素质主要包括以下几点。

① 信心。自信心是创业成功的重要条件。美国著名心理学家马斯洛认为："事实上，我们绝大多数人，一定有可能比现实中的自己更伟大一些，只是我们缺乏一种不懈努力的自信。"

② 坚强的意志，坚定的恒心。"古之成大事者，不惟有超世之才，亦必有坚忍不拔之志。"

③ 善于调控情绪，保持乐观心态。当大学生们开始创办自己的企业的时候，要面对许多困难，例如：项目的选择、市场的开发、资金的周转以及暂时的失败等。面对如此多的问题，就要求创业者善于调控自己的情绪，保持乐观的心态，能够在紧迫的环境压力下泰然自若，举重若轻。

戴尔·卡耐基在事业刚刚起步时，在密苏里州举办了一个成年人教育班。他在广告宣传上花了很多钱，同时房租、日常办公等开支也很大，尽管收入不少，但由于财务管理上的欠缺，他的收入刚够支出，一连数月的辛苦劳动竟然没有任何回报。卡耐基因此很是苦恼，不断地抱怨自己的疏忽大意。这种状态持续了很长一段时间，卡耐基整日里闷闷不乐，神情恍惚，无法将刚开始的事业继续下去。最后，卡耐基去找中学时的教师乔治。"不要为打翻的牛奶哭泣"。老师的这句话如同醍醐灌顶，卡耐基的苦恼顿时消失，精神也振作起来。

2．良好的身体素质

创业是一件繁重、复杂的事情，有志于创业的大学生对此要有充分的估计。由于创业者是老板，需要统筹一切，因而总是非常忙，这可能会导致其体力透支、过度疲劳。创业者既要处理公司内部的各种事务，又要和公司外部的工商、税务等打交道，还要忍受来自他人的挖苦、抱怨、冷嘲热讽，更要承担失败的风险和各种决策的压力，创业者普遍感到精神压力很大，因此良好的身体素质非常重要。

3．良好的文化素质

一个人的文化素质一般集中体现在思想道德、专业知识、人文知识和思维方式上。

思想道德素质是创业者文化素质中最主要的方面，是青年人创业成功的必备条件。只有那些能为顾客带来更多的便利、创造更多价值的商家，才能在商场上立于不败之地。创业者在公司的经营运作过程中，不能只考虑如何赚钱，还要考虑自己的事业能否给广大群众带来更多的价值。创业者只有在实现社会价值的过程中才能实现自身的价值。

4．团队精神

创业者的团队精神是指基于对创业团队成员个人爱好、观念和成就的尊重，在创业过程中通过发挥个人特长和协同合作，共同实现目标。

5．学习能力

创业者要从事创业活动，必须具备足够的同创业内容有关的行业知识（如开办网络公司要懂得足够的网络知识，开办餐饮公司要懂得足够的餐饮知识等）外，还必须具备一定的同创业活动自身密切相关的其他知识，如法律知识、财务管理知识、企业管理知识等。而这些知识的掌握，必须依靠学习。

希望集团总经理刘永美说："我们所说的学习能力，就是要随时随地，在任何地方，看到对你有用的，对你的企业和团队有用的，都要学习。"尤其是在知识爆炸、竞争激烈的当今社会，创业者面临的是多变的环境和激烈的竞争，创业者必须随时了解各方面的信息，把握社会和行业发展的动态，掌握企业创办与发展所需的新知识，这就要求创业者必须具备强大的学习能力。在一定程度上可以说，创业者的学习能力是影响企业发展的关键因素。

拓展阅读

3-1　李嘉诚的学习之道

李嘉诚能够成为世界华人商业领袖，绝不是偶然的。他的一生，是"学习改变命运"的最佳写照。

李嘉诚因为家境贫寒，上到初中就被迫失学。15岁时父亲去世，他从此负担起整个家庭的生计。尽管工作非常辛苦，但他知道，如果没有知识，没有学问，他将来就不可能在社会上立足。于是，他白天当推销员，晚上上夜校；他到废品收购站去买别人废弃的旧教材，用旧报纸练字，利用各种方式疯狂地学习知识。

李嘉诚回忆说："当时我住在合群男子公寓，就是现在的铜锣湾金堡大厦，那里每晚12时就会熄灯。我因为上夜校和到工厂跟单，每晚回来要摸黑走楼梯，一步一步数楼梯，数够数就知道回到宿舍了。"

李嘉诚青年时基本没受过正式教育，他连26个英文字母都没学全，可是他深知在香港做生意，不学好英语是不行的。经过极为刻苦的学习，他的英语水平甚至比普通的大学生还要高。20世纪50年代他做塑胶花生意时，订阅了好几种介绍有关塑胶最新动态的外国杂志，以便能够掌握最新形势。在外国杂志中，他留意到一台制造塑胶樽的机器，但从外国订制太贵了，于是他凭借着自学的英文自己仿制了这部机器，这也成为他早年非常得意的事情之一。他用英文和外国人交谈，和外国人做生意，打开了国际市场。短短几年的时间，他就成了享誉东南亚的"塑胶大王"。60年代，地产低潮，李嘉诚大举入市，从"塑胶大王"变为"地产大王"。70年代，他的公司上市，成为资本市场纵横千里的王者。在新经济时代，他又一举进入电信和网络行业。1999年，他以140亿美元的价格卖掉英国Orange电信公司，然后大举进军欧洲的3G业务。他旗下的Tom公司，以网络为核心，整合传媒产业，建立了庞大的传媒帝国。他70岁高龄时，仍然坚持学习，当别人向他请教如何决策时，他说："你自己应该知识面广，同时一定要虚心，多听专家的意见。自己作为一家公司的最后决策者，一定要对行业有相当深的了解，不然的话，你的判断一定会出错。"

从一个街头推销员到今天举足轻重的商业领袖，李嘉诚热爱学习的精神值得我们每个人效法。

6．社会交往能力

社会交往能力是指创业过程中所需要的行为能力，它是创业成功的主要保证。

（1）人际交往能力。创业者不但要与消费者、本企业内部人员打交道，还要与供货商、金融和保险机构、本行业同仁打交道，更要与各种管理部门打交道，因此，创业者必须具有较强的人际交往能力。

（2）谈判能力。创业过程中可能会涉及很多商务谈判，谈判内容可能涉及供、产、销和售后服务等多种环节，创业者必须善于抓住谈判对手的心理和实质需求，运用“双赢原则”，使自己的企业获利。

（3）合作能力。创业者不但要与自己的合作者、雇员合作，也要与各种与企业发展有关的机构合作，还要与同行的竞争者合作。创业者要善于站在对方的角度，理解对方，体谅对方，要善于与他人合作共事，和睦相处。

7．良好的管理才能

成功的创业者，要对由规划、决策、实施、管理、评估、反馈等环节所组成的企业管理的全过程，具有控制和运筹能力。

美国钢铁大王卡耐基去世后，人们在这位杰出企业家的墓碑上雕刻了这样几行字：

这里安葬着一个人，
他最擅长的能力是，
把那些强过自己的人，
组织到他服务的管理机构之中。

8．创意评估能力

创业者应该清楚，并不是每一个创意都能转变为创业机会。对创意的评估，是指分析、评价创意能否转变为创业机会，能否为创业者带来利润，如果没有利润，再好的创意也不能被实施。创业者需要考虑以下问题：这个创意过分、夸张吗？有没有可操作性？实践起来容易吗？有没有实践成果？是否有其他人早已考虑过了？如果这些问题都得到了圆满的回答，那么说明创意是基本可行的。按照美国经济学家的调查分析，在美国从商机分析到开展业务一般要经过6～12个月的时间。当然，创业者的个人因素会在很大程度上影响这一过程的时间。这一过程中，创业者面临的巨大挑战是鉴别、评估哪种创意真正具有商业潜力。

9.科学的经营头脑

科学的经营头脑应该包括敏锐的商业意识和良好的经济意识两个方面。

① 敏锐的商业意识。商业意识是人们在经营实践中，在获取信息的基础上，把握市场趋向的一种思维活动方式。市场中充满了商机，关键是你是否有一双善于捕捉商机的慧眼。

② 良好的经济意识。经济意识是指人们根据经济运行趋势和经济活动的规律、特点，对自己所拥有的经济资源进行投入，以期获得更大成果，并对自己的经济行为能否创造有益效果所做出的分析、判断和决策的一种抽象思维能力。

10．识人和用人的能力

一个成功的创业者，肯定是一位会识人用人的高手，他不但能对雇员进行选择、使用和优化组合，而且能利用群体目标建立群体规范和价值观，形成群体的内聚力。

11．理财能力

这不仅包括创业实践中的资金筹措、分配、使用、流动、增值等环节，还涉及采购能力、推销能力等。既要开源，又要节流。

12．专业技术能力

专业技术能力是创业者掌握和运用专业知识进行专业生产的能力。专业技术能力的形成具有很强的实践性。创业者的许多专业知识和专业技术都是在实践中逐步提高、发展、完善的。创业者要重视在创业过程中积累专业技术方面的经验和进行职业技能的训练，对于书本上介绍过的知识和经验要在加深理解的基础上予以提高、拓宽；对于书本上没有介绍过的知识和经验要探索，并在探索的过程中做详细记录，认真分析、总结、归纳，进而上升为理论，形成自己的经验。只有这样，创业者的专业技术能力才会不断提高。

总之，创办一家企业并不是一件轻而易举的事情。创业者需要具备明确的创业动机及必要的创业能力和素质，具备相应的创业资源，而且要找到一个好的创业机会，并努力去行动。

3.2.3 大学生创业与自我评估

创业规划的重要性对于创业成功是不言而喻的，而一个有效的创业规划必须是在充分且正确地认识自身条件与相关环境的基础上进行的。因此，在开始创办企业之前，创业者必须对自己有一个准确的评价和定位，判断自己是否适合创业，是否具备创办企业的资源和条件，具有多少创业者潜力。如果适合创办企业，创业者还要了解自己喜欢什么，擅长什么，拥有什么，欠缺什么。只有在认清自我的基础上，才能有明确的创业目标和方向，才能抓住适合自己的创业机会，并使创业一步一步走向成功。

大学生创业前进行自我评估，应该着重考虑以下几个方面。

1．动机

创业者要思考："我为什么要创办企业""未来企业发展的目标是什么""是否有足够的决心""是否愿意承担风险""过去的利益是否舍得放弃""想要从创业中最终获得什么""想要把企业做到何种程度""打算为创建企业付出多少，得到多少"。只有了解了自己的各种动机后，创业者才能坚定创业的决心，才能有针对性地选择合作伙伴。否则，合作者之间由于创业动机的差异也会为企业带来隐患。

2．特质

创业者要对"我是个什么样的人，具有什么样的性格特征"有很清醒的认识，这是自我评估中最难的一项。因为最了解自己的人是自己，最不了解自己的人也是自己。人的性格往往具有复杂性和不确定性。人们一般都是从他人对自己的评价中了解自己的，而他人评价与自我认知之间往往有一定的差距，即使是自我认识也会在不同的时候发生变化。了解自己的个性特征需要从这几个维度来考量：事业心和进取精神、责任心、内向性/外向性、友好性、情绪稳定性、面对问题时的态度和处理问题的方法等。

3．知识

创业者要分析自己接受的教育水平、专业背景、工作经历、职业培训等，认识到自己知道什么，不知道什么，熟悉什么，不熟悉什么，拥有哪些经验，缺乏哪些经验，找到自身知识与拟创企业所需知识之间的差距，积极寻找适当的方法来弥补。

4．技能

拥有知识不一定就拥有相应的技能。针对拟创企业的行业特点，创业者一要了解自己目前掌握了什么相关技术，将来能够掌握什么技术；二要了解自己的能力状况，自己有哪些能力，这些能力用在拟创企业中是否有效，自己喜欢什么，擅长做什么，不擅长做什么，哪些方面是弱项，哪些方面是强项，客观、冷静地分析自己，深刻、清醒地认识自己。只有这样，才能找到最适合自己的创业领域。盖洛普倾其一生的研究，发现了人才成功的定律："找到你的优势，然后再放大你的优势。"大部分成功的人，都是在自己喜欢或擅长的领域里，将自己的优势发挥到极致。

5．资源

创业者要明确自己拥有什么资源。创业的前提条件之一就是创业者拥有或者能够支配一定的资源。创业者应该清楚地审视自己所拥有或能够使用的一切资源的情况，及其是否足以支持创业的启动和创业成功之后的可持续发展。这里所说的资源，不仅指经济上的资金，还包括社会资源、人力资源和物质资源。

创业测试

3-1 创业能力测评

测评说明：做下列测试可帮助你判断自己是否适合创业和具有多少创业者潜力。

本测试由一系列陈述句组成，请根据实际情况，从“是”和“否”中选择最符合自己特征的答案。在选择时，一定要根据第一印象回答，请不要做过多的思考。

测评题：

1. 你是否曾经为了某个理想而设下两年以上的长期计划，并且按计划执行直到完成？

2. 在学校和家庭生活中，你是否能在没有父母及老师的督促下，自觉地完成分派的任务？

3. 你是否喜欢独自完成自己的工作，并且做得很好？

4. 当你与朋友在一起时，你的朋友是否会时常寻求你的指导和建议？你是否曾被推举为领导者？

5. 求学时期，你有没有赚钱的经验？你喜欢储蓄吗？

6. 你是否能够专注地投入个人兴趣连续10小时以上？

7. 你是否习惯保存重要资料，并且井井有条地整理它们，以备需要时可以随时提取查阅？

8. 在平时生活中，你是否热衷于社会服务工作？你关心别人的需求吗？

9. 你是否喜欢音乐、艺术、体育及各种活动课程？

10. 在求学期间，你是否曾经带动同学，完成一项由你领导的大型活动，如运动会、歌唱比赛等？

11. 你喜欢在竞争中生存吗？

12. 当你为别人工作时，发现其管理方式不当，你是否会想出适当的管理方式并建议对方改进？

13. 当你需要别人帮助时，是否能充满自信地要求，并且说服别人来帮助你？

14. 你在募捐或义卖时，是不是充满自信而不害羞？

15. 当你要完成一项重要工作时，你是否总是给自己足够的时间去仔细地完成，而不在匆忙中草率地完成？

16. 参加重要聚会时，你是否准时赴约？

17. 你是否有能力安排一个恰当的环境，使你在工作时能不受干扰、有效地专心工作？

18. 你交往的朋友中，是否有许多有成就、有智慧、有眼光、有远见、老成稳重型的人？

19. 你在工作或学习团体中，被认为是受欢迎的人吗？

20. 你自认是一个理财高手吗？

21. 你是否可以为了赚钱而牺牲个人娱乐？

22. 你是否总是独自挑起责任的担子，彻底了解工作目标并认真完成工作？

23. 在工作时，你是否有足够的耐心与耐力？

24. 你是否能在很短时间内，结交许多朋友？

测评标准：

选择“是”得1分，选择“否”不记分。统计分数，参照以下答案。

0～5分：目前不适合自己创业，应当先为别人工作，并学习技术和专业技能。

6～10分：需要在旁人指导下创业，才有创业成功的机会。

11～15分：非常适合自己创业，但是在选择“否”的问题中，必须分析自己的问题并加以改正。

16～20分：个性中的特质足以使你从小事业慢慢开始，并从妥善处理中获得经验，成为成功的创业者。

21～24分：有无限的潜能，只要懂得掌握时机，将是未来的商业巨子。

当然，这个测试结果，也是仅供参考，因为一个人创业能否成功受到很多因素的制约。

（资料来源：中国大学生创业网）

3.2.4 增强创业能力

很多人创业获得了成功，但最初创办企业时，他们并不都具备创业者必需的所有素质、技能和资源。创业知识和技能可以学习，素质可以培养，条件可以改善。我们应当扬长避短，克服自己的弱点，并将自己的长处发挥到极致。

通过前面的自我评估和测试，我们大概了解了哪些技能和素质是自己的弱项，甚至是自己的“短板”。下一步，我们要考虑采取什么积极措施来改变这些弱项，增强自己的创业能力。

（1）如果我们的企业管理能力是弱项，就可以通过阅读企业管理方面的书籍来学习更多的知识，并设法参与更多的创业实践。

（2）如果我们的行业经验是弱项，或许应该找一位有经验的合作伙伴，或者找一位能提供咨询服务的人做顾问。

（3）如果我们的技能是弱项，就要想办法去获得这些技能，可以接受培训，也可以雇用技术人员或寻找一位技术合作伙伴。

（4）如果我们的团队不能满足创业的需求，就需要寻找那些能带来技术、资金或经验的人，实现优势互补，使企业能应对各方面的挑战。

（5）如果我们缺乏资金，就要决定怎样为自己的企业获得启动资金，可以通过银行小额贷款、风险投资、国家政策性扶持、向亲戚朋友借款、与他人合伙等办法筹措资金，还可以从学校的创业指导中心、大学创业园、各地孵化基地及中小企业服务机构那里获得资金支持。

（6）如果我们的人脉关系是弱项，就要有效地利用家人、朋友以及同学的关系，时常联络邻居、朋友及认识的人，积极参加行业协会、俱乐部、校友会等组织，参与社交活动，拓展人脉。

（7）如果我们的个性、心态还不稳定，就需要锻炼如何控制自己。创业需要激情而不是冲动，需要理智而不是冷漠，面对各种各样的风险和困难，我们要具备坚忍不拔、锲而不舍的精神。

（8）如果缺少创业实践，就需要多多利用课余时间参加一定的创业模拟和社会实践活动，还可以兼职打工，以增强对企业的了解和对社会的适应能力。

3.3 » 创业团队的组建和管理

创业名言

即便失去现有的一切财产，只要留下这个团队，我就能再造一个微软！

——比尔·盖茨

当今世界充斥着丰富的技术、大量的创业者和充裕的风险资本，而真正缺乏的是出色的团队。如何创建一个优秀的团队将会是你面临的最大挑战。

——约翰·多尔

虽然每个创业者的创业过程各不相同且具有不可复制性，但是我们在研究了中外众多的创业活动后仍然可以得出以下结论：一个人单打独斗的创业要比团队创业的成功率低得多。对于创业者来说，单打独斗的时代已经过去，只有有效的团队合作和不懈的团队精神，才具有更强大的生命力。

3.3.1 创业团队的概念

俗话说："一个好汉三个帮，一个篱笆三个桩。"良好的创业团队是创建新企业的基本前提。创业活动的复杂性（涉及技术、市场营销、人力资源、财务、税收、法律等领域和专业），决定了所有的事务不可能由创业者一个人包揽，而要通过组建分工明确的创业团队来完成，而这需要一个过程。创业团队的优劣，基本上决定了创业能否成功。有效工作的团队如同一支成功的足球队，全体队员要各就其位，各司其职，同时更要密切配合，才能发挥整体效能。

关于什么是创业团队，可以从狭义和广义两个层面来理解。

狭义的创业团队是指有着共同目的、共享创业收益、共担创业风险的一群共同创建新企业的人；广义的创业团队不仅包括狭义的创业团队，还包括创业过程中的部分利益相关者（如风险投资商、律师、会计师及参与企业创建的专家顾问等）。在这里，我们更强调狭义层面的概念。

秦王讨伐六国前，曾经问大臣们这样一个问题："我们国家的人和别国相比，怎么样？"有个大臣是这样回答的："一个一个人比，我们不如他们；如果是一国一国人比，他们比不过我们。"最后，秦国战胜了比自己强大的楚国、齐国等国，统一了六国，靠的就是团队的力量。

一个好的创业团队对于新创企业的成功起着举足轻重的作用。当然，并不是说没有团队的新创企业就一定会失败，但可以说要建立一个没有团队而仍然具有高成长潜力的企业极其困难。

3.3.2 创业团队的 5P 要素

创业团队需要具备以下5个关键要素（俗称5P）。

1．目标（Purpose）

创业团队应该有一个既定的共同目标，该目标为团队成员导航。没有目标，这个团队就没有存在的价值。目标在初创企业的管理中以企业的愿景、战略的形式体现。缺乏共同的目标将使团队没有凝聚力和持续发展的动力。

2．人（People）

创业的共同目标是通过人来实现的，不同的人通过分工来共同完成创业团队的目标，人是构成创业团队最核心的力量。两个或两个以上的人就可以构成团队。在新创企业中，人力资源是所有创业资源中最活跃、最重要的资源。所以，人员的选择是创业团队建设中非常重要的内容，创业者应该充分考虑团队成员的能力、性格、经验等方面的因素。

3．定位（Place）

创业团队的定位包含两层意思：① 团队的定位，是指创业团队在企业中处于什么位置，所扮演的角色是什么以及团队内部的决策力和执行力怎么样；② 成员（创业者）的定位，作为创业团队中的成员在团队中扮演什么角色，是制订计划还是具体执行计划，即创业团队的角色分工问题。

定位问题关系到每一个成员是否对自身的优、劣势有清醒的认识。创业活动的成功推进，不仅需要整个企业能够寻找到合适的创业机会，同时也需要整个创业团队能够各司其职，优势互补，并且形成一种良好的合力。

4．权限（Power）

权限是指新创企业中职、责、权的划分与管理。一般来说，团队的权限与企业的大小及正规程度有关。在新创企业的团队中，核心领导者的权力很大，但随着团队的成熟，核心领导者的权限会降低，这是一个团队成熟的表现。

5．计划（Plan）

计划有两层含义：一方面计划是指为保证目标的实现而制订的具体实施方案；另一方面大的计划在实施中又会分解成许多小的计划，需要团队成员共同努力去完成。

以上是团队构成的5P要素，但是创业之初，创业者往往会面临很多困难，团队的建设并不像想象中的那样简单，这需要创业者有充分的心理准备。有时创业过程会与团队组建一起完成，由于创业活动的特殊性，创业团队不必具备每一个因素。随着企业发展的逐步成熟，团队建设也应该逐步完善。创业者应当时刻记住一句俗语“三个臭皮匠，顶个诸葛亮”，这正说明了创业团队在创业过程中的重要性。

3.3.3 创业团队的类型

从不同的角度、层次和结构，可以将创业团队划分为不同的类型。而依据创业团队的组成者来划分，创业团队有星状创业团队（star team）、网状创业团队（net team）和虚拟星状创业团队（virtual star team）。

1．星状创业团队

一般在团队中有一个核心人物（core leader），充当领队的角色。这种团队在形成之前，一般是核心人物有了创业的想法，然后根据自己的设想进行创业团队的组建。因此，在团队形成之前，核心人物已经就团队的组成进行过仔细思考了，并根据自己的想法选择相应的人员加入团队。这些加入创业团队的成员也许是核心人物以前熟悉的人，也有可能是不熟悉的人，但这些团队成员在企业中更多时候是支持者（supporter）的角色，如图3-1所示。

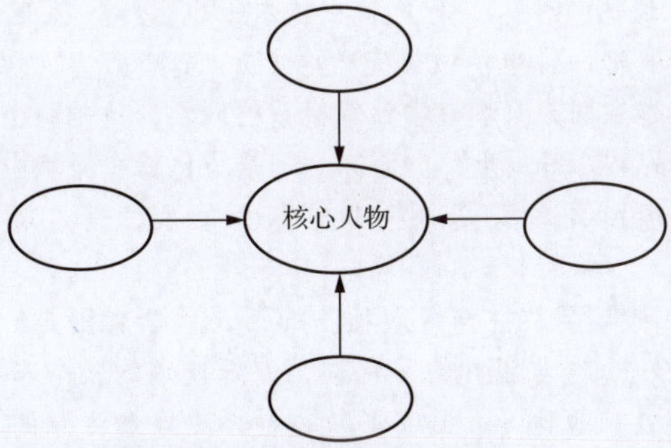

图 3-1　星状创业团队示意图

这种创业团队有以下几个明显的特点。

① 组织结构紧密，向心力强，核心人物在组织中的行为对其他个体影响巨大。

② 决策程序相对简单，组织效率较高。

③ 容易形成权力过分集中的局面，从而使决策失误的风险加大。

④ 当其他团队成员和核心人物发生冲突时，因为核心人物的特殊权威，其他团队成员往往处于被动地位；在冲突较严重时，其他团队成员一般都会选择离开团队，因而对组织的影响较大。

创业案例

3-2 腾讯五虎将：难得的创业黄金团队

腾讯公司因为它著名的产品QQ而家喻户晓，但也许很少有人知道这个公司的创业团队是怎么组建的。

1998年的深秋，马化腾与他的同学张志东合伙注册了深圳腾讯计算机系统有限公司。之后，公司又吸纳了三位股东：曾李青、许晨晔、陈一丹。

为避免彼此间争夺权力，马化腾在创立腾讯之初就和4个伙伴约定清楚，各展所长、各管一摊：马化腾是CEO（首席执行官），张志东是CTO（首席技术官），曾李青是COO（首席运营官），许晨晔是CIO（首席信息官），陈一丹是CAO（首席行政官）。

之所以将创业5兄弟称之为“难得”，是因为直到2005年的时候，这5人的创始团队还基本保持着这样的合作阵形，不离不弃。直到做到如今的社交“帝国”局面，其中4人还在公司一线，只有COO曾李青挂着终身顾问的虚职退休。

都说“一山不容二虎”，尤其是在企业迅速壮大的过程中，要保持创始人团队的稳定合作尤其不容易。在这个背后，工程师出身的马化腾从一开始对于合作框架的理性设计功不可没。

从股份构成上来看。创业之初，5个人一共凑了50万元，其中马化腾出了23.75万元，占47.5%的股份；张志东出了10万元，占20%的股份；曾李青出了6.25万元，占12.5%的股份；其他两人各出5万元，各占10%的股份。

马化腾自愿把所占的股份降到一半以下，他是这样说的，“要他们的总和比我多一点点，不要形成一种垄断、独裁的局面。”而同时，他自己又一定要出主要的资金，占大股。“如果没有一个主心骨，股份大家平分，到时候也肯定会出问题，同样完蛋”。

保持稳定的另一个关键因素，就是搭档之间的“合理组合”。

马化腾非常聪明，但非常固执，注重用户体验，愿意从普通的用户角度去看产品。张志东是思维活跃、对技术很沉迷的一个人。马化腾在技术上也很棒，但是他的长处是能够把很多事情简单化，而张志东更擅长把一件事情做得完美。

许晨晔和马化腾、张志东同为深圳大学计算机系的同学，他是一个非常随和而有自己观点但不轻易表达的人，是有名的“好好先生”。而陈一丹是马化腾在深圳中学时的同学，后来也就读于深圳大学，他十分严谨，同时又是一个非常张扬的人，能在不同的状态下唤起大家的激情。

如果说这几位合作者都只是“搭档级人物”的话，曾李青则是5个创始人中最好玩、最开放、最具激情和感召力的一个，与温和的马化腾、爱好技术的张志东相比，曾李青是另一种类型。他有着大开大合的个性，也比马化腾更具攻击性，更像拿主意的人。不过或许也正是这一点，导致他最早脱离了团队，单独创业。

后来，马化腾在接受多家媒体的联合采访时承认，他最开始也考虑过和张志东、曾李青三个人均分股份的方法，但最后还是采取了5人创业团队、根据分工占据不同的股份结构的策略。即便后来有人想加钱、占更大的股份，马化腾也没有同意，“根据我对你能力的判断，你不适合拿更多的股份”。因为在马化腾看来，未来的潜力要和应有的股份匹配，不匹配就要出问题。如果拿大股的人不干事，干事的人股份又少，矛盾就会产生。

评析

可以说在我国的民营企业中，能够像马化腾这样，既包容又拉拢，选择性格不同、各有特长的人组成一个创业团队，并在成功开拓局面后还能依旧保持着长期默契合作，是很少见的。而马化腾的成功之处，就在于其从一开始就很好地设计了创业团队的责、权、利。能力越大，责任越大，权力越大，收益也就越大。

（资料来源：中国企业家网）

2．网状创业团队

这种创业团队的成员一般在创业之前都有密切的关系，如同学、亲戚、同事、朋友等，一般都是在交往过程中，共同认可某一创业想法，并就创意达成共识以后，开始共同创业。在创业团队组成时，没有明确的核心人物，大家根据各自的特点进行自发的组织角色定位。因此，在企业创立之初，各位成员扮演的是协作者或者伙伴的角色（partner），如图3-2所示。

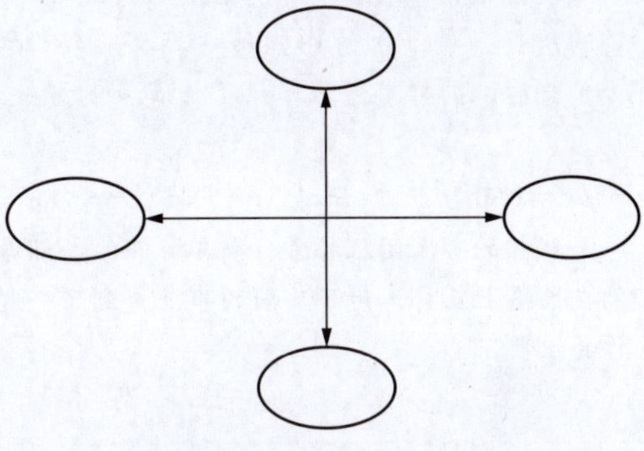

图 3-2　网状创业团队示意图

这种创业团队的特点如下。

① 团队没有明显的核心，整体结构较为松散。

② 组织在进行决策时，一般采取集体决策的方式，通过大量的沟通和讨论达成一致意见，因此组织的决策效率相对较低。

③ 由于团队成员在团队中的地位相似，因此容易在组织中形成多头领导的局面。

④ 当团队成员之间发生冲突时，一般都采取平等协商、积极解决的态度消除冲突。团队成员不会轻易离开。但是一旦团队成员间的冲突升级，使某些团队成员撤出团队，就容易导致整个团队的涣散。

这种创业团队的典型例子是微软的比尔·盖茨和童年玩伴保罗·艾伦，惠普的戴维·帕卡德和他在斯坦福大学的同学比尔·休利特等。这些创业之前已有密切关系的人，基于一些互动激发出创业点子，然后合伙创业，此类例子比比皆是。

3．虚拟星状创业团队

这种创业团队由网状创业团队演化而来，基本上是前两种的中间形态。团队中有一个核心人物，但是该核心人物地位的确立是团队成员协商的结果，因此核心人物从某种意义上说是整个团队的代言人，虽然不如星状创业团队中的核心主导人物那样有权威，但在团队中还是有一定的信服力，能充分考虑和听取其他团队成员的意见。这种团队的决策既集中又民主，是一种比较理想的创业团队类型，如图3-3所示。

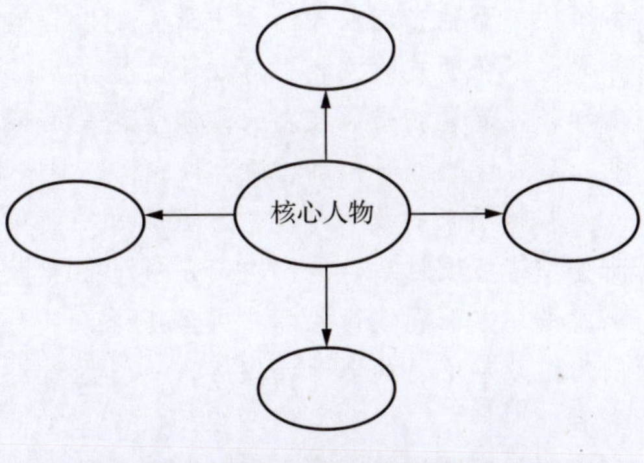

图 3-3　虚拟星状创业团队示意图

创业案例

3–3　联邦家私的创业团队

广东联邦家私集团有限公司成立于1984年，30多年来从一个小作坊成长为中国家具行业中的民营企业翘楚，而当初创业时的6个股东仍然留在联邦。这个团队是如何组建的呢？

1984年10月28日，联邦集团的前身广东南海盐步联邦家具厂成立。王润林、何友志、杜泽荣、陈国恩这4个小时候一起玩的朋友聚在一起，商量着干一番事业。小小的家具厂让这几个朋友走得更近了，但他们之间的关系发生了一些变化，在朋友之外多了一层股东关系。

王润林之前学过设计，何友志是一位做藤椅的师傅，杜泽荣在建筑公司干过打桩，陈国恩也没有什么做老板的经历。这样的4个普通人创立了联邦家具厂。然而，4个农民出身的人还是不知道企业怎么办，他们还需要新的成员加入进来。

之后他们请杜泽桦加入团队。那时的杜泽桦是一家藤器厂的厂长，是当时广州荔湾区最年轻的厂长，曾参加过中国第一期厂长经理培训班，正是意气风发之时，他被推举为团队的核心。随后，同样有着藤器厂工作背景的另一个玩伴郭泳昌也加入了这个团队。

评析

联邦的6人团队朴素、简单、正派，杜泽桦虽不是创始人，但还是被推举为团队的核心，他们在性格上互补，为了共同的事业走到了一起，儿时的友谊和成年后的相互信任，是这支团队合作的纽带。

（资料来源：国际人才网）

3.3.4 如何组建一支优秀的创业团队

案例分析

3-2 骨之源火锅的“纷、分、合、和”

组建团队，共同创业

2008年，刚从南方某大学毕业的富云鹏来到了美丽的滨城——大连。年轻人总是想做出一番事业，而独自创业又势单力薄，所以合伙是最理想的形式。于是，富云鹏踏上了寻找创业伙伴之路。在朋友的互相引荐之下，他结识了现在的创业伙伴马毓梁，一拍即合的创业梦想让两个年轻人惺惺相惜。在富云鹏眼里，马毓梁不仅聪明，为人也厚道踏实，又是工商管理专业毕业，对大连的地理和市场情况很熟悉，是合作的最佳人选。

在接下来的几个月里，富云鹏和马毓梁考察了大连各地区的商业环境，商讨创业商机。在研究了诸多项目后，他们决定从餐饮行业做起，一方面餐饮行业门槛较低，不需要太专业的知识，另一方面餐饮行业客户群体广泛，只要人有吃饭的需求，就会购买他们的产品及服务。他们想过做羊汤、加盟开连锁店，不过经过再三考虑，他们还是决定创立自己的品牌，开一家火锅店。

为了实现理想，富云鹏和马毓梁两人曾去其他饭店当过服务员。富云鹏回忆说：“餐饮行业看似简单，但店里大小巨细全都管理起来，还是蛮考验人的。”几个月的辛苦和学习换来的是踏实的实践基础。但决定开火锅店后新的问题又出现了，城市里大大小小的火锅店不下百家，如果没有特色，他们的火锅店很容易被湮没在这大众店面之中。焦急的马毓梁向在外地的高中同学，也是他最好的朋友吴南璐倾诉了创业难处，并希望他能回来帮助自己。

听了马毓梁的创业思路，吴南璐决定辞掉工作，回到大连和朋友共同创业。吴南璐说：

“虽说手上的工作能养活自己，但我想给自己一个机会，通过创业来实现自己的梦想。”俗话说，三个臭皮匠，顶个诸葛亮。就这样富云鹏、马毓梁、吴南璐仨人凑到了一起。吴南璐不仅回来了，而且带回了一种新思路。据吴南璐介绍，广州人喜欢煲汤，其中有种叫骨钙锅的产品，煲的汤不仅好喝，而且还能留住食物的营养。听了吴南璐的介绍，三个人决定他们的火锅就用骨钙锅，并据此给火锅店取名叫“骨之源”。在广州一家调味料厂工作了半年多的吴南璐还为这种火锅添加了新配料，使得他们的骨钙锅更加适合东北人的口味。

正在此时，三人的创业梦想引起了一个朋友——会计专业毕业的王文海的注意，王文海放弃了出国留学的机会，成了团队中新的合作伙伴。为了更加了解餐饮业的财务管理，王文海更是亲自拜访了几位同行前辈。他的专业知识让团队的账务一目了然，富云鹏后来感慨万分地说：“想起王文海没来的那段日子，还真记不清钱都花在哪里了！”

人有了，钱从哪来？四个人又陷入了困境，他们手里没多少钱。这个创业团队首先想到了贷款，但没有抵押物，贷款就是空谈。再次坚定了创业决心后，四人从各自家里借款，一共筹到了40余万元，作为项目的启动资金，四人以资金入股各占25%的股权。经过反复的思考，他们决定避开行业竞争激烈的大连市区，选择在旅顺大学城的大连医科大学和大连外国语学院（现为大连外国语大学）两所高校之间，开第一家骨之源火锅店。

2009年3月21日，骨之源火锅终于正式开业了。创业伊始，四个合作伙伴并没有明确的分工，因业务流程不熟练，四个人经常手忙脚乱。开业第一天的情景让他们至今难忘，由于各个环节衔接不上，刚开业两个小时就不得不拦住客人不让其进店，因为仅仅店里的几桌顾客已经让他们乱作一团了。例如，前面下了单子，后厨准备不出来，因为缺配料，得等专人去买，而这个人刚好出去买其他东西去了。就这样，一个小环节出现问题，整体就全乱了。晚上四人相对而坐，互相埋怨起来，但创业的激情马上使他们认识到，埋怨解决不了问题。他们认为问题主要体现在：遇到事情他们总等来等去的，浪费时间，效率低。经过讨论，他们达成共识，以后遇到事情尽可能自行解决，四个人都可以独立去采买、下账、收银和服务。这样表面看效率是提高了，但是也为日后的管理埋下了隐患。不过通过调整，四个年轻人的火锅店人气一点点高了起来。

特别值得一提的是，2009年5月，骨之源火锅店项目获得了YBC大连办青年创业计划5万元的无息贷款扶持，并且YBC将大连餐饮业知名企业家张洪坤董事长配备给四个年轻人作为其“一对一”创业辅导老师。经过学习，又受到YBC的鼓励，四个年轻人的创业动力更强了。

意见纷呈，矛盾不断

由于选址大学城附近，几乎所有的顾客都是学生群体，随着一年一度的暑假来临，对于在假期是继续营业还是闭店歇业这一问题，大家的意见产生了严重的分歧：富云鹏和王文海认为主要客户群体是学生，应该选择歇业避过这段亏损期；而马毓梁和吴南璐觉得应该照常营业，增加海鲜涮品吸引夏季来旅顺旅游的游客以维持经营。两种意见僵持了许久，四人并未达成共识，火锅店也就随之无序地在假期继续经营，既没有关门歇业，也没有推出海鲜涮品。结果，毫无经验的四个年轻人，眼睁睁地看着店面亏损了两个月。在这期间，四人也曾坐下来研究过对策，但是由于创业之初未明确各自权益，缺乏合理的决策机制，四人股权又对等，一旦形成对立意见就很难统一。就这样大家心中的隔膜悄然而生，相互都觉着对方不顺眼，但还都忍耐着，业绩自然越来越糟。几个人本是很好的朋友，难道真的要像俗话说的那样，和朋友做生意不仅赚不到钱，还会伤了感情？

合作分工，生意兴隆

创业之初，大家只对创业成功充满了憧憬，却缺乏对行动步骤的细化；重点研究了销售层面的创新，却忽略了对店面管理的深层研究。在创业导师的开导下，他们意识到，他们创业的价值观肯定是统一的，欠缺的是科学的决策机制和合理的责任分工，还有未来的退出机制。只有这样，大家才能密不可分相互协作，互相依赖，自然也就相互信任与团结了。

为了使决策更科学，他们共同修改了公司章程，规定重大问题开会商讨，经营问题吸纳企业高层管理者（店长）参加，决策会议人数保持奇数，根据少数服从多数的原则对决策进行表决。目前，他们的决策层由四个股东加上三个店长构成，这样的7人奇数组织，大大降低了决策的分歧，而且当决策意见被通过时，持反面意见的股东或店长也本着成全伙伴的合作精神积极支持决策实施。

在分工方面，四人结合各自的专业、爱好与特长进行了科学的分工。富云鹏性格外向口才好，行使骨之源火锅店总经理职责，主抓企业营销与外联工作。吴南璐精通管理，抓店面管理和员工招聘与培训。王文海财务科班出身，负责企业财务及记账工作。马毓梁勤奋敬业，主要负责采购。四个人将各自的职责形成了书面文字，并签字通过。

2010年，四个年轻人有了明确的分工，由从前的一盘散沙变成了有效率的团队。每个人在各自负责的领域都能放开手脚去做。富云鹏在高校分享了团队的创业经历，生动且真实的故事鼓舞着学弟学妹们，在大学生群体里产生了积极的反响。吴南璐勤于管理，闲下来时便学习相关知识，研究骨之源的标准化管理，并向伙伴推荐好的书籍。王文海用几款财务软件改进了骨之源的记账方式，精确的财务数据为多店经营打下了基础。马毓梁每天天不亮就跑到菜市场采购，为饭店的菜品质量与成本控制提供了坚实的保障。

团队和谐，奔向未来

到目前为止，四个年轻人亲如兄弟，共同学习，风雨同舟，已拥有了三家直营骨之源火锅店，每家店年营业额均在200万元以上。骨之源火锅已聘用三位高层餐饮管理人员解决了50多人的就业问题。或许，大学生出身的创业团队对学生有着特殊的关怀，两年来他们已经为上百位在校大学生提供了勤工俭学的机会，辛勤的汗水伴随着学弟学妹们的成长。在四个创业青年眼里，大学生不只是简单的顾客，而是如朋友一样亲切如果给了他们更大的舞台，也使他们发挥出更大的能量。谈到以后的梦想，四个人不约而同地表示，要把骨之源火锅店做成全国连锁品牌。

课堂思考与讨论

1. 骨之源火锅创业团队为什么会产生分歧？将来还有可能产生哪些分歧？
2. 组建创业团队时，应注重合作伙伴的哪些素质？

创业团队的组建，没有统一的标准化规程。实际上，有多少支创业团队就有多少种团队建设方式，没有一支创业团队的建设是可以复制的。创业者走到一起来，多是机缘巧合，兴趣相同、技术相同、同事和朋友甚至是有相同想法的人都可以合伙创业。关于创业团队的成员，马云曾经说过“创业要找最合适的人，不要找最好的人”。

组建创业团队

作为创业者应该如何组建一支适合自己的创业团队呢？一般遵循以下三个步骤。

步骤一：寻找合适的合作伙伴

在准确进行自我评估的基础上，创业者在组建团队时，就要考虑其他成员与自己以及其他成员之间在各个方面的搭配问题。创业者首先要根据创业项目制订一份人力资源计划，或者至少应该在心里有一个明确的想法，你想要哪方面的人员，你希望他从事什么样的工作，你能够给予对方哪些有利条件等，都应该考虑清楚。

创业者在寻找合适的创业伙伴时，一般会遵循以下几个原则。

（1）同价值观原则

共同的价值观是组建团队的基本准则。只有在价值认同上一致，团队才有共同的目标和努力方向，才有统一的思路和理念。价值观决定着创业的性质和宗旨，决定着创业的目标和行为准则，也指导着团队成员如何工作和如何取得成功。这其实是企业文化上的一种认同。当团队成员的个人追求与企业追求一致时，也就表明他对企业文化的认可，这样个人就会融入团队中，增强团队的凝聚力。如果团队成员缺乏共同理念，就很容易导致个人主义盛行，最终导致企业的失败。

（2）互补性原则

创业者之所以寻求团队合作，其目的就在于弥补创业目标与自身能力间的差距，尽可能地实现角色齐全。只有团队成员相互间在能力、性格或技术等方面实现了互补，才有利于充分发挥个人的资源优势，拓宽团队的资源渠道，并通过相互协作发挥出“1+1＞2”的协同效应。

互补性原则

研究表明，大多数大学生创业团队在组建时，并不考虑队员专业能力的多样性，或者资源结构的合理性，而大多是因为有相同的技术能力或兴趣，至于管理、营销、财务等能力则较为缺乏，不能为创业项目的正常进行提供必要的资源。因此，要使创业团队能够发挥最大的能量，在创建一个团队的时候，不仅仅要考虑相互之间的关系，更重要的是要考虑成员之间的能力或技术上的互补性，包括个人专长、管理风格、决策风格、思维方式、经验、性格等特点的互补，以此来达到团队的平衡。

相对来说，一个优秀的创业团队必须包括以下几种人：一个创新意识非常强的人，这个人可以决定创业项目未来的发展方向，相当于战略决策者；一个策划能力极其强的人，这个人能够全面、周到地分析整个项目面临的机遇与风险，考虑成本、投资、收益的来源及预期收益，甚至还包括企业管理规范章程、长远规划设计等工作；一个执行能力较强的成员，这个人负责具体事务的执行问题，包括联系客户、接触终端消费者、拓展市场等。此外，如果是一个技术类的创业团队，还应该有一个专家型的核心人物，负责技术研发，打造核心竞争力。同时，这个创业团队还需要有人掌握必要的财务、法律、审计等方面的专业知识。当然，在团队形成之初，并不需要以上各方面的成员全部具备，在必要时，可以是一个或多个成员去学习团队所缺乏的某种或某几种技能，从而使团队充分发挥其潜能。

（3）相似性原则

心理研究发现，当其他人在不同方面与自己具有相似性时，人们会感到舒坦，而且也趋向于喜欢那些人，这就是“相似性导致喜欢”规则。毫无疑问，创业者也会遵循这一规则，喜欢和自己相似的人一起工作。事实上，多数创业者确实会倾向于选择那些在背景、教育、经验上与他们相似的人组成团队。这样做的好处是容易彼此了解，可以更好地促进成员之间的沟通，并有助于形成良好的人际关系，达成一致的意见。但是其缺点也非常明显，那就是他们在知识、技能、社会关系网络等方面容易形成重叠，这不利于初创企业对资源的广泛需求与利用。一般主张只在个人特征和动机方面考虑相似性。

另外，合作伙伴的品格也是必须考虑的因素。有这么一句话，“合伙人，合的不是钱，而是人品与规则”，说明了人品和规则的重要性。

步骤二：确立核心人物

“大海航行靠舵手”，组建创业团队最关键的人自然是企业的领军人物。大凡成功的创业团队，都要有一个核心人物，就是这个团队的领导者。在企业初创期，主导创业者就是这个领导者，而一个团队的绩效如何，关键取决于这个领导者的胸怀和魅力。

确立核心人物与签订合伙协议

“创业教育之父”杰弗里·蒂蒙斯曾说过，创业团队应由一位非常有能力的创业带头人建立和领导，他的业绩记录不仅向我们展示了成就，还展示了一个团队必须拥有的品质。作为一位领跑者和企业文化的创造者，创业带头人是团队的核心，他既是队员，也是教练。吸引其他关键管理成员，然后建立起团队，这样的能力和技巧，是投资家苦苦寻找的最有价值的东西之一。

作为企业的精神领袖，核心人物凭借其在团队里的威信和主导作用，能及时协调团队成员之间的分歧，平衡团队成员的利益，鼓舞团队成员的斗志，调整团队成员的创业心态，让一些重大问题较容易达成共识。核心人物的凝聚力更好地保证了紧密的组织结构和较强的向心力。

步骤三：签订合伙协议，设置合理的股权结构

俗话说，“亲兄弟明算账”“先小人后君子”。团队合伙要想成功、愉快，必须在合伙之前签好创业合伙协议。合伙协议是创业者在找到创业伙伴时必然要思考、讨论、制订和执行的公司的第一份契约，其中包括团队成员的股权分配制度以及“退出机制”。

典型的合伙协议应该说明生意的具体目的，说明每个合伙人有形的资产、财产、设备、专利等和无形的服务、特有技术、关系网等的投入，把最基本的责、权、利说明白、讲透彻，尤其股权、利益分配更要说清楚，包括增资、扩股、融资、人事安排等。有一点最重要，那就是什么样的方式结束合伙关系，对此一定要在协议书中写明，即制订“退出机制”。这样在企业发展壮大后，才不会出现利益、股权等分配分歧而产生的矛盾，导致创业团队的涣散。

3.3.5 团队管理技巧和策略

新创企业的管理，实际上包含公司组织、生产服务、市场营销等几个方面，新创企业的管理重点一般会落在生产管理、市场、服务等环节上，而忽视团队的建设与管理，这种做法是不科学的。如何管理创业团队呢？主要有以下几点。

1．保持沟通流畅，营造相互信任的团队氛围

沟通是有效管理团队的重要内容。杰克·韦尔奇说，“竞争、竞争、再竞争，沟通、沟通、再沟通”，顺畅的沟通是企业不断前进的命脉。没有沟通，团队就无法运转。其一，沟通使信息保持畅通，实现信息共享，避免因为信息缺失而出现错误的决策与行为。其二，沟通可以化解矛盾，增强团队成员彼此之间的信任。在长期合作共事的过程中，成员之间难免会有矛盾，缺少沟通可能导致相互猜疑、相互抱怨，矛盾会随着时间的推移越来越大，最后可能导致团队的分裂。而情感上的相互信任，是一个团队最坚实的合作基础。团队的成功与否，根本原因在于人与人的“兼容性”，相互信任就是兼容过程中的“润滑剂”。其三，沟通可以有效地解决认知性冲突，提高团队决策的质量，促进决策方案的执行。在企业经营管理过程中，团队成员对有关问题会形成不一致的意见、观点和看法，这种论事不论人的分歧称之为认知性冲突。优秀的团队并不回避不同的意见，而是进行充分的沟通和交流，鼓励创造性的思维。这也有助于推动团队成员对决策方案的理解和执行，提高团队决策的质量，提高组织绩效。

2．让合适的人做合适的事

从人力资源管理上“人岗匹配”的原则来说，让合适的人做合适的事，是科学的用人原则。这样做的结果对个人来说，可以保证团队每一名成员得到发展，充分调动团队成员的潜能，激发其工作热情，使其将个人的优势发挥得淋漓尽致；对团队来说，扬长避短无疑是提高效率的最佳配置方式。

3．制定严格的规章制度

“没有规矩，不成方圆”，一个初创团队，如果没有严格的规章制度（如绩效考核制度、财务管理制度、行政管理制度等）作为运转保障，就会成为一盘散沙。因此，最初创业时就要把该说的话说到，该立的规矩立好，把最基本的责、权、利说得明白、透彻，不要碍于情面含含糊糊。规章制度具有明确性的特点，有助于规范团队内部各成员的行为，使每个人都能恪尽职守，各司其职，避免新创企业中经常出现的团队成员责、权、利混淆的情况，避免出现因责、权、利等的分歧而导致创业团队的解散。

4．建立良好的激励机制

激励是团队管理中极为重要的内容，直接关系到初创企业的生死存亡。如何对创业团队进行有效的激励，现在还没有固定的程式可以套用，但可以通过授权、股权激励、薪酬机制等诸多手段来实现。薪酬是实现有效激励最主要的手段，毕竟收益是创业成功的重要表征。在设计薪酬制度时，应考虑到差异原则、绩效原则、灵活原则。最终目的是通过合理的报酬让团队成员产生一种公平感，激发和促进创业团队成员的积极性，实现对创业团队的有效激励。

股权激励在新创企业中，一般的做法是将公司的股份预留出10%～20%，作为吸引新的团队成员的股份。

5．建立合理的决策机制

要成为一个有凝聚力的团队，团队核心人物（决策者）必须学会在没有完善的信息、团队成员没有统一的意见时做出决策，而且承担决策的后果。只要自己认为对的事情，不可优柔寡断，必须付诸行动。而正因为完善的信息和绝对的一致非常罕见，决策能力就成为一个团队能否成功的重要因素。但如果一个团队没有鼓励、建设性的意见和毫无戒备的冲突，决策者就不可能学会决策。这是因为只有当团队成员彼此之间热烈地、不设防地争论，直率地说出自己的想法，团队核心人物才可能有信心做出充分集中集体智慧的决策。决策的主要内容是公司发展的长期目标与一定阶段的计划，还有一些是与公司发展相关的重大决策。

6．马上执行，对结果负责

有了决策，还需要严格地执行，执行力也是一种显著的生产力。故事《把信送给加西亚》中的上尉罗文在接过美国总统的信时，虽然不知道加西亚在哪里，但清楚自己唯一要做的事是进入一个危机四伏的国家并找到这个人。他二话没说，没提任何要求，只是接过信，立即行动。他奋不顾身，排除一切干扰，想尽一切办法，用最快的速度达成了目标。

同样，在创业团队，我们高度强调团队成员必须对结果负责，“没有结果就是没做”，没有任何的理由和借口。

在团队里，也许我们并不需要每个团队成员都异常聪明，因为过度聪明往往会导致自我意识膨胀，好大喜功；相反，却需要每个人都具有强烈的责任心和事业心，对于公司制订的业务计划和目标能够在理解、把握、吃透的基础上，细化、量化自己的工作，坚定不移地贯彻执行下去，对于过程中的每一个运作细节和每一个项目流程都要落到实处，对结果负责。

其实，决策者的角色也不是一成不变的，决策者应首先以一个执行者来要求自己，只有当自己也能完成方案时，才能将类似的方案交给其他执行者去执行。

7．注重团队凝聚力

团队的凝聚力是指群体成员之间为实现共同目标而实施团结协作的程度，凝聚力表现在成员的个体动机行为对群体目标任务所具有的信赖性、依从性乃至服从性上。在创业过程中，团队所有成员都认同整个团队是一股密切联系而又缺一不可的力量。团队的利益高于团队每一位成员的利益，如果团队成员能够为团队的利益而舍弃自己的小利，团队的凝聚力就会极强。

“没有完美的个人，只有完美的团队。”虽然在创业团队中，每一位成员都可以独当一面，但是合作仍然是团队成员首先要学会的东西。成功的创业公司中，团队的成功远远高于个人的成功。创业者团队核心成员只有相互配合，共同激励，树立同舟共济的意识，才能成就梦想。

思考与训练

1．思考并回答以下问题

（1）假如你要创业，你会选择哪种类型的创业团队？为什么？

（2）如果你是一个创业者，你将如何建立自己团队的管理制度，以保证达成团队目标？

（3）假如你开始创业，你将怎样进行人才选拔和任用？是用猎头公司挖人，还是在熟悉的同学、朋友或亲戚里寻找？

2．增强自己的创业能力

请认真审视自己的创业能力，在准确进行自我评估的基础上，实事求是地填写此表。

（1）在左边一栏列出你认为自己在个人素质和技术能力方面的弱点。

（2）在右边一栏说明你克服这些弱点的办法。

我的弱点	我如何在这方面有所提高
（1）	
（2）	
（3）	
（4）	
（5）	
（6）	

3．分析以下案例并回答问题

杨柳的创业故事

身材高挑、容貌秀丽的女孩杨柳从小就多才多艺、热爱表演，中学毕业后父母送她到艺术学校学习音乐舞蹈。她不但嗓音条件好，而且舞蹈功底也很扎实，在校期间她曾参加了本地电视台举办的一个选秀节目，并获得了二等奖。为了获得更多舞台表演的经验，杨柳和艺校的几个同学自编自导了一台节目，有歌曲、有舞蹈、有器乐、有小品等，在这台节目里，杨柳不但是主力演员，也是导演兼主持人。在朋友的推介下，杨柳和自己的同学们经常到本地的一些娱乐场所演出，他们的节目得到合作单位和观众的一致好评，他们不但得到了丰富的舞台经验，也获得了相应的经济收入。

从艺校毕业后，杨柳和这些同学几乎都没有找到与本专业相关的工作。杨柳不想放弃自己的专业，不想放弃自己热爱的表演艺术，她又把这些同学召集起来，利用业余时间编排、排练节目，并继续兼职到本地的娱乐场所演出。由于杨柳这支小演出团队的节目表演专业、不断创新，很受观众的欢迎。渐渐地，在本地的演出市场杨柳的名声越来越大，找杨柳的演出团队表演的单位也越来越多，后来杨柳索性辞去了公司文秘的工作，专门联系和组织演出。这时候杨柳产生了创业的想法，她认识到如果想让自己的团队在本地演出市场长期稳定地发展，仅靠现在临时性的草台班子是绝对不行的，必须成立一家演艺公司，这样才能建立稳定的团队，做好持续的艺术创新，在市场上拥有更好的团队形象和竞争力。但是开公司就必须注册登记、租房子、买设备，这都需要钱，杨柳手头一时凑不出开办公司需要的启动资金。为了凑钱，杨柳想了很多办法，找了很多亲戚朋友去借，和演出团队的伙伴们一起凑，但天不遂人愿，杨柳最终还是没有凑齐所需资金。就在杨柳为钱发愁的时候，一个多次合作过的专职演出经纪人老余找到了杨柳，老余提出要和杨柳合作开一家演艺公司，他负责出资并联系演出。老余的提议让杨柳觉得如获至宝，她几乎想也没想就答应了老余的提议。

于是，杨柳和老余正式合作了，老余出资办理公司的相关手续，租了办公场所，并出任公司总经理，杨柳任公司的艺术总监，杨柳原来演出团队的几个骨干也加入了公司，其他没有正式加入公司的演员也在杨柳的劝说下和公司签订了合同。杨柳和老余约定，并在公司章程中明确，杨柳以技术入股，拥有公司40%的股份。

公司开业后，因为老余是本地的老演出经纪人，拥有很多客户资源，再加上杨柳在节目编排、演员组织和演出实施上一丝不苟、精益求精，故而公司的业务发展得很好，收益也相当可观。公司运营了一年多时间，正当大家为公司的快速发展而高兴的时候，杨柳却发现了严重的问题。第一，在公司的管理上，老余只让杨柳负责专业领域这一块，公司的财务和市场营销从来不让杨柳插手。杨柳除了工资和演出应得的劳务收入外，老余再没给过她一分钱。年底的时候，杨柳曾向老余提出过，作为拥有公司40%股权的股东，自己应当获得公司年收益的分红，可老余却拿出了一大堆发票和杨柳看不懂的账，并解释说公司的开支很大，一年下来并没有挣多少钱。可杨柳心里对一年来公司的收益大致还是有数的，她不太相信老余的话，更何况，她还知道并没有其他收入来源的老余前不久刚买了一辆价格不菲的高档轿车。虽然杨柳对老余的解释很不满，但没有经验的她也不知道该怎么回应老余的说辞，只好忍了下来。第二，老余经常以和客户联络感情的名义请客户吃饭，并到各种高档餐厅和娱乐场所消费，花的都是公司的钱，甚至老余还以市场惯例和业务需要为借口经常要求公司的女演员跟他一起去陪客户。公司的一些女演员多次向杨柳反映，老余每次带她们出去招待客户，都闹得很不像话，不但消费奢侈、场面混乱，更过分的是老余还经常酒后向女演员提出非分要求。杨柳知道这事非常生气，她多次找到老余严肃地提出了自己的反对意见，可每次都被老余以这是公司业务发展必须要做的和这就是市场通行的潜规则为理由给顶了回来。这些事情杨柳忍了很久，她也多次想通过和老余真诚地沟通来解决这些问题，可老余依然我行我素，丝毫不理会她的意见。终于杨柳清醒了，她认识到老余并不是和自己真诚地合作，而是在利用自己的专长和演出团队的资源，自己继续和老余合作下去是没有前途的。杨柳和公司的几个骨干沟通后，大家一致认同她的看法，于是杨柳正式提出了终止和老余合作的要求。老余非常生气，他要求杨柳把名下的份转让给他，但却不给杨柳任何补偿。虽然老余的要求很无理，但对和老余合作已经彻底绝望的杨柳还是转让了自己的股份后离开了公司。此后没多久，公司里杨柳原来的演出团队的几个人都相继离开了。

那一段时间，杨柳非常沮丧，她觉得自己很失败，不只因为自己辛辛苦苦忙碌了一年没什么收益，倾心倾力创办起来的公司也不再属于自己；更令她难过的是，公司的演员们当初都是出于对她的信任才加入团队的，现在大家也跟着她一起倒了霉。连续一个多月，杨柳每天把自己锁在家里，连门都不愿意出，她怕遇到熟人，更怕遇到过去团队的伙伴们她不知道怎么给大家解释自己的遭遇。正当杨柳处于人生低谷而难以自拔的时候，演出团队的伙伴们主动来家里找杨柳，鼓励她重新振作起来，希望她重新把大家组织起来再闯条新路。他们并没有责怪她，虽然他们也很为公司的现状而惋惜，对老余的奸诈和无信也很气愤，但他们知道这并不是杨柳的错，他们信任杨柳，更不甘于在失败面前低头。在大家的鼓励和支持下，杨柳终于鼓起斗志，下定决心决不放弃自己喜爱的演艺事业，要把这些演出团队的伙伴们召集起来，集合大家的力量，再创办一家新的演艺公司，一定要把事业做得比在之前的公司时还要好。对于如何筹集公司启动资金的问题，杨柳找大伙商量，大家一致同意集资来凑了启动资金，但杨柳却说，大家集资她不反对，但启动资金的大部分要由她一个人来出。其实当时杨柳的积蓄并不多，她之所以这样决定，一是因为她不想让团队的伙伴们压力太大，更重要的是，杨柳为了不辜负伙伴们的支持和信任，她希望自己在公司承担更多的责任。经过大家同意，杨柳不但拿出了自己的全部积蓄，还向父母借了一部分钱，终于和大家一起凑齐了启动资金，开始了第二次创业。杨柳相信凭借自己的能力、凭借自己的团队出色的演出质量，他们一定能在这个市场有尊严地赢得成功。新公司成立后，杨柳召集了原来演出团队的原班人马，大家一起编排新的节目，一起开拓市场、联系客户。杨柳的新公司不但承接一般的商业演出，他们还把业务拓展到商业活动策划实施、各种庆典的策划实施、礼仪模特等各个领域。由于公司专业水平高、服务认真细致、收费合理，慢慢地公司的业务有了起色。杨柳和她的团队成员们凭借着自己的专业、勤奋和真诚，终于再次在本地市场上赢得了一席之地。

【问题】

（1）你认为杨柳第一次创业在选择合伙人时犯了哪些错误？分析他们最后分道扬镳的原因。

（2）你认为杨柳在第二次创业时有哪些好的做法？

第4章

创业机会与创业风险

【学习目标】

通过本章的学习，使学生了解创意的产生与挖掘方法；明确大学生应该如何选择创业项目；了解什么是创业机会，掌握如何识别与评估创业机会；以及了解创业风险的特点，掌握大学生创业风险的类别与应对策略。

【学习重点与难点】

重点：创意的产生、创业机会的识别、市场调查的方法、创业风险的类别。

难点：挖掘创意的方法、创业机会的评估和创业风险的应对策略。

案例分析

4-1 网上卖垃圾，生意还很火

淘宝网一家名为“叭哒的幸福生活”网店的首页上有这样一段介绍：“您没有看错，我们要出售的的确是一包垃圾。千万不要问我你会收到什么东西，我们也不知道。我们会把一些样品、换季产品、滞销产品，甚至从未上架过的产品装在包裹中销售，对所有订购的朋友进行随机发出。我们觉得这真是一个很棒的创意，既帮我们清理了仓库，又可以把惊喜带给计算机前好奇的你。”

据店长赵华介绍，店里的每包“垃圾”均定价6.17元，垃圾之所以卖6.17元，是因为她的宝贝儿子的生日是6月17日。网店的成交数量显示，店铺每月卖出近120包“垃圾”，且顾客对店家的满意率高达4.7分（满分为5分）。

打开店铺网站页面，可以看到一张图片，上面是两个包装精美的包裹，里面就是店家所说的“垃圾”，那么包裹中到底是什么呢？通过顾客评价一栏，可以看到很多顾客的留言：“我的是一个小猪的收纳盒，打开的时候蛮惊喜的，这样卖东西很有意思”“我收到的是一个大海星，做工特别好，下次再买一个，这个游戏很有意思”。

赵华介绍，她曾是一家美资公司的销售助理，怀孕后，就辞去工作在家休养。为了打发时间，她于2006年年初上网注册了这家网店，主卖创意家居。当初与很多新手一样，她对市场把握不好，以致积压了很多货物，很是头疼。

后来，赵华在网上看到一些店铺会把换季产品、滞销产品等装在包裹中销售，对订购者随机发出。她联想到自己卖过的帽子，很多帽子都是单款。于是，赵华做了一个购买链接，不选款式随机卖帽子，这个方式吸引了不少希望获得惊喜的顾客。随后，“卖垃圾”这个大胆的创意就应运而生了。

这个创意从2006年8月开始实施，自创意推出后，吸引了不少顾客的注意，给店里带来很多人气，从而也带动了其他商品的销售。积压货物的问题解决了，资金也流动起来了，赵华的收入远远高于当初的工资，而且她还能有更多时间陪伴年幼的儿子。

课堂思考与讨论

1. 赵华网上“卖垃圾”这个创意是怎么产生的？对你有什么启发？
2. 有价值的创意与创业机会有什么关系？

4.1 » 创意与创业机会

创业名言

人一旦失去自信，独创力便将窒碍不前，因此要经常奖励他人所提出来的创意。不管提出来的创意是否有价值，光是提出创意的那份勇气，便值得赞扬。

——亚历克斯·奥斯本（美国创造学家）

机会存在是客观的，机会发现是主观的，只要做一个有心人，发现机会的存在不是一件困难的事情。

——李嘉诚（香港首富）

著名成功学大师拿破仑·希尔说："一切成功，一切财富，始于意念。"这里的"意念"就是创意。"无创意，不创业"，创意是通向机会的垫脚石。那么，什么是创意呢？

4.1.1 创意的定义

创意是创造意识或创新意识的简称，它是指对现实存在事物的理解以及认知，所衍生出的一种新的抽象思维和行为潜能。

创意是一种特殊的思维活动，其特殊性表现在新颖性和独创性两个方面。而创新则是通过一系列行动将这些创意付诸实施。当然，创意要能够创造价值才值得去付诸实施。例如，2006年国家最高科技奖获得者李振声回忆说："当时我就想能不能通过小麦与天然牧草的杂交来培育一种抗病性强的小麦品种"，这就是创意。他的这个点子是新颖的，是突破前人的，同时也是独创的，有了这个独创的点子才有后来集持久抗病性、高产、稳产、优质等品质于一身的小偃6号的培育。

简而言之，创意就是具有新颖性和创造性的想法，也可以理解为人们具有的与众不同的好点子，能够使人眼前一亮。它是传统的叛逆，是一种智能的拓展，是深度情感与理性的思考与实践，是一项创造性的系统工程。

4.1.2 创业机会的定义

创业机会来自于有商业价值的创意。有商业价值的创意绝对不是空想，而要有现实意义，具有实用价值。其简单的判断标准是能够开发出可以把握机会的产品或服务，而且市场上存在对产品或服务的真实需求，或可以找到让潜在消费者接受产品或服务的方法。

关于创业机会，有以下几种常见定义。

（1）创业机会可以为购买者或使用者创造或增加有价值的产品或服务，它具有吸引力、持久性和适时性。

（2）创业机会可以引入新产品或新服务，并能使相关产品或服务以高于成本价出售。

（3）创业机会是一种新的"目的—手段"关系，它能为经济活动引入新产品、新服务、新材料、新市场或新组织方式。

（4）创业机会主要是指具有较强吸引力的、较为持久的有利于创业的商业机会，创业者据此可以为客户提供有价值的产品或服务，并同时使创业者自身获益。

综合以上所述，我们可以得出较为全面的概念：创业机会，是指在市场经济条件下，在社会经济活动过程中形成和产生的一种有利于企业经营成功的因素，是一种带有偶然性并能被经营者认识和利用的契机。

但是创业者不能简单地将商业机会认为是创业机会。如果这种商机是不可持续的，是昙花一现的，则创业者还没有开始行动，商机就可能已经消失了。针对特定的商机，创业者如果不能开发出与之匹配的创意产品，这样的商机就不能视之为创业机会，因为既无创意，谈何创业。那么，创意是怎么产生的呢？

4.1.3 创意的产生

对于创意的产生，世界公认的创意大师詹姆斯·韦伯·扬认为，创意也是有规律可循的，产生创意的基本方针有两点：一是完全将事物原来许多旧的要素进行新的组合；二是必须具有将事物旧的要素进行新的组合的能力。他认为，创意思维的过程还应该经历6个步骤，并且绝对要遵循这6个步骤的先后次序。

1．收集原始资料

一般来说，收集的资料（信息）有以下两种类型。

（1）特定资料，主要是指与特定策划创意对象相关的资料，以及与特定策划创意对象相关的公众的资料。这类资料，大多通过专业调查得到。

（2）一般资料，主要是指那些未必都与特定的策划创意对象相关，但一定会对特定的策划思维有所帮助的资料。

所以，一般策划者应该对各方面的资料具有浓厚的兴趣，而且要善于了解各个学科的资讯。创意思维的材料犹如一个万花筒，万花筒内的材料数量越多，组成的图案就越多。与万花筒原理一样，掌握的原始资料越多，就越容易产生创意。

2．仔细整理、理解所收集的资料

收集完资料后，就要对所收集的资料进行认真的阅读和理解。这时的阅读不是一般的浏览，而是要认真地阅读，而且是要用宏观的思维方式去认真阅读。对收集到的全部资料，包括历史的资料、专业的资料、一般性的资料、实地调查资料，以及脑海中过去积累的资料，都应逐一梳理，进而理解和掌握。

3．认真研究所有资料

研究是有一定技巧的，对同一事物需要用不同的方式去思考，还要通过不同的角度进行分析，然后尝试把相关的两个事物放在一起，研究其内在关系。

4．放开题目，放松自己

选取自己最喜欢的娱乐方式，如打球、听音乐、唱歌、看电影等，总之将精力转向任何能使自己身心轻松的节目，完全顺乎自然地放松。不要以为这是一个毫无意义的过程，实质上，这个过程是转向刺激潜意识的创作过程。这些方式均是激发自己的想象力的极佳方式。

5．创意出现

假如上述4个阶段做得非常好，几乎可以肯定会经历第5个阶段，即创意出现。创意往往会在策划人费尽心思、苦苦思索，经过一段停止思索的休息与放松之后出现。

詹姆斯·韦伯·扬在研究网版印刷照相制版法的问题时，完成前两个步骤后疲劳至极，便睡了一觉。一觉醒来，创意出现了，整个运作中的照相制版方法及设备影像映在天花板上；阿基米德研究出水中庞然大物的重量计算方法，也是因为极度疲劳、放开思索洗澡后起身离开浴盆时“哗哗”一声水响，触动了他的灵感！从此以后，人类对浮在水面的万吨巨轮，就是以排水量来计算其重量的。

6．对冥发的创意进行细致的修改、补充、锤炼、提高

这是创意的最后一个阶段的工作，也是必须要做的工作。一个创意的初期冥发，肯定不会很完善，所以要充分运用商务策划的专业知识予以完善。这时，重要的是要将自己的创意提交给创意小组，履行群体创意、集思广益、完善细化的程序。

概括地说，创意要遵从以上6个程序，同时要把握5个要点：① 努力挣脱思维定式的束缚；② 紧紧抓住思维对象的特点；③ 尽量多角度地去思考问题；④ 防止两个思考角度完全重合；⑤ 努力克服思维惰性的影响。

4.1.4 挖掘创意的方法

尽管创意的来源有多个方面，但要使创意成为一家新企业的发展基础，仍然是一个十分困难的问题。创业者可以运用多种方法来帮助激发新的创意并加以测试。这些方法包括集中小组法（Focus Group）、头脑风暴法（Brain Storming）和问题编目分析法（Problem Inventory Analysis）。下面，主要介绍集中小组法和头脑风暴法。

1．集中小组法

集中小组方法自20世纪50年代以来一直被广泛地使用。具体而言，集中小组法即由主持人带领一群人聚在一起进行公开的、深入的讨论，用不局限于主持人提问的方式来征得与会者的反应，主持人则以直接或间接的方式来集中该小组的讨论。一般来说，小组由8～14个参与者组成，每个成员都会接受其他小组成员的评论，以刺激其创造性地产生新产品的创意。例如，有一家美国公司对女用拖鞋的市场感兴趣，便召集了12位来自波士顿地区、具有各种社会经济背景的妇女组成了一个集中小组，并通过小组讨论产生了一个新的产品概念，即“像旧鞋子一样合脚、温暖而又舒适的拖鞋”。这个产品概念被开发成新产品并取得了市场销售的成功，而且其广告词也是根据集中小组成员的评论得出的。

除了产生新的产品创意以外，集中小组法也可以用于对产品构思和概念进行筛选。通过一定的程序，可以得到更加量化的分析结果。因此，集中小组法是产生新产品创意和企业创意的一种有效的方法。

2．头脑风暴法

头脑风暴法又称脑力激荡法、智力激励法、自由思考法，是由美国创造学家奥斯本于1939年首次提出、1953年正式发表的一种激发性思维的方法。

头脑风暴法是就某一事物在头脑中产生的想法，可以没有局限、随心所欲、思维跨度大甚至异想天开。它是当今社会非常流行的激发创意的一种方法，能够帮助人们找到适合自己创业的好点子。

关于头脑风暴法的组织方法、实施原则，在第2章“2.5.5　头脑风暴法”这一节已做详细介绍，下面就来介绍头脑风暴法的分类。

头脑风暴法分为两种：一般性头脑风暴法和结构性头脑风暴法。

一般性头脑风暴法是以一个主题或目标为基准点来寻找创意的方法，你可以从一个词语或一个主题开始，将浮现在你脑海中的所有想法写下来。你可以一直写，能写多少写多少，可以随心所欲、没有局限、思维跨度大甚至看上去不切实际。一个好的创业想法往往源于异想天开。例如，从“旅游”这个词语开始，就可以产生图4-1所示的创业点子。

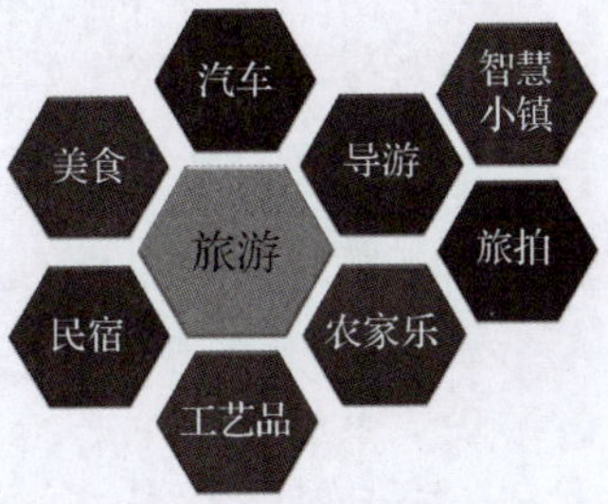

图 4-1　一般性头脑风暴法应用示例

结构性头脑风暴法是沿着某个产品的生产线、销售线、副产品线和服务线去构思创业点子的方法。图4-2所示为以纯棉T恤为例的结构性头脑风暴示例。

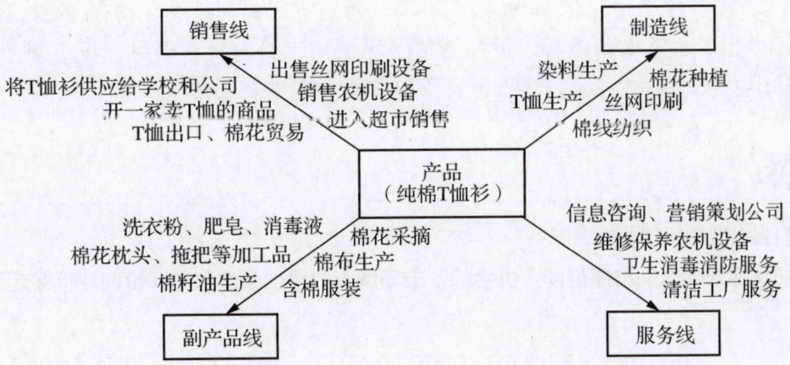

图 4-2　纯棉 T 恤衫为例的结构性头脑风暴示例

4.2 » 创业机会的识别

创业名言

多数人的毛病是，当机会冲奔而来时，兀自闭着眼睛，而很少去追求机会，甚至被机会绊倒，也不去审视它。

——卡耐基（著名成功学大师）

创业名言

我极少能看到机会，往往在我看到机会的时候，它已经不再是机会了。

——马克·吐温（美国著名作家和演说家）

案例分析

4-2 梁伯强的指甲钳

梁伯强，广东中山圣雅伦公司总经理，中国“隐形冠军”形象代言人。这位被誉为“指甲钳大王”的梁伯强，当初决定生产指甲钳竟是因为当时的总理的一句话。

1998年年底，梁伯强在看报纸时发现了一篇名为《话说指甲钳》的文章，就是这篇文章让梁伯强的命运从此改变。文章中写道，当时的总理在参加一次会议时说：“要盯住市场缺口找出路，例如指甲钳，我没用过一个好的指甲钳，我们生产的指甲钳，剪了两天就剪不动指甲了，使大劲也剪不断。”当时的总理以小小的指甲钳为例，要求轻工企业努力提高产品质量，开发新产品。梁伯强从这一句话中发现了指甲钳的商机。

梁伯强通过市场调查,发现指甲钳每年的产值达到了人民币60多亿元，这其中只有5家工厂是韩国的，但其居然占了20亿元的产值。但在中国呢，据在册登记摸底就有500多家企业，营业额一共才在20亿元左右。从数量上来对比，韩国的那5家主要企业加上十来家配套企业就可以和中国的500多家企业打个平手，这种反差令梁伯强非常惊讶。

梁伯强心动了，他兴致勃勃地开始对全国市场进行考察。考察完，梁伯强很意外地发现，很多生产指甲钳的工厂都倒闭了。如果中国真有20亿元的市场份额，为什么几个大厂会倒闭呢？一方面，零售市场都被外国品牌占据，国内老厂不断倒闭；另一方面，批发市场群雄逐鹿，热火朝天。抱着试试看的态度，梁伯强的公司生产出第一批指甲钳，没想到产品还没正式面世，就有几千万的订单找上门，这更坚定了他把指甲钳做下去的决心。

课堂思考与讨论

1. 梁伯强发现的是创业机会吗？
2. 梁伯强是如何识别与评价创业机会的？市场调查对梁伯强识别与评价创业机会起到了什么样的作用？

4.2.1 创业机会的特征

识别创业机会是思考和探索互动反复、并将创意进行转变的过程。有的创业者认为自己有很好的创业想法和点子，对创业充满信心。有想法、有点子固然重要，但并不是每个大胆的想法和新异的点子都能转化为创业机会的。许多创业者就因为仅仅凭想法去创业而失败了。因此，了解创业机会的特征有助于创业者正确识别创业机会。

创业机会具有以下特征。

（1）普遍性。凡是有市场、有经营的地方，客观上就存在着创业机会。创业机会普遍存在于各种经营活动过程之中。

（2）偶然性。对一个企业来说，创业机会的发现和捕捉带有很大的不确定性，任何创业机会的产生都有“意外”因素。

（3）消逝性。创业机会存在于一定的时空范围之内，随着产生创业机会的客观条件的变化，创业机会会相应地消逝和流失。

4.2.2 创业机会的来源

创业机会的来源

创业机会既可能是自然生成的，也可能是创业者自己去创造、挖掘的，且多数是后面一种情况。创业者要想赢得创业机会，就得搞清并关注创业机会的来源。我们认为，创业机会主要来自于以下5个方面。

1．问题

创业的根本目的是满足顾客的需求，而顾客需求在没有满足前就是问题。寻找创业机会的一个重要途径是善于发现和体会自己和他人在需求方面的问题或生活、工作中的难处。例如，上海有一位白领丽人发现，家离公司远的白领们中午想忙里偷闲地多休息一会儿，以便舒缓身心的疲惫、养精蓄锐，但公司一般是不许可放几张床让员工休息的，于是她创办了一家小旅馆名为“睡吧”，年入百万元，这就是一个把问题转化为创业机会的成功案例。

2．变化

创业机会大都产生于不断变化的市场环境，环境变化了，市场需求、市场结构必然发生变化。Drucker将创业者定义为那些能“寻找变化并积极反应，并将它视为机会充分利用起来的人”。这种变化主要来自于产业结构的变动、消费结构的升级、城市化的加速、人们思想观念的变化、政府政策的变化、人口结构的变化、居民收入水平的提高、全球化趋势等诸多方面。例如，我国已经进入了一个老龄化的社会，所以老人保健、老人陪护等方面就产生了创业机会。

3．创造发明

创造发明提供了新产品、新服务，更好地满足了顾客的需求，同时也带来了创业机会。例如，随着计算机的诞生，计算机维修、软件开发、计算机操作的培训、图文制作、信息服务、网上开店等创业机会随之而来，大学生创业者即使不发明新的东西，也能成为销售和推广新产品的人。

4．弥补对手的缺陷

很多创业机会是缘于竞争对手的不足和失误而“意外”获得的，如果能弥补竞争对手的缺陷和不足，这也将创造创业机会。看看周围的公司，能比它们更快、更可靠、更便宜地提供产品或服务吗？能做得更好吗？若能，也许就找到了机会。

5．新知识、新技术的产生

在知识经济时代，用科技、知识创业是新模式，也是必然趋势。

拓展阅读

4-1 土专家速成长，科技创新写传奇

毛小文，一位帅气阳光的80后邵阳武冈青年，湖南漆雕氏制造股份有限公司的创始人。他凭借科技创新精神和拼搏进取精神，从打工仔变身“土专家”、创业者，不断演绎出“少年强则中国强”的传奇。

打工仔变身，创业路上步步高

毛小文1986年出生于武冈市稠树塘镇，初中毕业后学过美容美发，开过美发店、卤菜店。因为生意不怎么好，他南下东莞进入一家玩具厂从事喷油漆的工作。

20岁时，毛小文开始真正意义上的创业，专门向水性涂料厂供应原材料和饮用水过滤

材料。24 岁那年，毛小文建起了自己的第一家工厂，给外资涂料厂做半成品加工。2013 年，27 岁的他开始建设占地2万多平方米的新工厂——河源中南石英砂厂。2014 年，他回到武冈做自主品牌，先后创建武冈市联合新型建材厂、武冈市联合建筑工程有限公司、湖南漆雕氏制造股份有限公司。仅仅三年时间，他的企业便创下广东省石英砂第一品牌，成为可口可乐、华润怡宝等知名饮料企业的指定供应商。

毛小文创建的湖南漆雕氏制造股份有限公司，于2016 年12 月在深圳前海股权交易所成功挂牌。该公司是集科研、生产、营销为一体的建材科技企业，现有广东河源、湖南武冈两大生产基地。公司开创了纳米抗菌涂料的先河，获得新型环保建筑材料国家专利2 项，在全国各地有上百家旗舰代理店，265 家销售网点，并开拓了缅甸市场。长沙市的畔山别墅群项目、武冈机场等大型建筑工程项目均使用该公司的新型环保产品。

“土专家”成长，科技创新写传奇

作为一名学历不高的创业者，毛小文能有今天的成功，离不开他对科技创新的重视和钻研。从事喷油漆的工作时，他就萌生了念头：如果自己可以生产涂料的话，一定要把刺鼻的气味去掉。后来他给外资公司生产原材料，接触到了干燥以后完全没有气味的涂料。他买下配方，加以改进，研制出纳米抗菌自洁涂料，并于2014 年申请发明专利《一种含有龙涎香提取物的长效抗菌乳胶漆》。

2015 年，他又亲自研发了新产品，并申请发明专利《一种反射隔热涂料及其制备方法》。这两项专利现均获授权。2016 年11 月，他参与的环保节能、防腐等新技术方面的2个自主研发专利通过初审。2017 年5 月，环保节能方面的3个专利也启动了申报程序。

已获证书的两项发明专利，成功地实现了成果转化，漆雕氏环保水性涂料，走进了千家万户。2017 年，“纳米抗菌自洁墙面漆”获第六届中国创新创业大赛暨第四届湖南省创新创业大赛初创企业组优秀奖，公司获邵阳市科学技术进步“二等奖”，被中国绿色建材产业发展联盟授予“绿色涂料战略合作伙伴”。2018 年，公司获“中国名牌商务住宅装饰材料生产企业”称号，毛小文被“诚信中国幸福湖南”授予“诚信企业家”称号。

“创造者、缔造者、开拓者、实现者是漆雕氏不变的姿态！”毛小文称，强大的自主研发能力是公司快速发展的关键所在。公司通过研究资源的优势整合，以高科技、高品质为目标，以雄厚的技术实力不断地推进产品的研发，实现生态技术在生活细节中的实际运用，充分满足现代建筑装饰和创造更加舒适生活空间的需求。

对于未来的发展，他胸有成竹：“公司将跟着国家政策的导向，对科技研发部门会加大投入，加强管理，向着节能环保更高的标准进发。公司现正与大专院校与科研院所合作研发互联网+App、3D 打印技术在墙体材料中的应用与产业化发展。”

（资料来源：云邵阳）

4.2.3 创业机会的类型

根据创业机会的来源，创业机会可以分为问题型机会、趋势型机会和组合型机会3种类型。

问题型机会：指的是由现实中存在的未被解决的问题所产生的一类机会，如雅虎网站。

趋势型机会：就是在变化中看到未来的发展方向，预测到将来的潜力和机会，如速冻食品、可穿戴设备。

组合型机会：就是将现有的两项以上的技术、产品、服务等因素组合起来，以实现新的用途和价值而获得的创业机会，如芭比娃娃。

4.2.4 影响创业机会识别的因素

理论界与实践界都一直试图回答：是什么因素导致一些人更善于识别出有价值的创业机会？这些创业者有什么独特之处？下面是取得共识的4类主要因素和特征。

1．先前经验

在特定产业中的先前经验有助于创业者识别商业机会，这被称为“走廊原理”。它是指创业者一旦创建企业，他就开始了一段旅程，在这段旅程中，通向创业机会的“走廊”将变得清晰可见。这个原理提供的见解是，某个人一旦投身于某产业创业，这个人将比那些从产业外观察的人，更容易看到产业内的新机会。有调查发现，70%左右的创业机会，其实是在复制或修改以前的想法或创意，而不是发现全新的创业机会。

2．专业知识

拥有在某个领域更多专业知识的人，会比其他人对该领域内的机会更具警觉性与敏感性。例如，一位计算机工程师就比一位律师对计算机产业内的机会和需求更为警觉与敏感。有些人认为，创业者有“第六感”，使他们能看到别人错过的机会。

3．社会关系网络

研究已经发现，社会关系网络是个体识别创业机会的主要来源。社会关系网络能带来承载创业机会的有价值的信息，个人社会关系网络的深度和广度影响着机会的识别，这已是不争的事实。通常情况下，建立了大量社会与专家联系网络的人，会比那些拥有少量联系网络的人更容易得到机会。

4．创造性

创造性是产生新奇或有用创意的过程。从某种程度上讲，机会的识别是一个创造过程，是不断反复的创造性思维过程。在许多产品、服务和业务的形成过程中，甚至在许多有趣的商业传奇故事中，我们都能看到有关创新思维的影子。

尽管上述特征并非导致创业成功的必然因素，但具备了这些特征，往往较其他创业者具有更多的优势，也更容易获得成功。因此，创业者应该在日常生活中有意识地加强实践，培养和提高发现创业机会的能力。

（1）要养成良好的市场调查习惯。发现创业机会最根本的一点是深入市场进行调研，要了解市场供求状况和变化的趋势、顾客的需求是否得到满足、竞争对手的长处与不足等。

关于市场调查的详细介绍参见本章“4.3 市场调查”，这里不再赘述。

（2）要多看、多听、多想。我们常说见多识广，识多路广。我们每个人的知识、经验、思维以及对市场的了解不可能做到面面俱到，多看、多听、多想能使我们广泛获取信息，及时从别人的知识、经验、想法中汲取有益的东西，从而增加发现机会的可能性。

（3）要培养独特的思维。机会往往是被少数人抓住的，我们要克服从众心理和传统的习惯思维的束缚，敢于相信自己，有独立的见解，不人云亦云，不为别人的评头论足、闲言碎语所左右。在创业的道路上，有时需要的恰恰是发现一般人没有看到的机会，或者说做一般人不屑于去做的事，最后把平凡的事做到不平凡。

创业案例

4-1　一美分垒起的大富翁

1989年，默巴克是美国斯坦福大学的一名普通学生。为减轻父母的压力，默巴克利用空闲时间承包打扫学生公寓的工作。第一次打扫学生公寓时，默巴克在墙脚、沙发缝、学生床铺下扫出了许多沾满灰尘的硬币，这些硬币有1美分的、2美分的和5美分的。默巴克将这些硬币还给同学们时，谁都没有表现出丝毫的热情。

此后，默巴克给财政部和央行写信，反映小额硬币被人白白扔掉的事情。财政部很快给默巴克回信说："每年有310亿美元的硬币在全国市场上流通，但其中的105亿美元正如你所反映的那样，被人随手扔在墙角和沙发缝中睡大觉。"

看到这样的回信，默巴克震惊了！如果换成一般人也许只会发出一声感叹，之后就不了了之了。但是，默巴克的脑子里却偏偏冒出了这样一个想法：如果能使这些硬币流通起来，利润将多么可观啊！

1991年，刚毕业的默巴克成立了自己的"硬币之星"公司，推出了自动换币机。顾客只要将手中的硬币倒进机器，机器会自动点数，然后打出收条，显示出硬币的面值总额。顾客凭收条到超市服务台领取现金。而自动换币机收取约9%的手续费，这笔费用由默巴克与超市按比例分成。

短短5年时间，默巴克的"硬币之星"公司在美国8 900家主要超市连锁店设立了10 800台自动换币机，并成为纳斯达克的上市公司。默巴克也从一个一文不名的穷小子，成了令人瞩目的亿万富翁。

（资料来源：现代家庭报）

点评

创业无大小，在成功者面前，财富无处不在，就要看你有没有一双发现财富的慧眼。默巴克从沾满灰尘的硬币上发现了一般人没有看到的机会，也做了一般人不屑于去做的事情，最终实现了致富梦想。

4.2.5 常见创业机会的识别方法

1．新眼光调查法

（1）注重二级调查。阅读某人发表的作品、利用互联网搜索数据、浏览寻找包含你所需信息的文章等都是二级调查的形式。

（2）开展初级调查。通过与顾客、供应商、销售商交谈和采访他们，直接与这个世界互动，了解正在发生什么以及将要发生什么。

（3）记录你的想法。瑞士最大的音像、书籍公司的创始人说，他就有一本用来记录想法的笔记本，当记录到第200个想法时，他坐下来，回顾所有的想法，然后开办了自己的公司。

2．问题发现法

问题就是商机。马云曾经说过，只要有抱怨的地方，有投诉、不合理的地方就有创业机会。优秀的创业者要善于从自己、他人的问题和抱怨中发现商机。

试着从你的周围发现商机：①自己遇到的问题；②工作中碰到的问题；③听到、看到其他人的问题；④所在社区中发现的问题。

人类所有的财富都躲到问题的后边，当你帮助别人解决问题的时候，财富就会随之而来。

拓展阅读

4-2 罗红与他的艺术蛋糕

十多年前，好利来公司总裁罗红还只是一个仅仅拥有梦想与激情的年轻人。在母亲退休后的第一个生日，为了表达孝心与祝福，他希望能为母亲选购到一个式样新颖、口味馨香的生日蛋糕，然而他几乎跑遍了全城，仍然没有找到合适的蛋糕。于是他想，别人在买生日蛋糕的时候可能也会碰到和我一样的问题，如果我在市场上出售制作精巧而且美味的生日蛋糕应该会受欢迎，因为这样的蛋糕不仅仅是商品，还寄托了人们对亲人和朋友的爱心与祝福。

似乎只是一个不起眼的小小想法，却在当时的罗红心中生根发芽，令他开始了艺术蛋糕的事业。也正是这样一个温馨而富于感情色彩的开始，决定了好利来永久的品牌内涵——甜蜜的事业、快乐与爱心的使者。

1991年，罗红在四川雅安开办了第一家蛋糕店，开始了艺术蛋糕的事业。1992年9月13日，罗红挟技西进，在兰州开设了第一家蛋糕专卖店，以前店后厂、现订现卖为经营模式，推出了琳琅满目、样式新颖的蛋糕，在兰州一炮打响。这是我国烘焙行业第一家大型的西饼专营店。他给自己的蛋糕专卖店起了一个吉祥如意的名字——“好利来”，这是他对自己刚刚起步的蛋糕事业的美好期盼，也是对每一位购买“好利来”食品的顾客的一个美好祝福。1994年，吉林、包头好利来蛋糕世界相继成立，也获得了良好的市场效应。目前，好利来投资有限公司已经成为我国最大的烘焙食品企业。

3．顾客建议发现机会法

一个新的机会可能会由顾客识别出来，因为他们知道自己究竟需要什么。然后，顾客就会为创业者提供机会。顾客的建议多种多样，他们可能会提出一些诸如“如果那样的话不是会很棒吗”这样的非正式建议，留意这些，有助于你发现创业机会。

4．通过创造获得机会法

这种方法在新技术行业中最为常见，它可能始于拟满足的市场需求，从而使创业者积极探索相应的新技术和新知识，也可能始于一项新技术发明，进而使创业者积极探索新技术的商业价值。通过创造获得机会比其他任何方式的难度都大，风险也更高。同时，如果能够成功，其回报也更大。这种情况下产生的创新在人类所有具有重大影响的创新中，居于压倒性的主导地位。

索尼公司开发随身听（Walkman）就是一个很好的例子。索尼公司觉察到人们希望随身携带一个听音乐的设备，并利用公司微缩技术的核心能力从事项目研究，最终开发出划时代的产品——随身听，取得了巨大的成功。

4.2.6 给大学生选择创业项目的 10 点建议

创业需要一定的社会资源、一定的资金支持和一定的社会关系。大学生是一个比较特殊的群体，他们缺少社会实践经验，对社会现实了解不深。因此，大学生在选择创业项目时就要遵循一定的原则来弥补自身存在的不足，并充分发挥大学生创业的优势。以下几条建议可以供大学生创业者在选择创业项目时参考。

1．选择自己最擅长的创业项目

中国有句古语：“骏马能驰远，耕田不如牛。坚车能负重，渡河不如舟。”各人的才能不同，长于此而短于彼，因此，创业者要选择与自己专业、特长挂上钩的项目，发挥自己的长处。

选择创业项目的建议 1

创业者最擅长的事，也就是最有可能干好的事。擅长，就是跟别人竞争时更具优势。只有强化自己的专长，成为专家，才会和别人拉开距离，在竞争中脱颖而出。因此，在创业之前，创业者需要认真地分析自己的特点，找出自己的强项，因为几乎没有人是选择了自己的短板而获得成功的。

比尔·盖茨曾经说过：“做你自己最擅长的事。”人们在做自己擅长的事时，自信心最强，勇气最大，因此成功率最高。

拓展阅读

4-3 杜建裕：坚持做自己擅长的事情

杜建裕，绍兴上虞人，毕业于浙江科技学院车辆工程本科专业。还在读大学时，他就和同寝室的几个好兄弟约定，毕业后不能安于在单位上班，而要将创业作为职业生涯的方向。

不过，跨出大学校门后，他没有马上“自己干”，而是先到企业去上班。他还卖过一段时间的机械设备。经过一年多的历练，杜建裕敏锐地在汽车领域发现了商机，他说：“这几年，‘中国制造’的汽车零配件出口量非常大，而且每年保持高速增长，企业在出口零配件时需要取得国外采购商认同的检测认证，不过很多国内零配件制造商因为不熟悉出口国的检测标准、口岸政策等，走了不少弯路，如果我们可以为他们提供这方面的专业服务，应该可以开辟一个很大的市场。”

2009年，在朋友的牵线搭桥下，杜建裕加入了一家检测公司。这家公司租用了一整栋办公楼，前后共招收了100多位员工，准备大干一场。然而，仅过了一年多，这家公司就失败了。

杜建裕说：“这个行业的方向没有错，错的是我们过于贪大求全。”一开始，他们就雄心勃勃地把检测认证的产品定在了全球范围，而且除了汽车零配件外，他们还做食品、药品、机械产品等各个行业产品的出口检测认证。

“实际上，我们当时不管是从检测能力还是业务量上来说，还达不到做全行业检测认证的要求，一年下来，公司只有几个项目是有业务的，多数项目甚至一单未开。”杜建裕说。

首个创业项目的失败，并没有让杜建裕失去对检测认证服务的信心，他准备从头再来。不过，第一次创业，他把所有的积蓄都花完了，而且一时又找不到新的合伙人。2010年10月，他从同学、亲戚和朋友那里凑了10万元，在杭州赛博创业工厂租下了一小间办公室，又注册了一家新的检测公司。

和之前100多人的规模相比，这家公司一开始只有杜建裕一个人，他既是老板也是员工，既做决策也跑业务。“钱都是借来的，资金紧张程度可想而知，那时候每个月的个人开销只有800元。”杜建裕说。

幸运的是，2010年年底，他就接到了青岛一家上市公司的一个单子，“虽然只有5万多元，但这是雪中送炭，也意味着我的业务能够稳定延续下去。”杜建裕说。

因为第一次失败的教训，杜建裕这次在公司业务选择上变得稳妥了：只做汽车零配件的检测，出口地也限定在欧盟成员国、中东、美国等地，“先把这些做好了，再想其他的。”他是这么考虑的。

这样的策略也让公司的业务量稳步增长，年产值从2011年的250万元，上升到了2014年的800万元。2013年，杜建裕把公司搬到了浙江省国家大学科技园，公司员工数也增加至8人。

如今，他的公司已经成为国内唯一一家获得欧洲知名汽车技术服务机构授权的汽车轮胎检测认证机构，国内4家能够在国内、外开展汽车轮胎3C强制认证的机构之一。

杜建裕说，公司未来的目标是发展成国内领先的汽车及零部件行业第三方实验室。因此，他们已经收购了国内一家检测实验室的部分股份，实验室投运后，不仅让公司现在的检测成本大大降低，还能够让公司取得运营收益的分成。

对于时下互联网公司热衷的资本运作和风险投资，杜建裕坦承也与不少投资人接触过，也有投资人愿意给他的公司注入资金，让他迅速扩张业务。不过，他经过反复考量后，还是谢绝了。他认为，公司所做的是比较传统的业务，不适合激进的资本运作和扩张。他还是希望依靠自有资金一步一个台阶地往上走。

就如同他的团队建设那样，他们每年以“少而精”的方式招收员工，“我们公司的人员流动性很小，员工都是从应届毕业生开始培养，逐渐成为骨干的。对于业绩突出的员工，我们还给予股权激励，让他们对公司更有归属感。”杜建裕说。

对于大学生创业，杜建裕认为应该选择自己擅长的领域，不碰自己不熟悉的东西，“现在别人建议我去投资别的项目，甚至让我去炒股，我觉得这些不是我擅长的，就不会去碰。”另外，他认为不要因为一两次失败就失去信心，“懂得坚持做自己擅长的事情才会成功。”他说。

（资料来源：杭州日报）

2．选择自己最喜欢的创业项目

选择你最喜欢的项目开始创业，是成功率很高的选择。做你最喜欢的事，你才最有可能坚持到底，才不至于遇到坎坷和困难时半途而废。

古语有云：“知之者不如好之者，好之者不如乐之者。”只有在做自己最喜欢的事情时，人们才会废寝忘食、不知疲倦。这种乐在其中的感觉，会叫人乐此不疲，而创业最需要的是创业者坚持不懈的热情和执着。爱迪生一天平均有十八个小时待在实验室里，当他的家人劝他休息时，他说：“我没有在工作，我一直在玩。”所以，爱迪生的成功是因为他做了自己最喜欢的事。

3．选择自己最熟悉的创业项目

各行各业都有它自己的规律，只有具有了这个行业相当的经验，你才会在机遇来临时率先看到它；在行业发展不利时，你第一个意识到它。这些直觉往往是依靠经验的积累而产生的。在你最熟悉的领域里，你会游刃有余，无往而不胜，这就是民间商人常说的“不熟不做”的道理。

4．选择自己最有人脉资源的创业项目

俗话说“人脉就是钱脉”，任何人的成功都离不开他人的帮助。著名成功学大师卡耐基说过：“成功依靠的是15%的专业知识和85%的人际关系。”反过来说，在人们最喜欢、最擅长、最熟悉的行业里，朋友也会更多，共同的爱好和志趣会使创业者在创业初期很快找到志同道合的新朋友，从而建立起对创业有利的人脉关系。好的人脉关系也有利于创业者整合现有的资源，组建一个优势互补的团队。一个优秀的合作团队，不仅能够为创业者的能力发挥创造良好的条件，而且还会使合作双方产生彼此都不曾拥有的新力量。

5．选择最有市场潜力的创业项目

如果创业项目确实是创业者很熟悉也很擅长的项目，但是却属于市场需求越来越少或者即将衰退的行业（俗称“夕阳行业”），那么创业者也不要去做；与时俱进，顺势而为，才是最明智的选择。要知道什么项目是未来有潜在市场的，就需要创业者做一个详细的调研和论证，多分析国家发展的宏观规划，认真做好市场调查。

选择创业项目的建议 2

6．选择最能满足顾客需求的创业项目

创业者确定创业项目时一定要清楚：可以创业成功的项目一定不是“你想做什么”，而是“你能做什么”；不是“你喜欢什么”，而是“顾客喜欢和需求什么”。因为如果你的产品或服务不能满足顾客的某种需求，就不会有顾客来购买。

最能满足顾客需求的项目一般也是有特色的项目，市场上没有的、先于别人发现的、与别人不同的、比别人强的项目都可以归类为有特色的项目。项目有特色就能够避免与同行竞争者拼杀，还可以提升产品的辨识度和认知度，拥有更高的定价空间。立志于自主创业的大学生，应该对市场动态变化保持敏锐的感知，时刻了解市场需求变化的方向，从而发现市场空白，设计出独具特色的、最能满足顾客需求的创业项目。

7．选择享有优惠政策的创业项目

对于打算创业的大学生来说，可以根据自身的实际情况，在融资、注册、税收、创业培训与指导等可享受优惠政策的项目中找到适合自己的创业项目。大学生创业者要充分利用国家的优惠政策，尽量走绿色通道，这样不仅能减少一些手续，提高办事效率，还能解决创业初期资金不足、管理不当等问题。

从中央到地方，各项优惠政策数不胜数。国家在鼓励某些行业发展的同时，在税收、用地、资金等各方面都会出台各项相关优惠政策，这从另一个方面也说明该行业具有良好的市场发展前景和政策发展环境。因此，创业者可以因势利导，找准自己的“落脚点”，创造属于自己的一份事业。

8．选择资金投入较少、资金周转期短的创业项目

大学生创业的融资渠道较少，大部分的大学生创业者都是利用父母、亲友的资助或者自己的一些积蓄作为创业的启动资金，对于一般的大学生而言，其能够获取的创业资金是十分有限的。因此，大学生在校或是毕业初期创业时，应该尽量选择初始资金投入少、资金周转期短的项目，这样才能保证后期的项目运转有足够的资金，才有充足的现金流维持企业的正常经营。同时，大学生也要尽量避免选择那些需要大量库存的项目。库存多了流动资金就少了，而且大量的库存还会增加库存管理的成本以及存货风险。当市场出现不稳定的状况时，必然会导致创业企业资金周转不灵，甚至陷入倒闭的困境。

9．选择雇佣人力较少的创业项目

大学生创业者普遍缺少管理经验，如果一上手就开始管理很多员工，往往会导致企业内部管理混乱。创业初期应该以开拓市场为主导，如果经常被人事工作所拖累，就不可能有大量的精力去完成其他重要的工作。因此，没有管理经验的大学生可以先选择创立之初只有几个人的小企业，积累管理经验，随着企业的不断壮大，大学生创业者自然有能力管理更多的员工。

另外，雇佣的人员太多也会加重企业的薪资负担。对于一个刚刚创立的企业来说，如何精减人员、发挥人力资源的最大效用是需要慎重考虑的问题。因此，大学生创业者要尽量选择需要员工少的创业项目。

10．避免技术性要求过高的创业项目

大学生如果没有十足的把握，应尽量避免一开始创业就进入高科技领域。因为高科技行业需要投入大量的研发成本，这对于缺少资金的大学生来说是一个很重的负担。所以，大学生可以选择一些相对比较容易的行业，在积累了一定资金及经验之后再考虑转入高科技行业。

前面我们讲到，创业机会的识别与评价离不开市场调查，那么什么是市场调查？如何做市场调查？

4.3 » 市场调查

创业名言

我们的口号是：一、不做调查没有发言权；二、不做正确的调查同样没有发言权。

“没有调查就没有发言权”，对于一个真正意义上的企业来讲，要占领市场并获得预期效果，必须依赖于行之有效的经营决策，而行之有效的经营决策要以科学的市场预测为前提条件，这就必须及时掌握市场信息、搞好市场调查。

4.3.1 什么是市场调查

顾名思义，市场调查是有计划地收集、分析市场的信息资料，提出解决问题的建议的一种科学方法。通过市场调查，创业者可以了解与市场相关的客观因素，诸如环境、政策、法规等方面的信息；

以及与市场相关的主观因素，如消费者需求、竞争对手等信息。因此，详尽的市场调查有助于创业者有效地识别创业机会，做出准确的市场定位、更好的市场细分以及企业的营销决策，以减少创业过程中的失误，增强创业成功的可能性。

4.3.2 市场调查的目的

创业者在创业之前要弄清楚自己看中的或者掌握的创业项目的产品或服务在当地有没有市场、做还是不做。不管是选择做还是不做，都要把调查的数据、材料摆到桌面上来，然后说服自己为什么能做，又为什么不能做，而这些都需要体现到市场调查上。所以，一次科学的市场调查可以决定某个项目（产品）的生或死，也可以决定创业者此次创业的成或败。

市场调查不仅仅在创业阶段是重要的，企业开办后，市场调查也应成为企业生命周期的一部分。简单地说，市场调查贯穿于整个创业过程，如图4-3所示。

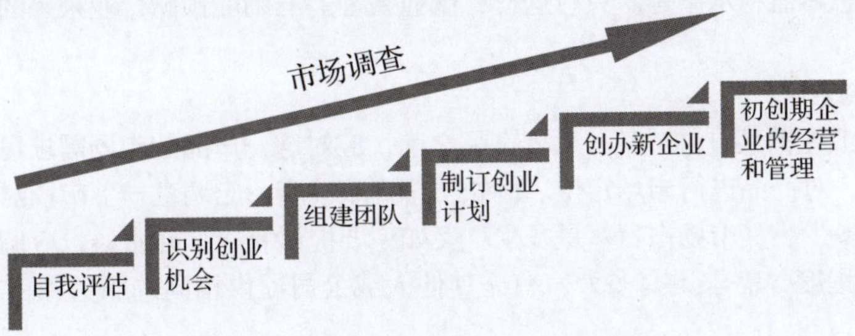

图 4-3　市场调查贯穿于整个创业过程

市场调查的主要目的如下。

1．聆听客户的心声

许多创业者在推出产品时总是表现得太自信，潜意识里总觉得自己非常优秀，坚信自己的产品构思和服务是能够迅速征服市场的，能够一下子就把对手“打败”。实际上，过去或现在的成功不能表明未来也一定会成功，因此通过市场调查真正了解客户心声是很有必要的。

2．为管理者提供决策的依据

企业的营销活动是从市场调查开始的，创业者通过市场调查识别和确定市场机会，制定营销计划，选择目标市场，设计营销组合，并对营销计划的执行情况进行监控和信息反馈。在这一过程中，企业的每一步都离不开市场调查，都需要市场调查为决策提供支持和帮助。需要强调的是，市场调查对企业的决策还有检验和修正作用。企业可根据市场调查获得的资料，检验计划和战略是否可行，有无疏忽和遗漏，或是否需要修正，并提供相应的修改方案。

3．获取创新的想法并监控市场的变化

通过市场调查，企业可以从受访者或被调查者那里获取一些新想法，这是企业获取新创意的重要途径。同时，随着市场经济的发展，消费者需求的变化越来越快，产品的生命周期日趋缩短，市场竞争更加激烈。企业通过市场调查，可以发现市场中未被满足或未被充分满足的需求，确定本企业的目标市场。同时，企业还可以根据消费者需求的变化特点，开发和生产适销对路的产品，并采取有效的营销策略和手段，将产品及时送到消费者手中，满足目标顾客的需要。

4．有利于增强企业的竞争能力

通过市场调查，企业可以了解市场营销环境的变化，可以及时调整自己的产品、价格、渠道、促销和服务策略，与竞争对手展开差异化的竞争，逐渐树立自己的竞争优势。同时，企业还可以通过收集竞争对手的情报，了解竞争对手的优势和弱点，然后扬长避短，有的放矢地开展有针对性的营销，从而增强企业的竞争能力。

4.3.3 市场调查的内容

在做市场调查时，要对创业环境、市场需求等信息展开调查。

1．创业环境调查

顾名思义，创业环境就是指创业者开展创业活动的范围和领域，以及所处的境地和所面对的情况。创业环境对创业活动的决定性作用在于它能为人们的创业活动提供各种条件，能从各个方面影响创业活动的进程，决定创业活动的成败。

因此，创业者需要通过调查了解企业所在的国家或地区的政治、经济、人口、社会文化、科技、资源甚至地理和气候等外部环境，还要了解企业所在行业的市场区域范围及规模大小、规模经济特征、行业进入与退出壁垒及难易程度、对资源的要求程度及平均投资回收期、市场成熟程度、市场增长速度、行业中公司的数量及其规模、购买者的数量及规模、分销渠道的种类及特征、技术革新的方向及速度、行业总体盈利水平等。只有这样，创业者才能准确地预测行业未来的利润和公司的发展前景。

2．市场需求调查

创业者在生产或经销某一种或某一系列产品之前，应对这一产品的市场需求量进行调查。也就是说，通过市场调查，对产品进行市场定位。例如，想开眼镜店，应调查一下市场对它的需求量，相同或相类似的店铺有多少、其市场占有率是多少。又如，要提供制冷维修服务，应调查一下居民对这种项目的了解和需求程度，需求量有多大、有无其他人或公司提供相同的服务项目、其市场占有率是多少。

市场需求调查的另一项重要内容是市场需求趋势调查，了解市场对某种产品或服务项目的长期需求态势；了解该产品或服务项目是逐渐被人们认同和接受，需求前景广阔，还是逐渐被人们淘汰，需求萎缩；了解该产品或服务项目从技术和经营两方面的发展趋势如何等。

3．顾客情况调查

这里的顾客可以是原有的客户，也可能是潜在的顾客。顾客情况调查包括以下两个方面的内容。

（1）顾客的需求调查。例如，购买某种产品（或服务）的顾客大都是些什么人（或社会团体、企业），他们希望从中得到哪方面的满足和需求（如效用、心理满足、技术、价格、交货期、安全感等），现时的产品（或服务）为什么能够较好地满足他们的需要等。

（2）顾客的分类调查。重点了解顾客的数量、特点及分布，明确目标顾客，掌握他们的详细资料。如果是某类企业或单位，应了解其基本状况，如进货渠道、采购管理模式、联系电话、办公地址、某项业务负责人的具体情况和授权范围、对某种产品和服务项目的需求程度、购买习惯和特征；如果是消费者个人，应了解消费群体的种类，即目标顾客的大致年龄范围、性别、消费特点、对产品或服务能接受的价格范围、对产品或服务的需求程度、购买动机、购买心理、使用习惯。掌握这些信息，将为有针对性地开展业务做准备。

4．竞争对手调查

在开放的市场经济条件下，做独家买卖太难了，在创业者开业前，也许已有人做相同或类似的业务，这些就是其现实的竞争对手。也许创业者开展的业务是全新的，有独到之处，在刚开始经营的时候，没有对手，一旦生意兴旺，马上就会有许多人学习其业务，竞相加入，这些就是其潜在对手。了解竞争对手的情况，包括竞争对手的数量与规模、分布与构成、优缺点及营销策略，做到心中有数，才能在激烈的市场竞争中占据有利位置，有的放矢地采取竞争策略，做到人无我有、人有我优、人优我独、人独我精。

5．市场销售策略调查

这是指创业者要重点调查了解目前市场上经营某种产品或开展某种服务项目的促销手段、营销策略和销售方式，如销售渠道、销售环节、最短进货距离和最少批发环节、广告宣传方式和重点、价格策略、有哪些促销手段、是有奖销售还是折扣销售、销售方式有哪些（批发还是零售，代销还是直销，专卖还是特许经营）等，调查一下这些经营策略是否有效，有哪些缺点和不足，从而为自己采取什么经营策略、经营手段提供依据。调查对象一般为消费者、零售商、批发商。在以消费者为调查对象时，要注意到有时某一产品的购买者和使用者不一致，如对婴儿食品的调查，其调查对象应为孩子的母亲。此外，还应注意到一些产品的消费对象主要针对某一特定消费群体或侧重于某一消费群体，这时调查对象应注意选择产品的主要消费群体。例如，对于化妆品，其调查对象主要为女性；对于酒类产品，其调查对象主要为男性。

4.3.4 市场调查的方法

创业者通过市场调查收集市场信息的方法有很多种，如问卷法、访问法、电话询问法、观察法、实验法、E-mail问卷调研法等，总结归纳为两种：间接法和直接法。

1．间接法

间接法收集市场信息就是收集已存在的、别人调查整理的二手信息、情报、数据或资料。这些间接的信息可以从各个渠道得到，如报纸、杂志、互联网、行业协会、研究机构、政府部门、统计机构、银行财税、咨询机构等。对创业者来说，间接法收集二手市场信息比较方便、容易、费用少、来源广、节省时间，所以在创业调查分析中收集信息往往首先采用这种间接方法。

对于创业者来说，可从以下几个主要渠道收集信息。

（1）互联网。利用百度等搜索引擎输入需要收集的信息的关键词，将会得到很多想要的信息；在互联网上，还有各行各业的行业信息、商（厂）家信息等各种信息。

（2）统计部门与各级各类政府主管部门公布的有关资料。国家统计局和各地方统计局都定期发布统计公报等信息，并定期出版各类统计年鉴，内容包括全国人口总数、国民收入、居民购买力水平等，这些均是很有权威性和价值的信息。这些信息都具有综合性强、辐射面广的特点。

（3）各种经济信息中心、专业信息咨询机构、各行业协会和联合会提供的市场信息和有关行业情报。这些机构的信息系统资料齐全，信息灵敏度高，为了满足各类用户的需要，它们通常还提供资料的代购、咨询、检索等服务，是获取资料的重要来源。

（4）国内、外有关的书籍、报纸、杂志所提供的文献资料，包括各种统计资料、广告资料、市场行情和预测资料等。

（5）有关生产和经营机构提供的商品目录、广告说明书、专利资料及商品价目表等。

（6）各地电台、电视台提供的有关市场信息。近年来，全国各地的电台和电视台为适应市场经营形势发展的需要，都相继开设了“市场信息”“经济博览”等以传播经济、市场信息为主导的专题节目。

（7）各种国际组织、外国使馆、商会所提供的国际市场信息。

（8）国内、外各种博览会、展销会、交易会、订货会等促销会议以及专业性、学术性经验交流会议上所发放的文件和材料。

尽管采用间接法可以便捷地收集到间接信息，但间接信息的时效性较差，采用这种间接方法收集的很多信息已经过时了，现实中正在发展变化的新情况、新问题难以在其中得到反映；另外，间接信息针对性较差或精准度不高，与创业者的分析目的往往不能很好地吻合，其数据有时需要做进一步的加工处理。在间接法无法满足创业者的信息分析要求时，我们也可以考虑采用直接法收集市场信息。

2．直接法

收集市场信息最直接的方法就是直接观察或调查相关人员，根据得到的答案或信息整理出有用的市场信息。用直接法收集的主要是微观市场信息；对于宏观市场信息的收集一般采用间接法。

通常有以下几种直接收集信息的方法。

（1）问卷调查法

问卷调查法是指根据调查或收集信息的目的，将需要搜集的信息分为一个个具体的问题集中在一张调查表上，根据被调查者的回答，整理出能反映市场总体信息的一种调查方式。问卷调查是直接收集市场信息最常用的方法，在国内、外被广泛采用。

问卷调查提供了标准化和统一化的数据收集程序，它使问题的表述用语和提问的程序标准化。每一个应答者看到或听到的都是相同的文字和问题，每一个访问员问的都是完全相同的问题，这使所得到的数据具有可比性。一份好的问卷可能有助于收集到质量非常高的市场信息。

问卷调查法的优点是：访问过程较直接，易于操作；所收集的数据比较可靠；数据的整理、分析和解释都比较简单。

问卷调查法的缺点是：对于涉及个人隐私或感情、信仰等方面的敏感问题，被调查者可能不愿意回答，还有一些被调查者不能回答，这些都可能影响数据的有效性；所问问题的措词设计很不容易，所以要设计一份好的问卷难度较大。市场信息收集的好坏在很大程度上取决于问题设计的好坏。

（2）面谈访问法

面谈访问法是指访问人员根据收集信息的提纲直接访问被访问者，当面询问有关问题。它既可以是个别面谈，主要通过口头询问；也可以是群体面谈，可通过座谈会等形式。

一般来说，个别面谈用于商品需求、购物习惯等；群体面谈，是请一些专家就市场价格状况和未来市场走向进行分析和判断。

面谈访问法的优点是：回答率高；可通过调查人员的解释和启发来帮助被访问者完成收集信息的任务；可以根据被访问者的性格特征、心理变化、对访问的态度及各种非语言信息，扩大或缩小收集范围，具有较强的灵活性；并可对访问的环境和访问背景进行了解。

面谈访问法的缺点是：人力、物力耗费较大；要求访问人员的素质较高；对访问人员的管理较困难；此方法可能会受到一些单位和家庭的拒绝，从而导致任务无法完成。

（3）电话询问法

电话询问法是由工作人员通过电话向被访问者询问了解有关问题的一种方法。

电话询问法的优点是：取得市场信息的速度较快；节省收集费用和时间；信息的覆盖面较广；可以访问到一些不易见到面的被访问者，如某些名人等。

电话询问法的缺点是：被访问者只限于有电话的地区和个人；电话提问受到时间的限制；被访问者可能因不了解问题的详尽、确切的意图而无法回答或无法正确回答；对于某些专业性较强的问题无法获得所需的信息资料；无法针对被访问者的性格特点控制其情绪。

（4）观察调查法

观察调查法是收集信息的工作人员凭借自己的感官和各种记录工具，深入被观察者现场，在被观察者未察觉的情况下，直接观察和记录被观察者的行为，以收集市场信息的一种方法。

观察调查法的优点是：可以实地记录市场现象的发生，能够获得直接而具体的生动材料，对市场现象的实际过程和当时的环境气氛都可以了解，这是其他方法不能比拟的。观察法不要求被观察者具有配合收集工作的语言表达能力或文字表达能力，因此适用性也比较强。观察调查法还有资料可靠性高、简便易行、灵活性强等优点。

观察调查法的缺点是：只能观察到人的外部行为，不能说明其内在动机，观察活动受时间和空间的限制，被观察者有时难免受到一定程度的干扰而不完全处于自然状态等。总之，运用观察法，须扬长避短，尽量减少观察误差。

（5）实验调查法

实验调查法是指市场调查者有目的、有意识地改变一个或几个影响因素，来观察市场现象在这些因素影响下的变动情况，以认识市场现象的本质特征和发展规律。实验调查既是一种实践过程，又是一种认识过程，并将实践与认识统一为调查研究过程。企业在经营活动中经常运用这种方法，如开展一些小规模的包装实验、价格实验、广告实验、新产品销售实验等，来测验这些措施在市场上的反应，以对市场形成一个总体的认识。

3．网络调研法

随着互联网的普及，利用网络工具进行信息搜集已成为许多企业的重要手段，网络调研法对于人力、时间、精力有限的创业者来说无疑提供了一个良好的机会。

网络调研法又称网上市场调查或联机市场调查，它指的是通过网络有系统、有计划、有组织地收集、调查、记录、整理、分析与产品、服务有关的市场信息，客观地测定及评价现有市场及潜在市场，用以解决市场营销中的有关问题，其调研信息可作为各项营销决策的依据。

（1）E-mail问卷调研法

E-mail问卷调研法包括主动问卷法和被动问卷法。

□主动问卷法。例如，美国消费者调查公司（American Opinion）是美国的一家网上市场调查公司，它通过互联网在世界范围内征集会员，只要回答一些关于个人职业、家庭成员组成及收入等方面的个人背景资料问题即可成为会员。该公司每月都会寄出一些市场调查表给符合调研要求的会员，询问诸如“你最喜欢的食物是哪些口味、你最需要哪些家用电器”等问题，在调查表的下面注明完成调研后被调查者可以获得的酬金，根据问卷的长短以及难度的不同，酬金的范围在4～25美元，并且每月还会从会员中随即抽奖，中奖者至少会被奖励50美元。该公司会员注册十分积极，目前已有网上会员50多万人。

□被动问卷法。被动问卷法是一种将问卷放置在网站上，等待访问者访问时主动填写问卷的一种调研方法。例如，中国互联网络信息中心（China Internet Network Information Center，CNNIC）每半年进行一次的“中国互联网络发展状况调查”采用的就是被动问卷法。在调查期间，为达到可以满足统计需要的问卷数量，CNNIC一般与国内一些著名的ISP（网络服务提供商）/ICP（网络媒体提供商）合作设置调查问卷的链接，如新浪、搜狐、网易等，进行适当的宣传以吸引大量的互联网浏览者进行问卷点击，感兴趣的人会自愿填写问卷。

（2）网上焦点座谈法

网上焦点座谈法是在同一时间随机选择2～6位被访问者，弹出邀请信，告知其可以进入一个特定的网络聊天室，相互讨论对某个事件、产品或服务等的看法和评价。

（3）使用BBS电子公告板进行网络市场调查

这种调研方式即网络用户通过Telnet或Web方式在电子公告栏发布消息。BBS上的信息量少，但针对性较强，适合行业特点突出的企业。

（4）委托市场调查机构调查

企业委托市场调查机构开展市场调查，是主要针对企业及其产品的调查。调查内容通常包括网络浏览者对企业的了解情况；网络浏览者对企业产品的款式、性能、质量、价格、售后服务等的满意程度；网络浏览者对企业产品的意见和建议。

（5）合作方式的网络市场调查

这种调研由于是企业和媒体合作进行的，所以调查题目也是企业和媒体各出一半。

4.3.5 市场调查的步骤

市场调查是调查市场状况、周边环境和消费者需求，通过搜集、整理、分析有关市场营销的数据信息，了解市场现状和发展趋势的过程。

市场调查一般由5个步骤构成，分别为：①明确市场调查的目的；②制订市场调查计划；③组织实施计划；④整理与分析调查资料；⑤撰写市场调查报告（通过对调查资料的分析研究，对市场情况形成一个明晰的认识。针对市场供求矛盾和调查发现的问题，供领导决策参考）。

1．明确市场调查目的

明确市场调查目的就是明确在市场调查中要解决哪些问题、通过市场调查希望取得哪些资料、取得这些资料有什么用途等问题。只有明确了市场调查目的，才能确定调研的范围、内容和方法，以免在调查表中列入一些无关紧要的调查项目，而漏掉重要的调查项目，以至无法满足市场调查的要求。

2．制订市场调查计划

制订市场调查计划就是根据市场调查的目的和调查对象的性质，在实际调查之前，对市场调查工作的各个方面和阶段进行总体安排，制订出合理的工作程序，主要包括以下内容。

（1）市场调查内容。市场调查内容是根据市场调查目的来确定的。例如，某个市场调查的目的是全面了解主要竞争品牌的信息，那么，市场调查内容应该包括主要竞争者的产品和品牌的优、劣势；营销方式和营销策略，市场概况和营销网络状态等。

（2）市场调查对象。市场调查对象是根据调查目的和调查内容确定的被调查群体。应该根据市场调查目的和经费来确定合适的调查对象数量。

（3）市场调查人员。由于被调查对象是社会各阶层成员，其思想认识、文化水平差异较大，所以调查人员的素质要求要根据调查对象和调查方法来确定。

创业应围绕市场调查内容，对市场调查人员进行思想教育，使每个调查人员都能深刻认识调查的目的和意义。另外，企业要对调查人员进行工作技能训练，包括如何面对调查对象、如何提问、如何解释、遇到一些情况如何处理等。

根据市场调查方案，一般可将市场调查人员分为调查督导、调研人员和复核员3种。

（4）市场调查方法。如上节所述，市场调查方法有很多种，采用哪种方法取决于调研对象和调研任务。一般复杂的市场调查都是多种调查方法的结合运用。例如，某次市场调查需要同时针对消费者和经销商进行。因为消费者数量众多，一般采取问卷法调查；而经销商业务水平较高，需安排水平较高的调查人员采取面谈访问法进行调查。

3．组织实施计划

该环节包括根据调查任务和规模建立调查组织或外请专业调查公司、准备调查工具、实地展开调查等。

4．整理与分析调查资料

在整理与分析调查资料的过程中应对资料进行科学的分析，检查资料是否齐全；对资料进行编辑加工，去粗存精，去伪存真，透过现象看本质，找出误差，剔除前后矛盾之处；对资料进行分类、制图、列表，以便于归档、查找、使用；运用统计模型和其他数学模型对数据进行处理，以充分发掘从现有数据中可推出的结果，在看似无关的信息之间建立起内在联系。

5．撰写市场调查报告

市场调查报告应包括以下内容。

（1）引言。引言用来说明市场调查的目的、对象、范围、方法、时间和地点等。

（2）摘要。摘要用来简明概括整个研究的结论和建议，这也许是决策者有时间读的唯一部分。这部分内容包括对市场调查主要内容的总结，并提出如何利用已证明为有效的措施和解决某一具体问题可供选择的方案和建议。结论和建议与正文部分的论述要紧密对应，不可以提出无根据的结论，也不要进行无结论性意见的论证。

（3）正文。正文用来详细说明市场调查的目标、过程、结论和建议。

（4）附件。附件包括样本分配、数据图表、问卷附件、访问记录、参考资料等。

4.4 » 创业机会的评价

尽管发现了创业机会，但这并不意味着要创业，更不意味着成功就在眼前。创业活动是创业者与创业机会的结合，并非所有的创业机会都有足够大的潜力来填补为把握机会所付出的成本，且并非所有机会都适合每个人。尽管在整个创业过程中，评价创业机会非常短暂，但却非常重要，它是创业者发现创业机会之后做出是否创业的决策的重要依据。

评价创业机会是一项创业者艺术才华和科学才能相结合的伟大工程。创业者需要利用自己的商业敏感做出主观判断，同时也要利用一定的科学方法做出客观分析。将主观判断和客观分析相结合才能不失时机地抓住创业机会。

4.4.1 主观评价创业机会的价值

机会具有及时性，所以创业者发现创业机会的时候必须迅速地识别创业机会，评价创业机会的价值。创业者对机会的评价来自于他们的初始判断，而初始判断通常就是假设加简单的计算。牛根生在谈到牛奶的市场潜力时说："民以食为天，食以奶为先，而我国人均喝奶的水平只是美国的几十分之一。"也许这就是他对乳制品机会价值的直观判断。

创业机会的模糊特性导致创业机会很难被识别，机会价值很难被准确地评估。但机会转瞬即逝，如果对每个机会都要进行周密的市场调查，这经常会令人难以把握机会，所以有人认为只有创业天才才能识别创业机会，只有具有天才型商业敏感能力的人才能抓住机会。

评价创业机会的商业敏感能力与个人能力、天赋和决心直接相关。有些人具有天才型商业敏感能力，在很大程度上取决于其个人天赋。但是我们可以发现，具备较高商业敏感能力的人具有以下共同的特征。

（1）较强的信息处理能力。发现创业机会需要相对充分、准确、及时的信息，并能获取别人难以获取的有价值的信息。但是评价创业机会，则需要较强的信息处理能力，这跟一个人的认知能力和逻辑思维能力有关。

（2）良好的人际关系。良好的人际关系不但可以帮助创业者发现更多的创业机会，还可以帮助创业者识别创业机会。判断一个创业机会的价值，不同的人有不同的分析视角。众多的朋友可以帮你从更多的角度去分析创业机会，使你能更清楚地认识创业机会，更为理性地识别创业机会。

（3）专注精神。判断一个事物，对其认知程度决定了判断的准确性。而认知程度并不是天生的，而是后天习得的。专注精神提高了一个人在某方面的认知程度。创业者往往比别人更容易发现某行业的创业机会，并且能更为快速、准确地判断创业机会的价值。调查表明，大多数创业者都是从先前工作的行业中发现创业机会，并迅速抓住创业机会实现创业的。如果一个人专注于一个行业，并凭借专业知识，就能迅速判断创业机会的价值。

（4）自信、乐观的心态。自信的人往往比较相信自己的判断。乐观的人往往比较看好机会的前景而不是风险。所以，自信、乐观的人在创业机会面前体现出的是一种勇敢和敢于尝试的冒险精神，往往能在别人之前识别机会和抓住机会。

创业案例

4-2 李维斯（Levi's）的诞生

深受年轻人喜爱的时尚牛仔裤是由美国人李维斯发明的。当年他像许多年轻人一样，带着梦想前往西部追赶淘金热潮。在途中，人们被一条大河挡住了去路，苦等数日而不得过河，被阻隔的行人越来越多，但都无法过河。于是陆续有人向上游、下游绕道而行，也有人打道回府，更多的则是怨声一片。而心情慢慢平静下来的李维斯却说："太棒了！"他想到了一个绝妙的创业主意——摆渡。没有人吝啬一点小钱坐他的渡船过河，他人生的第一笔财富居然因大河挡道而获得。

不久，摆渡的生意被人抢了，李维斯又说："太棒了！"他又想出了一个绝妙的创意——

卖水。因为这时采矿工人越来越多，饮用水的销量很紧张，于是别人去采矿他卖水，他又赚了不少钱。后来卖水的生意又被抢走了，李维斯又说："太棒了！"他开始调整自己注意的焦点。他发现采矿工人跪在地上，裤子的膝盖部分特别容易磨破，而矿区里却有许多被人遗弃的帐篷，于是他又有了一个绝妙的创意——把那些旧帐篷收集起来，洗干净，就这样，他缝成了世界上第一条牛仔裤！从此，他一发不可收拾，最终成为举世闻名的"牛仔裤大王"。

评析

心理学家认为，一个人事业成功必须具备高智商、高情商和高挫折商这三个因素。在智商和情商都跟别人相差不大的情况下，挫折商对一个人的事业成功起着决定性的作用。李维斯将问题当作机会，最终实现了财富梦想，得益于他在挫折面前的一种乐观开朗的积极心态，以及善于抓住机会的细致观察力和能够满足人们需求的绝妙创意。

主观评价创业机会的价值基本是依靠创业者的个人能力，需要创业者具备以上4种特征，这样就能更为准确地评价创业机会的价值。另外，具有价值的创业机会本身也具备一些特征，创业者可以根据其特征比较分析自己的创业机会是否具有价值。

（1）满足顾客的需求。一切创业机会都来源于顾客需求，能否满足顾客需求是评判创业机会的价值的根本标准。

（2）较大的市场容量。有些细分市场容量太小，导致企业投资成本过大，难以实现盈利。较大的市场容量带来旺盛的需求和较高的利润，同时意味着创业窗口关闭的时间比较晚，企业的发展空间比较大，利润的增长空间也比较大。

（3）需求的及时性。有些机会具有较大的市场容量，但是时机没有到，市场没有成熟，这样的机会风险比较大。只有能及时满足顾客需求的市场，才能支撑得起初创企业的生存。

（4）较明确的目标市场。如果一个创业机会连目标市场都不明确，就很难相信这个机会具有价值。具有价值的创业机会一般都有比较明确的目标市场。

4.4.2 客观评价创业机会的价值

假设加上简单计算只是创业者对机会的初始判断，进一步的创业行动还需依靠调查研究，对机会价值做进一步的客观评价——定量分析。

1．蒂蒙斯的创业机会评价框架

美国百森商学院的蒂蒙斯教授就创业机会提出了比较完善的评价方法。他的创业机会评价框架，涉及行业和市场、经济因素、收获条件、竞争优势、管理团队、致命缺陷问题、创业者的个人标准、理想与现实的战略性差异8个方面的53项指标，给我们提供了一个系统的评价框架和一套量化的指标体系，如表4-1所示。创业者可以利用这个工具对行业和市场问题、竞争优势、财务指标、管理团队和致命缺陷等做出判断，来评价一个创业项目的价值与可行性。

表4-1　蒂蒙斯的创业机会评价表

行业与市场	1. 市场容易识别，可以带来持续收入 2. 顾客可以接受产品或服务，愿意为此付费 3. 产品的附加价值高 4. 产品对市场的影响力大 5. 将要开发的产品生命长久 6. 项目所在的行业是新兴行业，竞争不完善

续表

行业与市场	7. 市场规模大，销售潜力达到1 000万～10亿元 8. 市场成长率在30%～50%甚至更高 9. 现有厂商的生产能力几乎饱和 10. 在5年内能占据市场的领导地位，达到20%以上 11. 拥有低成本的供货商，具有成本优势
经济因素	1. 达到盈亏平衡点所需要的时间在1.5～2年，甚至更短 2. 盈亏平衡点不会逐渐提高 3. 投资回报率在25%以上 4. 项目对资金的要求不是很大，能够获得融资 5. 销售额的年增长率高于15% 6. 有良好的现金流量，现金占到销售额的20%～30%，甚至更多 7. 能获得持久的毛利，毛利率达到40%以上 8. 能获得持久的税后利润，税后利润率超过10% 9. 资产集中程度低 10. 运营资金不多，需求量是逐渐增加的 11. 研究开发工作对资金的要求不高
收获条件	1. 项目带来的附加价值具有较高的战略意义 2. 存在现有的或可预料的退出方式 3. 资本市场环境有利，可以实现资本的流动
竞争优势	1. 固定成本和可变成本低 2. 对成本、价格和销售的控制较高 3. 已经获得或可以获得对专利所有权的保护 4. 竞争对手尚未觉醒，竞争较弱 5. 拥有专利或具有某种独占性 6. 拥有发展良好的网络关系，容易获得合同 7. 拥有杰出的关键人员和管理团队
管理团队	1. 创业者团队是一个优秀管理者的组合 2. 行业和技术经验达到了本行业内的最高水平 3. 管理团队的正直、廉洁程度能达到最高水平 4. 管理团队知道自己缺乏哪方面的知识
致命缺陷问题	不存在任何致命缺陷
创业者的个人标准	1. 个人目标与创业活动相符合 2. 创业者可以做到在有限的风险下实现成功 3. 创业者能接受薪水减少等损失 4. 创业者渴望创业这种生活方式，而不只是为了赚大钱 5. 创业者可以承受适当的风险 6. 创业者在压力下状态依然良好
理想与现实的战略性差异	1. 理想与现实情况相吻合 2. 管理团队已经是最好的 3. 在客户服务管理方面有很好的服务理念

续表

理想与现实的战略性差异	4. 所创办的事业顺应时代潮流 5. 所采取的技术具有突破性，不存在许多替代品或竞争对手 6. 具备灵活的适应能力，能快速地进行取舍 7. 始终在寻找新的机会 8. 定价与市场领先者几乎持平 9. 能够获得销售渠道，或已经拥有现成的网络 10. 能够允许失败

评价体系说明了以下几点。

（1）该指标体系主要适用于具有行业经验的投资人或资深创业者对初创企业的整体评价。

（2）该指标体系必须运用创业机会评价的定性与定量方法才能得出创业机会的可行性及不同创业机会间的优劣排序。

（3）该指标体系涉及的项目比较多，在实际运用过程中可作为参考选项库，结合使用对象、创业机会所属行业特征及机会自身属性等进行重新分类、梳理简化，提高使用效能。

（4）该指标体系及其项目内容比较专业，创业导师在运用时一方面要多了解创业行业、企业管理和资源团队等方面的经验信息，另一方面要掌握这50多项指标内容的具体含义及评估技术。

蒂蒙斯创业机会评价体系只是一套评价标准，在进行创业机会评价实践时，还需要辅以科学的步骤和专业的评价方法才能操作。下面介绍一种常用且易操作的评价方法。

2．标准矩阵打分法

标准矩阵打分法是指将创业机会评价体系的每个指标设定3个打分标准（如极好3分，好2分，一般1分）而形成的打分矩阵表，如表4-2所示。在打分后，求出每个指标的加权评价分。

表4-2　标准打分矩阵

标准	专家评分				
	极好（3）	好（2）	一般（1）	加权平均分	权重
易操作性					10%
质量和易维护性					10%
市场接受度					10%
增加资本的能力					10%
专利权状况					10%
市场的大小					10%
制造的简单性					10%
广告潜力					10%
成长潜力					10%
投资回报					10%

资料来源：左凌烨，雷家．创业评价方法研究综述．中外管理导报，2002（7）．

这种方法简单易懂、易操作，主要用于不同创业机会的对比评价，其量化结果可直接用于机会的优劣排序。如果只用于一个创业机会的评价，则可采用多人打分后进行加权平均。其加权平均分越高，说明该创业机会越可能成功。

4.5 » 创业风险

创业名言

要留神任何有利的瞬时，机会到了莫失之交臂！明智的人总是抓住机会，把它变成美好的未来，而这需要不怕可能的风险。过分审慎，就会坐失良机。等待没有风险的机会，无异于等待月光变为金银。

——歌德（德国科学家、小说家、诗人）

有机会，就有风险！创业者要善于识别风险，搞清可能的风险收益，并敢于承担风险。阅遍中国的创业大佬，还没有发现没有遇到过风险的人。

——黄维学（北京和力记易科技有限公司董事长）

案例分析

4-3 防范风险，合作共赢

闫钰焓2006年毕业于北京科技大学国际贸易专业，因为不想平平淡淡地工作，毕业时他就有了创业的打算。但那时由于没有具体的创业项目，她选择了先在北京就业。在北京一家经营LED的公司工作的两年时间里，她了解到LED照明是传统照明的替代产品，是未来大发展的行业趋势，而且，地处辽西北的鞍山几乎没有经营LED的公司。她认为这是个机会。

2007年年底，闫钰焓辞职回到家乡鞍山，在一家做LED屏幕的公司做市场营销，她在工作中了解了鞍山的客户情况。

2009年，闫钰焓组建了鞍山盛众传媒有限公司(以下简称“盛众传媒公司”)，主营LED广告屏的组装和维护。通过努力和把握市场机会，公司起初取得了非常好的业绩。同年，闫钰焓获得了YBC鞍山办公室为她提供的3万元创业扶持资金和100多平方米的创业场地。同时YBC鞍山办公室为她安排了一对一的创业导师，指导和支持她的创业。闫钰焓的导师是一位当地有名的律师。

合同藏陷阱，损失惨重

2010年6月，盛众传媒公司接到一个大订单，因工期紧，急需购进LED广告屏组件。经朋友介绍，闫钰焓和省外一家公司签订了买卖合同。

不久，盛众传媒公司技术人员就发现了组装好的LED屏存在屏不亮、显示内容不完整等质量问题。盛众传媒公司决定要求供货方公司做出说明、赔偿损失和承担违约责任。对方公司了解情况后承认该批供货存在质量问题，但只同意更换问题产品，并由买方盛众传媒公司承担运费；或者退回产品，扣除运费后返还货款，同时解除合同，除此之外不承担其他违约责任。

得到供货方公司的答复后，闫钰焓知道无论如何，盛众传媒公司都会蒙受损失；而对方公司尽管有责任，却没有任何损失。再查双方供货合同，闫钰焓发现当时由于急于签订合同，只对货品种类、交货时间和付款期限做了约定，而对供货方违约后应承担的责任未做约定。

为了不影响工期，盛众传媒公司只能吞下这个苦果，退回产品并承担运费，蒙受了约10万元的经济损失，而当时公司的流动资金仅有10万元了。

事后，闫钰焓咨询了她的创业导师，发现除了供货方不承担违约责任外，该合同还约定双方有争议时需要由供货方所在地法院管辖。这些法律陷阱使得盛众传媒公司处于极为不利的地位。如果盛众传媒公司采取行动维护其自身合法权益，也将面临额外的维权成本。

通过这件事情，闫钰焓认识到了签订合同时专业法律意见的重要性。在签订合同时必须重视和研究各项条款，对于不利条款，一定要据理力争，以期建立平等、互利的经济合作关系，否则极有可能遭受损失。

“丑话”说前头，实现互利

2010年12月，盛众传媒公司和某大厦物业部门达成了初步合作意向，由盛众传媒公司提供LED组件在该大厦的外墙面组装户外广告屏，再交由第三方运营管理。

闫钰焓和该大厦物业部门经理就签订合同事宜进行了沟通，该大厦物业部门经理交给闫钰焓一份合同草稿，建议在此基础上进一步统一意见，落实合同条款内容。

闫钰焓向专业导师征询了法律意见。经过与甲方见面沟通，闫钰焓将自己能想到的可能出现的情况一一与对方进行了充分沟通与交流。

有了上次的教训，闫钰焓意识到，商业谈判中必须清楚地表达己方的立场，以掌握主动权，限定谈判对方的前提条件，从而引导事件朝有利于己方的方向发展，这也就是通常人们说的“丑话”说在前面。由于双方对于合作的主题非常明确，内容深入，终于签订了充分表达双方意见，并在以后合同执行操作中充分落实具体内容的合同，实现了互利。

2011年9月，盛众传媒公司进一步拓宽经营渠道，准备与某媒体合作，将自己名下的38处广告屏的使用权转让给该媒体。

该媒体的做法非常强势，它提供了一份要求立刻签字盖章的合同。闫钰焓拿到合同后粗略一看，便发现了很多条款内容对自己不利，还有很多内容表述不明白。该媒体提供的合同是由其律师起草制定的，自然约定了对其单方有利的条款内容；合同还使用了很多专业术语，对于不懂专业法律知识的闫钰焓来说具有很大的迷惑性。

闫钰焓陷入两难：一方面，想与对方坦诚合作拓展业务；另一方面，不甘心签这种不平等“条约”。经过慎重考虑，闫钰焓采取以下做法：第一，请专业律师审核合同，挖掘风险隐患；第二，修改合同，使之遵循诚信和公平原则，既反映了某媒体的主张，同时也保护了盛众传媒公司的利益。

闫钰焓拿着修改后的合同文本和某媒体深入地交换了意见，赢得了对方的理解和尊重。双方对合同又做了小的调整，新的合同文本出炉了。随后签字盖章生效，实现了双赢。

课堂思考与讨论

1. 在碰到对己方不合理的合同条款，而你又非常想和对方合作时，如何有效地规避风险？
2. 如果签订了一份条款内容对自己不公平的合同，可以通过哪些途径得到帮助？

4.5.1 创业风险的概念与特征

1．创业风险的概念

创业风险是指企业在创业过程中存在的各种风险。由于创业环境的不确定性，创业机会与创业活动的复杂性，创业者、创业团队与创业投资者的能力和实力的有限性而导致的创业活动结果的不确定性，就是创业风险。

创业者不要简单地以为经过千斟万酌而确认的创业机会就不会有风险了，其实再有价值的创业机会也是有风险的，因为多数创业机会都蕴含着诸多的不确定性。

2．创业风险的特征

创业风险种类繁多，贯穿并交织于整个创业过程，但是这些风险具有一些共同的特征。

（1）客观性。创业本身就是一个识别风险和应付风险的过程，风险的出现是不以人的意志为转移的，所以创业风险的存在是客观的。

（2）不确定性。由于创业的影响因素具有不确定性，这些因素是不断变化、不断发展的，甚至是难以预料的，因此造成了创业风险的不确定性。

（3）双重性。创业有成功或失败两种可能性，创业风险有盈利或亏损双重性。

（4）可变性。随着影响创业因素的变化，创业风险的大小、性质和程度也会发生变化。

（5）可识别性。根据创业风险的特征和性质，创业风险是可以被识别和划分的。

（6）相关性。创业风险与创业者的行为紧密相连。同一风险，采取不同的对策，将会出现不同的结果。

4.5.2 大学生创业过程中常见的风险

大学生创业过程中面临的风险主要有自身因素的原因及社会环境方面的影响，具体来说，主要包括以下因素。

1．创业心态——心态不成熟，难以承受挫折

眼高手低、纸上谈兵是大学生最常见的创业风险。大学生长期待在校园里，对社会缺乏了解，更缺少创业经验，其创业想法往往因一时创业激情而起，大学生易把创业问题简单化、理想化，对创业过于自信，对困难估计不足，认为自己学历高、成绩好、获得过各种奖励，动手创业就能成功。还有些大学生过分夸大创业困难，过高估计创业压力，过低估计自身价值，妄自菲薄，没有信心和勇气面对创业，根本不愿意动手尝试。另外，有的大学生由于没有经受过挫折的考验，心理承受能力和自我调节能力较差，创业受挫后易产生强烈的挫折感，忧心忡忡，胆怯心虚，不能正确认识自己的创业优势，甚至把自身的长处看成短处，在创业竞争中信心不足，自我设限，错失许多机会，严重影响了创业的成功。

2．项目风险——项目选择盲目，缺乏针对性

创业项目选择风险是指在创业初期因选择的创业项目不当，导致企业无法盈利而难以生存的风险。

大学生创业激情高，但容易盲目选择项目，多数大学生没有进行前期市场调查和绩效分析，看到别人干什么自己也跟着模仿，缺乏针对自己特长及资源的调查分析，企业形态选择盲目。例如，加盟连锁经营型创业模式虽可以直接享受知名品牌的影响，复制他人的成功经验，并能获得资源支持，降低经营成本，但也存在着虚假宣传、交纳高额加盟费，甚至以合法形式掩盖非法目的等不良现象的风险，大学生创业者一旦被天花乱坠的宣传语所迷惑，没有收集资料，也不进行实地考察和市场分析，就盲目选择加盟连锁创业模式，而不考虑自己的实际情况，那么企业发展的风险就会较大，从而影响创业的成功。

创业案例

4-3 加盟连锁的创业风险

郑州即将毕业的大学生小朱在创业过程中，就被高回报忽悠了一把。

2008年冬天，小朱按网上地址找到北京一家销售木纤维毛巾的加盟连锁公司，听了招商部经理对这种成本低、利润高且风险小的产品推介，她心动了，把从亲戚那里借来的钱全换成毛巾，并取得了该公司在河南省的独家代理权。

头一个月，她兴冲冲跑遍了周边所有学校，没卖出一条毛巾。然后她又去居民小区推销，效果还是不好。于是，她开始通过网络进行推销。哪知两个月过去后，仍没卖出一件产品。

调查发现，有小朱这样遭遇的大学生不在少数。不少高校毕业生选择了加盟连锁的创业方式。他们从电视和网络等媒体了解到加盟连锁项目的丰厚条件，例如，企业总部提供免费指导，不收取任何加盟费用，进货达到一定额度就能获得额外奖金，低风险甚至无风险等，于是，就开始创业了。小朱说，我们一无资金，二无经验，加盟连锁会让自己开店的风险降低很多，可结果却事与愿违。

评析

一些所谓的加盟连锁企业深谙大学生的创业心理，鼓吹加盟连锁能快速致富，已为大学生们准备好了连环套：说品牌在国外已有十几年甚至几十年成功运营史，实际已死无对证；说生产基地在某发达省市，可是路途遥远不便去看；说加盟利润很高，这只有天知道；说经营好了还给你返奖金和装修费，前提是经营好，这基本没希望；说还有许多成功范例，带你去看其他加盟店，实际就是托；更重要的是，说投资成本仅两三万元，还有优厚的换货条件，利用高回报低风险诱惑大学生。大学生创业加盟连锁要小心受骗。

3．资金风险——融资渠道单一，企业发展缺乏动力

资金风险是指因资金不能适时供应而导致创业失败的可能性。

对于新创企业，资金缺乏是最为普遍的问题，如果创业者不能及时解决这个问题，非常容易造成创业夭折。例如，巨人集团因为修建巨人大厦时1 000万元的资金缺口而轰然崩塌；辉煌一时的新疆德隆集团，短短几年内一下子进入十几个产业，总负债高达570亿元，酝酿了巨大的资金风险，2004年初，德隆集团资金链开始断裂，建造在沙滩上的堡垒顷刻间分崩离析。

可见，资金风险对于初创企业来说往往是致命的。因此，快速、高效地筹措到资金是创业成功的重要因素。

大学生长期生活在校园里，没有资金来源，更无资金积累，再加上大学生交往对象多为处境相同的学生，社会关系简单，人际交往单一，很少能够从同学处筹措到创业资金，并且刚出校门的大学生想轻松地从银行贷到资金也十分困难。目前，大学生创业的资金更多的是靠父母、亲戚的帮助，融资渠道单一，资金来源不稳定，资金数额较小，创业之初资金的局限性为后期的企业发展埋下了隐患。企业创办起来后，缺少发展资金会造成企业的现金流中断，不能支持企业的正常运作，使企业发展停滞不前甚至倒闭，从而造成创业失败。

4．法律风险

大学生由于社会经验不丰富，法律观念不强，维权意识淡薄，在创业开始时乃至整个过程中都有可能深陷法律陷阱，这将会对企业造成致命的打击。例如，个人合伙制企业投资者要承担无限连带责任，如果企业对他人的人身造成损害或对财产造成损失，企业不但要以自身财产赔偿对方损失，在企业财产不足以赔偿对方损失时，投资合伙人还要以个人财产赔偿对对方造成的损失。所以，大学生创业选择合伙制企业模式时一定要慎重考虑。再有，大学生创业者在与客户签订合同时不注意审查对方的主体资格，不调查、了解对方的信用、履行合同的能力以及还债能力等情况，往往会造成合同无效、对方无力履行合同甚至钱款或货物被骗等情况发生。在权利受到侵害时，大学生创业者维权意识淡薄，不是通过法律途径解决，更多的是托人情、找关系，私下解决，法律风险极大。

5．市场风险

市场风险是指市场主体从事经济活动所面临的盈利或亏损的可能性和不确定性。

（1）市场需求量。如果产品的市场需求量较小或者产品在短期内不能为市场接受，那么产品的市场价值就无法实现，投资就无法收回，从而造成创业夭折。

（2）市场接受需要时间。一个全新的产品，打开市场需要一定的过程与时间，如果初创企业缺乏雄厚的财力进行营销策划，产品为市场所接受的过程就会更长，因而不可避免地出现产品销售不畅，前期投入难以回收，从而给初创企业资金周转带来极大困难。

（3）市场价格。产品价格超出了市场的承受力，就很难为市场接受，技术产品的商业化、产业化就无法实现，投资也就无法收回。当某种新产品逐渐被市场接受和吸纳时，其高额的利润会吸引来众多的竞争者，可能会造成供大于求的局面，导致价格下跌，从而影响高新技术产品创新的投资回报。

（4）市场战略。一项好的高新技术产品，如果没有好的市场战略规划，相反在价格定位、用户选择、上市时机、市场区域划分等方面出现失误，就会给产品的市场开拓造成困难，甚至功亏一篑。

6．管理风险

（1）管理者风险。一个优秀的创业者，可以不具备精深的技术知识，但必须具备这样一些素质：具有强烈的创新精神与创业意识，不墨守成规、人云亦云；具有追求成功的强烈欲望，富于冒险精神、献身精神，有忍耐力；具有敏锐的机会意识和高超的决策水平，善于发现机会、把握机会和利用机会；具有强烈的责任感和自信心，敢于在困境中奋斗、在低谷中崛起。

一些大学生创业者虽然技术出类拔萃，但理财、营销、沟通、管理方面的能力普遍不足。发达国家初创企业的成功经验之一，就是技术专家、管理专家、财务专家、营销专家的有机组合，形成团队的整体优势，从而为初创企业奠定坚实的组织基础。那种由技术所有者包揽一切、集众权于一身的家长式管理，往往由于管理水平、管理模式等方面的问题，导致创业夭折。

（2）决策风险。无论是政治、军事还是商业，由于决策失误而造成失败的事例实在是太多了。对于大学生创业者而言，绝不可以根据自己的喜怒哀乐或不切合实际的个人偏好而做出决策。不进行科学的分析，而仅凭个人经验或运气的决策方式都可能导致惨痛的失败。

管理者决策水平的高低对初创企业的成败影响巨大，据美国兰德公司估计，世界上破产倒闭的大企业中，85%是因企业家决策失误造成的。

（3）组织和人力资源风险。组织和人力资源风险是指由于初创企业的团队分歧、组织结构不合理、用人不当所带来的风险。初创企业的迅速发展如果不伴随着组织结构、用人机制的相应调整，往往会成为初创企业潜在危机的根源。

现代企业越来越重视团队的力量。团队的力量越大，产生的风险也越大。一旦创业团队的核心成员在某些问题上产生分歧不能达到统一时，就极有可能会对企业造成强烈的冲击。事实上，做好团队的协作并非易事，特别是在处理与股权、利益相关联的事情时，很多初创时关系很好的伙伴都会闹得不欢而散。

"中国企业家调查系统第十届企业家成长与发展调查"对3 539位企业经营者的问卷调查结果表明："企业经营者最容易出现的问题"中，"用人不当"仅次于排在第一位的"决策失误"。用人不当已经成为制约企业发展的重要因素。

7．技术风险

技术风险是指在企业技术创新过程中，因技术因素导致创业失败的可能性。

（1）技术成功的不确定性。创新技术从研究开发到实现产品化、产业化的过程中，任何一个环节的技术障碍，都将使产品创新前功尽弃，归于失败。很多初创企业，在技术产业化实施的过程中，屡试屡败，其中的原因是多方面的。当用血汗赚来的资金或以家产抵押来的创业资金将要耗尽，却还没有生产出合格的产品时，企业将面临极大的风险。

（2）技术前景、技术寿命的不确定性。如果赖以创业的技术创新不能够实现产业化，或不能在高新技术寿命周期内迅速实现产业化，不能收回初始投资并取得利润，则必然造成创业的夭折。

（3）技术效果的不确定性。一项高技术产品即使能成功地开发和生产，但若达不到创业前所预期的效果，也会造成大的损失甚至创业夭折。

20世纪70年代，著名的美国杜邦公司曾对一种称之为“Corfam”的皮革替代品进行产品开发并上市销售。预测和试穿的成功，使杜邦公司决策层非常乐观，他们希望Corfam不仅能一帆风顺地上市，而且能像公司曾经发明的尼龙一样，成为世界性的畅销商品，引发鞋面用料的革命，再现杜邦公司的辉煌。然而，最终的结果却大大出乎人们的意料之外。Corfam的产品开发亏损了近1亿美元，这成为杜邦公司历史上罕见的一次失败。

4.5.3 大学生创业风险管控对策

大学生创业虽存在诸多风险，但机遇和挑战并存，唯有冷静地分析风险，勇敢地面对挑战，大学生创业者才能防范风险，克服困难，走向创业成功。针对大学生创业过程中遇到的风险，可以从以下方面加以管控。

1．调整心态，做好创业准备

对自己充分了解，是大学生进行创业的前提。大学生创业时要对自己的个性特征、特长等有充分的了解，选择适合自己个性特征、符合个人兴趣爱好的项目进行创业，同时创业者要掌握广博的知识，具有一专多能的知识结构，才能进行创造性思维，才可能做出正确的创业决策。大学生在创业前还要积累一些有关市场开拓、企业运营方面的经验，通过在企业打工或者实习、参加创业培训、接受专业指导，来积累创业知识，提高创业成功率。

大学生创业者还应当锻炼受挫能力，遇到挫折后应放下心理包袱，仔细寻找失利的原因。属于主观原因的，要适当调整自己的动机、追求和行为，避免下次出现同样的错误；属于客观或社会中自己无能为力的因素的，也不要过于自责、自卑或固执，应坦然面对，灵活处理，争取新的机会。即使失败，也要振作起来，使自己始终保持昂扬的斗志和必胜的信心，直至创业成功。

2．审时度势，创业应有选择地量力而行

创业路途充满艰辛，绝不是一蹴而就的。因此，创业者应找到合适的切入点，选择合适的时机、合适的项目和合适的规模来进行。大学生创业者大多手中资金较少，创业经验不足，可以选择起点低、启动资金少的项目进行创业。

另外，大学生创业要选择一种适合自己的企业法律形态。创业者选择个体工商户、合伙制企业的形态模式时，虽没有最低注册资本的要求，但创业者或投资人要对企业承担无限连带责任，企业如果经营不善欠下债务，股东要对企业的债务承担继续偿还的责任，创业时应慎重选择；创业时如果设立的是有限责任公司，公司具备法人资格，能够独立承担法律责任，公司如果资不抵债宣告破产，对公司不能清偿的债务，股东仅以其出资额承担法律责任，超出的部分不承担法律责任。

同时，有些人为的因素，可能会导致合伙人之间、股东之间因经营理念、利益分割而产生矛盾，甚至因性格原因发生冲突，因此，创业者在组建团队时，也应注意选择志同道合、善于沟通、以企业利益为重的合作者，这是非常重要的。

3．充分利用优惠政策，迈出创业坚实的第一步

支持大学生创业，已经成为各级政府的重要议事内容。近年来，相关部门陆续出台了许多优惠政策，鼓励和支持大学生创业。虽然有些优惠政策在实施过程中出现了配套措施不到位、具体操作烦琐等情况，但大学生创业者一定要充分了解这些优惠政策，并把它们充分运用到自己的创业实践中。具体来说，高校要向大学毕业生详细宣讲政府出台的创业优惠政策，使大学生创业者对自己能享受到的优惠政策熟记在心；相关部门对这些优惠政策要出台具体实施办法及操作指引等，以方便大学生创业者操作实施，使党和政府支持大学生创业的优惠政策，成为帮助大学生创业的阳光、雨露，使大学生迈出创业坚实的第一步。

4．多渠道融资，降低创业资金风险

虽然大学生创业融资渠道相对较少，但社会相关各方仍能为大学生创业提供资金。政府为大学生创业提供贴息贷款。有经营项目，能够提供有稳定收入的行政、事业单位的正式职工作为担保人的，大学生创业者可以申请最高额度为10万元、期限为3年的政府贴息贷款，还可以得到各类创业基金的资金支持。目前，由中国社会福利教育基金会发起的中国大学生创业基金、由共青团中央发起的中国青年创业就业基金、由社会知名人士郑泽等人发起的中国大学生西部创业基金等，都可以帮助大学生解决部分创业资金的短缺问题。由共青团中央、中国科学技术协会、教育部和中华全国学生联合会等单位主办的“挑战杯大学生创业大赛”为冠军提供10万元的创业基金。大学生参加创业大赛，既可以锻炼创业能力，又可能获得高额的创业资金，是一种很好的融资途径。大学生创业者还可以引入风险投资。虽然风险投资风险高，但回报也高。风险投资者比较关注创业管理团队的构成、管理者的素质、创业者自身持续奋斗的精神等，有优秀的创业团队、独一无二的技术支撑、光明市场前景的创业项目，有可能得到风险投资家的青睐，从而获得创业资金。大学生创业的成功典范江南春创办的分众传媒，在两年内获得了近5 000万美元的风险投资。

5．树立团队意识，与他人合作共赢

新东方教育集团总裁俞敏洪认为，创业除了自己成功，还要与别人一起成功。一个人的能力是有限的，创业一定要抛弃单打独斗、孤军奋战的个人英雄主义思想，牢固树立团队合作共赢的理念。大学生创业应建立一个由各方面专才组成的合作团队，大家既有共同的理想，又能有效地使技术创新与经济管理互补，保证团队形成最大合力，在市场竞争中取胜，推动企业发展，取得创业成功。

6．重法治淡人情，在法律规则中稳步发展

市场经济是法制经济，企业的诞生和发展必须在法律框架下进行，符合法律规定。虽然中国人很重视人情、关系，但要想使企业稳步发展，把企业做大做强，大学生创业者从开始就应该依法办事，淡化人情，让法律成为大学生创业成功的基石。具体说来，创业之初选择企业形态要慎重，合伙制企业一定要制订合伙章程，明确合伙人之间的权利、义务以及盈利或亏损的分配方式，最好找专业法律人士审查把关；企业形态最好选择有限责任公司的模式，分清公司责任和个人责任，降低个人风险；企业运营应严格遵守法律规定，安分守己，合法经营，切不可为小利而做违法乱纪之事；依法为企业员工交纳社会保险，降低企业风险；出现纠纷最好通过法律途径解决，依法维护企业的合法权益。

总之，在社会发展的汹涌大潮中，大学生创业已成为时代的选择。随着社会各方对大学生创业的理解和支持，以及大学生自身身心发展的日趋成熟，知识结构更加完善，大学生创业遇到的风险会随之减少，创业者的风险管控能力更强，大学生创业必将发展到一个新阶段。

思考与训练

1．思考并回答以下问题

（1）创业机会有什么特征？主要来源于哪里？

（2）简述如何识别与评估创业机会。

2．头脑风暴实例练习

请参考“4.1.4 挖掘创意的方法”中的图4-2所示的纯棉T恤衫的结构性头脑风暴示例，以产品“柑橘”为例，做一个结构性头脑风暴法的练习，如图4-4所示。

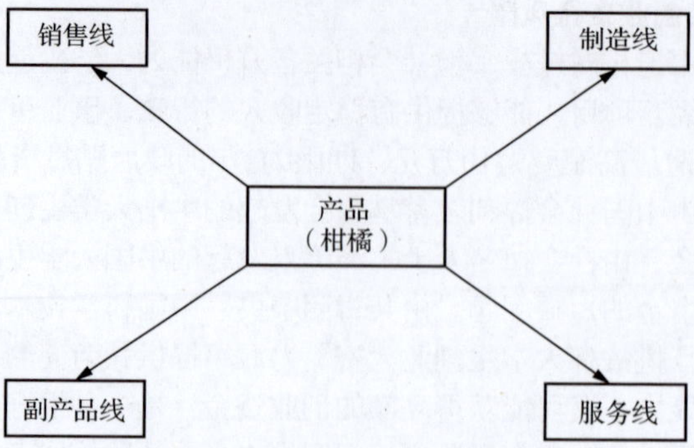

图 4-4 结构性头脑风暴法练习

3．分析以下案例并回答问题

昙花一现的肉牛养殖场

创业青年王正平原本经营着一家装饰公司，生意做得挺红火，一年也有几十万元的收入。但王正平是一个胸怀大志的创业者，他希望做一家有成就的大公司，成为一名受人尊敬的企业家。由于装饰装修行业的竞争越来越激烈，而且本地装饰市场的总量有限，王正平认为这个行业不是自己最终实现梦想的平台，他一直在寻找新的机会。

王正平在一次回乡探亲的时候了解到，为了加快贫困地区经济建设和改善生态环境，政府决定把一些贫困地区的几十万群众整体移民到自己的家乡，成立了本省最大的县级移民经济开发区，通过发展现代化农业和畜牧业来改善移民群众的生活，为了扶持当地的农业和畜牧业发展，省市各级政府都给予了许多的优惠和扶持政策。王正平敏锐地意识到自己一定能从家乡的开发建设中找到新的事业起点和更好的发展机会。他开始在家乡四处搜集信息，很快他发现了一家外地人投资的大型肉牛养殖场，可这家肉牛养殖场的基础建设还没完成，老板就因为陷入法律纠纷而被判刑入狱了，肉牛养殖场也荒废了下来。这家肉牛养殖场拥有300多亩土地和大量未完工的生产建筑和设施等资产，鉴于那位外地老板的现实情况，王正平相信自己有可能以低廉的价格收购这家企业。

有了这个想法，王正平立即行动起来，他设法见到了尚在狱中服刑的这位外地老板，经过与这位老板及其代理人的反复谈判，果然不出王正平所料，对方答应可以以60万元的低价把肉牛养殖场卖给王正平。王正平经过核算发现，收购肉牛养殖场的现有资产、完成剩余的基础建设、启动生产、必要的流动资金等加起来需要200多万元，可是自己手头没有这么多钱。王正平决定卖掉自己在省城的装饰公司，先把这家肉牛养殖场买下来，剩余的资金再想其他办法筹借。

王正平尝试用各种方法来筹借项目的启动资金。功夫不负有心人，王正平终于找到了几位愿意出资合股参与这个项目的朋友，他又从银行贷了一部分款，这样项目的启动资金就凑齐了，王正平顺利地启动了肉牛养殖场的项目。

争取政府支持，获得政策扶持

在当初筹划项目的时候，王正平就确立了一个原则，鉴于肉牛养殖是当地政府确立的重点产业发展方向，因此一定要让自己的企业得到政府的关注与支持，要努力借助政府和政策的资源来发展企业。在项目启动之初，肉牛养殖场还处于基础建设阶段，王正平就凭自己在家乡有很多亲戚朋友的社会关系优势，积极地联系当地政府各个部门的领导。王正平善于包装自己，善于与政府领导打交道，拥有出色的公关技巧，也敢于大胆地投入。很快，王正平就和当地政府的一把手——开发区管委会的主任建立起了联系并成了朋友。

这位主任非常看好王正平的个人素质和他的企业的发展前景，也希望能通过扶持王正平的企业带动整个地区的肉牛养殖产业。于是在这位主任的主导之下，当地各级政府部门都把眼光聚焦到了王正平的企业。肉牛养殖场还没有投产，政府就一次性无偿给了王正平价值150万元的青储饲料，并投入50万元给王正平的企业铺设了一条专用道路。

在肉牛养殖场完成基建投产后，王正平再接再厉，继续从政府争取各种优惠政策。在他出色的运作之下，好事接踵而至，当地开发区管委会把王正平的企业确立为肉牛产业龙头企业、县城经济观摩点、科技特派员示范点，王正平本人也获得了农村科技致富带头人、优秀创业青年等荣誉，甚至当地管委会还推举王正平为人大代表。管委会还以极低的价格给王正平的企业划拨了饲草种植基地。

配合领导要求，企业加大投资

王正平的企业受到当地政府的大力关注和扶持，一举成为当地规模最大的肉牛养殖企业。政府的各级领导也频频到现场视察他的肉牛养殖场，王正平的主要精力几乎都放在了联系政府各级部门、参与政府组织的各项活动、应付各级领导的检查参观上。

一次，当地开发区管委会的主任专门找到王正平，提出考虑到各级领导去王正平企业考察得比较频繁，而企业目前只有生产区而没有办公区，为了更好地展示企业的实力和政府扶持的成效，政府考虑再在黄金位置给王正平无偿划拨30亩土地，用于企业建设一个高规格的办公接待区，但基建费用必须由企业承担。

听到这个消息，王正平犹豫了，他知道企业的流动资金并不充裕，如果把有限的资金投入到基建中，很可能影响企业的生产。管委会主任安慰王正平，让他不要担心，说不久上级政府划拨的一大笔专项扶持资金就会到位，到时候可以拨给王正平的企业，以帮助他们保持正常的生产。有了主任的承诺，王正平虽然心里还是有点打鼓，但一想到政府给了自己的企业这么大的支持，自己的企业也理应为政府做些贡献，而且那30亩黄金位置的土地也确实是个不小的诱惑，他决定按照主任的要求建设高规格的办公接待区。

领导人事变动，企业财务恶化

其实，王正平的肉牛养殖场从创办之初开始，企业的财务状况就一直很紧张，200多万元的启动资金根本不够完成养殖场所有的基建工程，很多欠建筑承包商的工程款还没有付清，购买种植基地的钱也没有付，流动资金也只能保证已建成的12座大型肉牛养殖车间中的一小半维持正常生产。

为了建设新的办公接待区，王正平不得已把本就少得可怜的流动资金挪用了，但钱还是不够，他只好要求建筑承包商先垫款开工，并承诺等政府的专项扶持资金一到账，就连同养殖场所欠的工程款一起付清。

就这样，新办公接待区的工程勉强开工了。王正平因为有管委会主任专项扶持资金的承诺，所以大胆地更改了工程的设计方案，大幅度地提高了建设标准。办公楼落成后仅王正平的一间办公室面积就有近200平方米，配有全套的高档办公家具，空调、计算机一应俱全，还有专用的休息室和卫生间。

可就在办公楼刚落成，其他附属设施开始动工，王正平还沉浸在搞大工程、上大项目、自己已经感觉很像大企业家的亢奋中的时候，养殖场出问题了，由于缺乏最起码的流动资金，正常的生产不得不停滞下来。王正平非常着急，立即去找管委会主任想问问政府的那笔专项扶持资金什么时候能到位。可没想到的是，主任告诉王正平自己马上就要调到其他地区任职，专项资金的事要等到下一任主任到任后再决定是否拨给王正平的企业。

没办法，王正平不得不又耐心地等了一段时间。等到新的开发区管委会主任到任后，王正平立即去拜访，可新主任的工作思路和老主任并不一样，他婉转地告诉王正平，今后开发区政府重点扶持的产业方向不再是肉牛养殖而是设施农业，所以政府的专项扶持资金不会再拨给王正平的企业了。

这个答复无疑是对王正平的当头一棒，企业的现金流已经断了，企业已欠下了巨额债务，这样用不了多久，企业就难以为继了。王正平得不到政府扶持资金的消息不胫而走，于是为企业承包养殖场和办公接待区建设的建筑商们立即停工，并纷纷上门找王正平催要欠款，就连之前入股的股东们也纷纷要求撤股。种植基地也因为王正平迟迟付不了款而被政府收回了。

每天债主盈门的王正平寝食不安，不得已把养殖场仅剩的肉牛卖掉还了债，又把自己的轿车抵了债，可仍然偿还不了巨额债务。王正平想了很多的办法恢复生产，他找到银行，可因为他之前的贷款还没有还清，银行拒绝继续给他贷款；找其他的投资人融资，可企业的巨额债务让有兴趣的投资人望而却步；他甚至想把养殖场卖掉，可一家已经停产的养殖场和一大堆已经停工的烂尾工程一时很难找到买主。在苦苦支撑了几个月后，王正平终于坚持不下去了，成立仅仅两年多的企业就这样倒闭了。

【问题】

1．王正平争取政府的关注和支持到底是对还是错？问题出在哪里？

2．在与政府合作中企业应如何提升自身规避风险的能力？

第5章

创业资源

【学习目标】

通过本章的学习，使学生了解创业资源在创业过程中的重要性以及资源的获取途径，特别是创造性整合资源的途径，知道创业资金筹募的方式和渠道。

【学习重点与难点】

重点：了解创业资源获取的途径和技能，学会对有限资源的创造性利用。

难点：创业所需要的资金测算。

案例分析

5-1 吴少武：一个边学习边实践的大学生创业者

大学生就业难，这个问题一直困扰着许多刚刚走出校门的大学毕业生。当许多大学生在尚未毕业就忙于找工作时，某大学毕业生吴少武就已经当上了老板。他对外称，自己是边学习边实践的一个创业者。

那么，吴少武是如何刚毕业就当上了老板的呢？

其实，吴少武并不是毕业后才开始创业的，而是从进入大学校门起，他就开始琢磨着自己应该如何创业。在大一到大二的这段时间里，吴少武除完成自身的学业外，还在外面做家教，干一些兼职，开复印小店等。他虽然忙得不亦乐乎，但到头来却并无多少收获。后来，吴少武又开始在学业上努力了，甚至很投入地参与一些学术竞赛。由于在学业和学术比赛中成绩突出，他获得过不少省级比赛冠军，并当上了学生会主席。

作为学生会主席，吴少武不论是对待学业，做课题，还是做社会调查，都非常认真。大二下学期，吴少武为参加一个挑战赛，接手了一个“恋爱经济学调查”的课题。他让调查组成员向同学们发放了200份调查问卷，然后，又让成员非常认真、负责地去催问同学们调查表的填写情况，并动员更多的同学参与到调查问卷活动中来。课题做完后，在进行答辩时，他要求课题组成员一律西装革履，认真答辩。吴少武没有想到，就是这种认真、细致和精益求精的精神，让自己日后获得了一个创业的极佳机会。那次答辩，学校邀请了一些校外的专家和企业界人士参与。其中就有广州好来运速递服务有限公司的老总韦俊荣。他看到吴少武在课题中把大学生恋爱中潜在的消费导向和消费习惯调查、分析得那么细致而准确，认为吴少武非常负责任，觉得他应该是一个能干一番事业的人。之后，韦总特意请吴少武的团队到他们公司做咨询，并为公司解决一些管理上的问题。经过多次交往，吴少武便和韦俊荣成了忘年之交。

大三实习时，吴少武去了一家会计师事务所。在实习过程中，吴少武仍然一如既往地认真对待自己的实习工作。他复印了上千份有关资料，撰写了200多份行政函，受到了那家会计师事务所的好评，他自己也得到了7 000多元的实习工资。在实习结束后，吴少武得到了世界四大会计师事务所——普华永道的录取通知书。能拿到一张世界著名会计师事务所的录取通知书，是许多同学梦寐以求的事，而吴少武却很坦然，未予接受。因为，他有自己的想法，那就是自己创业，干出一番事业来。

吴少武做出自己创业的选择，不光是他有勇气，更是他有底气。大三下学期时，广州好来运速递服务有限公司的韦总给吴少武打了个电话，问吴少武有没有兴趣在学校代理毕业生的包裹业务。吴少武一口允诺下来，他预感到自己的事业或许就将由此开始。

承接了高校毕业生的包裹业务后，吴少武马上组织了学生团队，在学校内开展宣传，并对特定的目标客户进行上门服务。另外，吴少武还以学生会主席的身份，与广州其他高校毕业班的班长联系，上门承接包裹业务。由于服务到位，能保证业务质量，加之充分利用他的人脉资源，吴少武的业务得到迅速发展，仅一个月时间，就达到10万元的营业额。

好来运的韦总对吴少武如此高效率的运作感到吃惊，更坚定地相信他是一个做事有激情、有头脑、能干大事的人。于是，韦总以投资的方式全力支持吴少武创办自己的公司。毕业时，在韦总的支持下，吴少武创立了广州新陆程物流有限公司。公司的团队里，只有两个人在物流行业做过，有物流工作经验，其余的人都是在校大学生或刚刚毕业的大学生。公司成立之初主要以华南地区的中短途高速公路运输业务为主。没多久，吴少武接到了广汽丰田公司配件供应商的大单，专门负责把汽车零配件从公司的仓库运送到广东西部沿途各大4S汽车销售店里。由于吴少武的公司物流业务服务水平较高，在运输汽车零配件上做到了零破碎、零延误、零事故，为公司赢得了客户的信赖，业务保持了较好的发展，公司一个月的营业收入增长了60多万元。

大四毕业后，当别人都在四处找工作的时候，吴少武已是一家物流公司的老总了。虽然创业成功了，但他并没有因此而沾沾自喜。他不仅头脑灵活会赚钱，而且学习热情也很高，他决定继续到华南理工大学创业教育学院深造。这个创业教育学院是依托工商管理学院成立的，除需要学完专业课程外，还要修满一定的创业培训课程和实训课程学分。更吸引人的是，学院给学生提供校内外一对一的导师指导，且对学生创业项目进行预孵化，甚至进行产业化。学院已募集有创业培育基金、创业投资基金120万元和5 000万元。吴少武已成为学院选拔的第一批有强烈创业意愿和创业潜力者，学校和学院将从政策、技术、资金等方面对创业学生提供有效的帮助，让学生创业的梦想能够得以实现，并促进学生的初创企业走得更远、更稳。

（资料来源：大学生创业网）

课堂思考与讨论

1. 大学生创业经常会面对资源匮乏的窘境，吴少武在大学期间是如何一步一步积累创业资源从而成功创业的?

2. 吴少武的创业成功，对你有什么启发?

5.1 » 创业资源概述

创业名言

创业者在企业成长的各个阶段都会努力争取用尽量少的资源来推进企业的发展，他们需要的不是拥有资源，而是要控制这些资源。

——霍华德·史蒂文森（美国投资大师）

创业的前提条件之一，就是创业者拥有或者能够支配一定的资源。

5.1.1 创业资源的概念和作用

1. 创业资源的概念

所谓创业资源，依照目前战略管理中很有影响的资源基础理论（resource-based theory，RBT）的观点，企业是一组异质性资源的组合，而资源是企业在向社会提供产品或服务的过程中，所拥有的或者所能够支配的用以实现企业目标的各种要素以及要素的组合。

概括地讲，创业资源是企业创立以及成长过程中所需要的各种生产要素和支撑条件。对于创业者而言，只要是对其创业项目和新创企业发展有所帮助的要素，都可归入创业资源的范畴。因此，在创业过程中，应当积极拓展创业资源的获取渠道。①

创业资源之于创业活动的重要意义不仅局限在单纯的量的积累上，应当看到创业过程实质上是各

① 李家华. 创业基础（第2版）. 北京：清华大学出版社，2015.

类创业资源重新整合、获取竞争优势的过程。从这一角度看，创业活动本身就是一种资源的重新整合（Alvareza & Busenitzb，2001）。因此，在创业过程中，不仅要广泛地获取创业资源，更要懂得如何利用这些资源。

2．创业资源在创业过程中的作用

我们首先将创业过程分为两个阶段，即企业创立之前的机会识别过程和企业创立之后的企业成长过程，再分别考察创业资源在每个阶段中如何发挥作用。

（1）机会识别过程。机会识别与创业资源密不可分。从直观的含义上看，机会识别是要分析、考察、评价可能的潜在创业机会。Kirzner（1973）认为，机会代表着一种通过资源整合、满足市场需求以实现市场价值的可能性。因此，创业机会的存在本质上是部分创业者能够发现其他人未能发现的特定资源的价值的现象。例如，在同样的产品或者盈利模式下，一些人会付诸行动去创业，其他人却往往放任机会流失；有的人会经营得很成功，而另一些人却会遭受损失。对后者来说，往往是缺乏必要的创业资源的缘故。

（2）企业成长过程。在企业成长的过程中，创业资源仍然发挥着重要作用。一方面，创业者仍需要积极地从外界获取创业资源；另一方面，已经获取的创业资源在企业发展过程中逐渐被整合、利用。资源整合对于创业过程的促进作用是通过创业战略的制订和实施来实现的。丰富的创业资源是企业战略制订和实施的基础和保障，同时，充分的创业资源还可以适当校正企业的战略方向，帮助新创企业选择正确的创业战略。因此，企业获取的创业资源越多，创业战略的实施也越有利。

需要提及的是，新创企业所拥有的创业资源必须加以有效整合，才能形成企业的核心竞争优势。资源整合，就是把企业所拥有的自然资源、信息资源和知识资源在时间和空间上加以合理配置、重新组合，以实现资源效用的最大化。必须注意的是，这种资源效用的最大化，并非是简单地将各项资源各安其位、各司其职，而是能够通过重新整合规划，创造企业独特的核心竞争力，实现企业在市场上的竞争优势。

根据上述分析，我们得出了创业资源与创业过程之间的关系，如图5-1所示。[①]

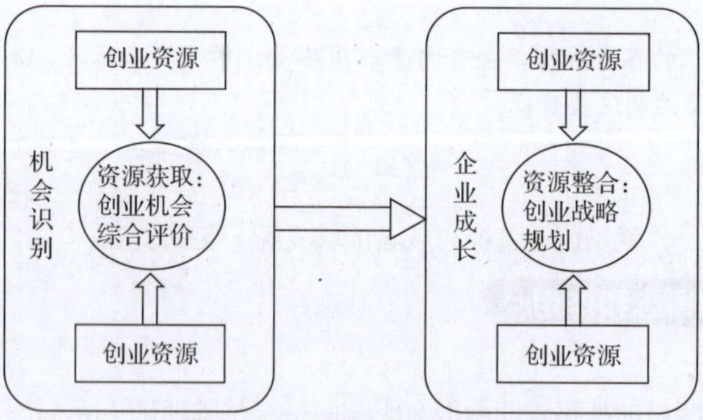

图 5-1　创业资源与创业过程的关系

5.1.2 创业资源的分类

创业资源是新企业创立及成长过程中必需的资源，可以从不同角度进行分类。尽管学术界对于创业资源类型的界定尚未有统一标准，但是目前对创业资源的多视角分类有助于人们理解创业资源的来源、构成以及资源的获取与整合。

① 林嵩．创业资源的获取与整合——创业过程的一个解读视角[J]．经济问题探索．2007（6）．

目前，学术界对创业资源的分类一般有以下3种情况。

1．按其来源分类

创业资源按其来源可以分为自有资源和外部资源。

（1）自有资源

自有资源是指创业者或创业团队自身所拥有的可用于创业的资源，如自有资金、自有技术、自己获得的创业机会信息、自建的营销网络、控制的物质资源或管理才能等。甚至在有的时候，创业者所发现的创业机会就是其所拥有的唯一创业资源。在这个问题上，我们也许可以从阿玛尔·毕海德的话中得到启示："准创始人中绝大部分面临的最大挑战不是筹集资金，而是如何在没有资金的情况下把事情办好的智慧和干劲。"

自有资源可以内部培育和开发，企业可通过一定的方式在内部开发无形资产、培训员工以及促进内部学习，获取有益的资源。

（2）外部资源

外部资源是指创业者从外部获取的各种资源，包括从朋友、亲戚、商业伙伴或其他投资者筹集到的投资资金、经营空间、设备或其他原材料等，或通过提供未来服务、机会等换取到的资源。外部资源是实现企业成长的重要来源。由于企业受自有资源"瓶颈"的影响，需要吸取适合本企业发展的新鲜资源，其中的关键是拥有资源的使用权并能控制或影响资源的部署。自有资源的拥有状况（特别是技术和人力资源）会影响外部资源的获得和运用。

2．按其存在形态分类

创业资源按其存在形态可以分为有形资源和无形资源。

（1）有形资源

有形资源是具有物质形态的、价值可用货币度量的资源，如组织赖以存在的自然资源以及建筑物、机器设备、原材料、产品、资金等。

（2）无形资源

无形资源是具有非物质形态的、价值难以用货币精确度量的资源，如信息资源、人力资源、政策资源以及企业的信誉、形象、专利、商标等。无形资源往往是撬动有形资源的重要手段。

3．按其对企业的成长作用分类

创业资源按其对企业的成长作用可以分为场地资源、资金资源、人才资源、管理资源、科技资源、政策资源、信息资源、文化资源和品牌资源等。

（1）场地资源

场地资源包括场地内部的基础设施建设、便捷的计算机通信系统、良好的物业管理和商务中心，以及周边方便的交通和生活配套设施等。

（2）资金资源

资金资源通常指及时的银行贷款和风险投资、各种政策性的低息贷款或无偿扶持基金，以及写字楼或者孵化器所提供的便宜的租金等。

（3）人才资源

人才资源包括高级科技人才和管理人才，高水平的专家顾问队伍等。创业者是新创企业中最重要的人力资源，因为创业者能看到市场机会。创业者的价值观和信念更是新创企业的基石。合适的员工也是创业人才资源的重要部分，因此，高素质人才——技术人员、销售人才和生产工人等的获取和培养，便成为企业可持续发展的关键因素。

苹果公司的创立人乔布斯曾经说过，"刚创业时，最先录用的10个人将决定公司的成败，而每一个人都是这家公司的十分之一。"

（4）管理资源

管理资源包括企业诊断、市场营销策划、制度化和正规化企业管理的咨询等。

（5）科技资源

科技资源包括对口的研究所和高校科研力量的帮助、与企业产品相关的科技成果以及进行产品开发时所需要用到的专业化的科技试验平台等。

（6）政策资源

政策资源包括允许个人从事科技创业活动，允许技术入股，支持海外与国内的高科技合作，为留学生回国创业解决户口、子女入学等后顾之忧，简化政府的办事程序等。政府的各种创业扶持政策，主要包括财政扶持政策、融资政策、税收政策、科技政策、产业政策、中介服务政策、创业扶持政策、队伍经济技术合作与交流政策、政府采购政策、人才政策等。

（7）信息资源

信息资源包括及时的展览会宣传和推介信息、丰富的中介合作信息、良好的采购销售渠道信息等。

（8）文化资源

文化资源包括高科技企业之间相互学习和交流的文化氛围、相互合作和支持的文化氛围，以及相互追赶和超越的文化氛围等。

（9）品牌资源

品牌资源包括借助大学或优秀企业的品牌、借助科技园或孵化器的品牌，以及借助社会上有影响力的人士对企业的认可等。

5.1.3 影响创业者资源获取的因素

资源获取是在识别资源的基础上，得到所需资源并用之于创业过程的行为。对于新创企业而言，是否能够从外界获取所需资源，首先取决于资源所有者对创业者或创业团队的认可，而这一认可在很大程度上取决于创业项目的商业价值。创业项目为资源获取提供了杠杆，一个能被资源所有者认同的、有价值的创业项目，才有助于降低创业者获取资源的难度。

除了创业项目的商业价值，影响资源获取的因素还有很多，其中主要因素有社会网络、创业者（创业团队）先前的工作经验、创业者的管理能力和资源整合能力等。

1．社会网络

社会网络是多维度的，能够提供企业正常运转所需的各种资源，也是新创企业最重要的资源获取来源之一。社会网络是隐性知识传播的重要渠道，它能通过促进信息（包括技能、特定的方法或生产工艺等）的快速传递而协助组织学习，同时还可以大大降低企业的交易成本，帮助获取与企业需求相匹配的资源，因此对于创业资源的获取具有重要意义。

研究表明，社会网络的关系强度、关系信任以及网络规模对创业资源的获取有正向影响。由于大学生大部分的时间都在学校内读书学习，因此他们很少有机会接触社会，这就造成了大学生的社会网络中几乎没有政府网络、商业网络的存在。因此，大学生创业者应注意强关系网络的维护和利用。强关系网络的主体通常以家庭、亲戚、朋友为主，与这些关系的频繁、密切接触，能使大学生创业者更易于获取资金、技术、人力等运营资源和有益的创业指导和建议。①

不同的社会网络和网络地位，为人们之间的沟通协作提供了不同的渠道。在社会网络中处于优势地位的创业者，有较好的社会关系网络，能有针对性地对不同对象传递商业创意的不同方面，能有目的地获取不同资源所有者的不同理解和信任，最终能成功地从不同网络成员那里获取所需的不同资源，从而为自己的创新创业提供基础。

---

① 朱秀梅，费宇鹏．关系特征、资源获取与初创企业绩效关系实证研究[J]．南开管理评论，2010.13（3）．

2. 创业者（创业团队）先前的工作经验

创业者（创业团队）先前的工作经验分为创业经验和行业经验两大类。其中，创业经验是指创业者先前创建过新的企业或组织，创业者在此过程中所获得的感性和理性的观念、知识和技能等就是创业经验，它提供了诸如机会识别与评估、资源获取和公司组织化等方面的信息。行业经验是指创业者在某行业的工作经历，它提供了有关行业的规范和规则、供应商和客户网络以及雇佣惯例等信息。①

创业过程本身就是一个知识转移的过程。从先前创业经验中转移来的知识能够提高创业者有效识别和处理创业机会的能力，有助于发现、获取创业资源。拥有创业经验的创业者有一种“创业思维定式”，驱使他们寻求和追求那些最好的机会。在不确定的时空条件下，先前的创业经验提供了有利于对创业机会做出决策的隐性知识，这种隐性知识可以通过创业者而转移到新创的组织里。因此，创业者拥有较多的创业经验就更容易获得可取的特定机会，并从更多的途径获取创业资源。此外，先前的创业经验还提供了帮助创业者克服新企业面临新困难的知识。这些都能够帮助创业者规避风险，增强他们的资源获取能力。

3. 创业者的管理能力

创业资源获取的关键往往取决于企业的软实力。创业者的管理能力是企业软实力的主要表现，管理能力越高，获取资源的可能性越大。创业者的管理能力可以从其沟通能力、激励能力、行政管理能力、学习能力和外部协调能力等多方面予以衡量。

良好的沟通能力可以使创业团队表现出坚强的凝聚力，拥有更强的行动力，从而使创业团队更容易获取必要的外在资源；团队激励与合作有助于企业综合能力的提升，产生团队外溢效果，使创业团队能够获取必要的资产和资源；较强的行政管理能力有利于创业者将各种资源进行较完美的匹配与组合，使企业的正常运作更有效率，企业因而会根据成员的要求和组织发展的需要，去吸引更多的人力资源和其他无形资产；学习能力则可以不断地使创业者提升自身的管理能力，使创业者了解外部市场的变化和初创企业内部的需求，对其做出理性判断，并运用一定的方式获取企业所需的资源；外部协调能力是创业者个人才能的对外应用，创业者的外部协调能力越强，与合作者（如供应商、销售商等）达成一致的可能性就越大，创业者就可以利用外部资源为企业服务，为企业创造良好的发展环境。

4. 创业者的资源整合能力

资源整合能力是指创业者在创业过程中，以人为载体，在资源整合过程中表现出的对资源的识别、获取、配置和利用的能力。

创业资源在未整合之前大多是零散的、一般性的商业资源，要发挥其最大的效用，使其转化为竞争优势，为企业创造新的价值，就需要新创企业运用科学的方法将不同来源、不同效用的资源进行优化配置，使有价值的资源充分整合起来，发挥“1+1＞2”的放大效应。

5.1.4 创业资源获取的途径和技能

1. 创业资源获取的途径

创业资源的获取来自两个方面，一是自有资源，二是外部资源。创业资源获取的途径包括市场途径和非市场途径。

市场途径是指通过支付一定的费用在市场上购买相关资源；非市场途径则是指通过社会关系，用最小的代价甚至无偿获取资源。

显然，创业者自有资源往往是通过非市场途径获取的。由于起步阶段的创业者往往囊中羞涩，很

① 买忆媛，徐承志. 工作经验对社会企业创业资源整合的影响[J]. 管理学报，2012.19（1）.

难通过购买的方式获取创业所需的各种外部资源，因而非市场途径——通过社会关系，用最小的代价获取创业资源成为创业者的首选，甚至无偿获取创业资源也并非不可能。

获取外部资源的关键在于拥有资源使用权或能控制和影响资源配置。对于特定的创业资源，应当根据创业项目及创业者的实际情况综合考虑获取方法。

创业资源获取的关键往往取决于企业的软实力。无形资源往往是撬动有形资源的重要杠杆。

2．创业资源获取的技能

蒂蒙斯（Timmons）认为，成功的创业活动必须对机会、创业团队和资源三者进行最适当的匹配，并且还要随着事业的发展而不断进行动态平衡。创业过程由机会启动，在创业团队建立以后，创业者就应该设法获得创业所必需的资源，这样才能顺利实施创业计划。为了合理获取、利用资源，创业者往往需要制订设计精巧、用资谨慎的创业战略，而创业团队则是实现创业目标的关键组织要素，为此创业者或创业团队必须具有高超的领导力和沟通能力，能够适应市场环境的变化，而沟通能力是其中尤为重要的一种能力。

为了获取创业资源，创业者及其团队应该有较好的人际沟通能力、沟通技巧以及顺畅的沟通机制。

人际沟通能力是指通过情感、态度、思想、观点的交流，建立良好协作关系的能力。有效性和适当性是评价沟通能力的重要指标，有效性即沟通行为有助于个人目标、关系目标实现的程度；适当性即沟通行为与情境和关系保持一致的程度。

沟通技巧，是指参与沟通的人具有收集和发送信息的能力，能通过书写、口头与肢体语言等媒介，有效与明确地向他人表达自己的想法、感受与态度，亦能较快并正确地解读他人的信息，从而了解他人的想法、感受与态度。沟通技巧涉及许多方面，如简化运用语言、积极倾听、重视反馈、控制情绪等。虽然拥有沟通技巧并不意味着一定会成功获取创业资源，但缺乏沟通技巧一定会使创业者遇到许多麻烦和障碍。

在获取资源的过程中，与各方沟通是必不可少的，因此创业者及其团队必须与各方建立顺畅的沟通机制，应派出有一定沟通能力的团队成员负责与各方沟通，这是获取创业资源成功与否的关键因素。有研究结论很直观地证明了沟通的重要性，即“两个70%”，同样适用于创业者获取资源这一任务。

第一个“70%”是指企业的管理者，实际上有70%的时间用在沟通上。开会、谈判、谈话、做报告是最常见的沟通形式，撰写报告实际上是一种书面沟通的方式，对外的各种拜访、约见也都是沟通的表现形式。

第二个“70%”是指企业中70%的问题是由于沟通障碍引起的。例如，企业常见的效率低下的问题，实际上往往是有了问题后，大家没有沟通或不懂得沟通所引起的。另外，企业执行力差、领导力不高的问题，归根到底都与沟通能力的欠缺有关。

无论是人与人之间还是企业与企业之间的良好感情的建立，都是双方持续不断地顺畅沟通的结果。创业者获取资源、整合资源的过程就是与新创企业内、外部的资源供给者充分沟通的过程。在企业外部，创业者需要与外部的投资者、银行、媒体、同行从业者、消费者、供应商等通过沟通建立联系，获得信任，消除利益分歧，争取对方的扶持与帮助，取得共赢的结果；在企业内部，创业者需要通过顺畅沟通，鼓舞士气，吸引人才，留住人才，进而提升企业运营绩效。①

---

① 李家华. 创业基础（第2版）. 北京：清华大学出版社，2015.

拓展阅读

5-1　打动投资人的7个关键点

在过去的10年中我参加了无数次投资人会议，经验告诉我：你讲故事的方式和故事本身一样重要。

无论你是一位经验多么丰富的企业家或CEO，第一次获得投资并不容易。如果你不具备讲故事的天赋，那么，你需要付出更多的努力，因为你只有一次机会给人留下好印象。

大多数的创始人都梦想着改变世界，并且，他们比任何人都了解自己的实力。那么为什么尽管他们充满野心和抱负，却难以实现心中的愿景呢？

每年都有数以百计的初创企业试图接近我们，但真正能够出现在我的合作伙伴和投资人面前的可能只有那么十几个。他们想要获得投资，就要拿出能够令人信服的东西，将其明确、清晰地展示在我们的面前。

按照我多年的经验，如果你不能在前3分钟内让投资人明白你所要表达的主旨，那么你获得投资的可能性就很低了。

以下是我总结的7个关键点，相信能够帮助你提高获得风投的成功率。

① 以高质量的公司业务作为开场白。一个好的开场白显然是阐明你的信息的关键。

② 内容尽量精简。用简洁的语句明确地表达你的观点才是明智之举。

③ 带上你的团队，让他们参与到演讲中。介绍你的团队，好过让他们尴尬地坐在旁边。对于投资人来说，他们希望看到的是一个团结协作的团队。

④ 准备好回答问题。如果投资人问了你一个问题，你最好先做一个简短的回答，而不是而后再用多页幻灯片作为回复。有时候，回答问题的方式比你的回答更重要。

⑤ 最后以一个强有力的总结作为结束语。确保你的总结能够准确地向投资人传递你的关键信息，增强他们投资你的决心。

⑥ 如果你被否决了，不要气馁。一旦会议结束，无论结果如何，都要保持乐观。因为每一个投资人的口味都是不同的。他们的目标、兴趣也不尽相同。有时候，投资人对你的否定会在下一次见面中变成肯定。所以，和你的潜在投资者保持联系将会提高你成功的概率。

⑦ 如果投资人的反馈你不理解，可以要求他们讲解清楚。你可以从投资人的反馈中学到很多东西，毕竟他们评估过无数的企业，所以通常他们有很好的评估技巧来判断创业公司的潜力。这将在未来的风投会议中提高你成功的机会。

（资料来源：站长之家）

5.2 » 创业资源的利用与整合

创业资源的利用与整合

创业者能否成功地发现机会，进而推动创业活动向前发展，通常取决于他们掌握和能整合到的资源，以及对资源的利用能力。许多创业者早期所能获取与利用的资源都相当匮乏，而优秀的创业者在创业过程中所体现出的卓越创业技能之一，就是创造性地整合、转换和利用资源，尤其是那种能够创造持续竞争优势的战略资源，并由此成功地发现创业机会，推进创业过程向前发展。

例如，当初蒙牛创业初期，显性的资源几乎没有，也就是资金、奶源、厂房、销售渠道一无所有，后来牛根生和他的团队利用自己在伊利创建的人脉资源、信誉资源以及内部团队的智力资源等隐性资源，把各种显性资源一一整合起来，到了2009年年初，蒙牛实现增长575倍。

牛根生曾说：蒙牛的企业文化中有“4个98%”——资源的98%是整合，品牌的98%是文化，经营的98%是人性，矛盾的98%是误会。在这里，第一个98%就是资源整合，可见资源整合在创业资源开发中的重要性。

成功的创业者创造性地整合、转换和利用资源的途径一般有3种，即有效利用自有资源、创造性地拼凑资源和发挥资源的杠杆效应。在一些成功创业的案例中可以发现，有的创业资源在初创期可能是拼凑而来的，而在下一个阶段创业者则可能发挥资源的杠杆效应，或者使其兼具其他模式的特征。

5.2.1 有效利用自有资源

大部分创业者因为受到有限资源的约束，被迫寻找创造性的方式开发商机去建立企业，并推动企业的发展，学术界用“bootstrapping”一词来描述这一过程中创业者利用资源的方法。这个方法主要是指在缺乏资源的情况下，创业者分多个阶段投入资源，并且在每个阶段或决策点投入最小的资源，因此也被称为“步步为营法”。①

美国学者杰弗里·康沃尔（Jeffery Cornwall）指出，步步为营不仅是一种做事最经济的方法，而且是在有限资源的约束下获取满意收益的方法；不仅适用于小企业，同样适用于高成长企业和高潜力企业。

步步为营法的主要策略是成本最小化，设法降低资源的使用量，降低管理成本。但过分强调降低成本，会影响产品和服务质量，甚至会制约企业的发展。例如，为了求生存和发展，有的创业者不注重环境保护，或者盗用别人的知识产权，甚至以次充好。这样的创业活动尽管在短期内可能赚取利润，但就长期而言，它将会影响企业的发展。所以，需要有原则地运用成本最小化的步步为营法。

步步为营的策略还表现为自力更生，最大限度地减少对外部资源的依赖，最大限度地发挥创业者投在企业内部的资金的作用，目的是降低经营风险，加强对新创企业的控制。很多时候，步步为营不仅是一种做事最经济的方法，也是创业者在资源受限的情况下寻找实现企业理想目标的途径，更是在有限资源的约束下获取满意收益的方法。习惯于步步为营的创业者会形成一种审慎控制和管理的经营理念，这对企业的成长与向稳健成熟发展期过渡尤其重要。

在兼顾企业使命的情况下，创业者运用步步为营法时仍有很大可供选择的余地。例如，创业者可以通过申请政府创立的创业园或创业孵化器，享受那里的免费办公室，与其他创业者一起共享办公设备等，也可以利用兼职人员、招聘实习生。总之，在实现创业目标的过程中，创业者能够独辟蹊径地找到许多降低成本的方法。

5.2.2 创造性地拼凑资源

在创业情境下，资源约束是创业者面临的首要问题，大多数创业者都缺乏资源来开发创业商机。那么，创业者如何利用手头现有的、零散的、在他人看来没有什么价值的资源，富有创造力地构想资源的新用途，并且用它们来发现机会或支持初创企业的成长呢？

Baker，Nelson和Aldrich等学者在他们的早期创业研究中借用法国人类学家列维·斯特劳斯（Levi-Strauss，1967）在《野性思维》一书中提出的“拼凑”概念，对创业者和初创企业的资源拼凑行为进行了系统的研究。他们创建的创业资源拼凑理论从一个全新的视角来认识现实中不同类型的创业过程，同时也对创业者在资源利用方面的战略行为特征进行了深刻的解读和生动的描述。

创造性地拼凑资源

资源拼凑理论在自身的发展过程中形成了三个核心概念，即“凑合利用”“突破资源约束”和“即兴创作”。这三个概念都与资源紧密相关，从不同

① 张玉利等．创业管理（第3版）．北京：机械工业出版社，2013.

角度反映了创业过程的资源拼凑特点。具体而言，“凑合利用”是指利用手头资源来实现新的目的和开发新的商机，重在对资源的创新性利用；“突破资源约束”是指创业者拒不向资源、环境或者制度约束屈服，积极主动地突破资源传统利用方式的束缚，利用手头资源来实现创业目标，因而凸显了创业者在资源拼凑过程中表现出来的创新意识以及创造创业价值所必需的可持续创业能力；而“即兴创作”与前面两个概念紧密相关，是指创业者在凑合利用手头资源、突破资源约束的过程中必须即兴发挥，创造性地使决策和行动同时进行。

创业案例

5-1　拼凑“苍蝇”，臭芒果花也能完成授粉

芒果开花有异味，海南的芒果园每到开花季节就臭气熏天，导致蜜蜂“拒绝”前来授粉。一直以来，芒果园主要依靠人工授粉，但这种方法成本极高，而且速度慢，满足不了芒果花花期的授粉要求。

芒果园的果农想尽各种办法吸引蜜蜂，先是用糖水引蜂但没有成功，后来通过给蜂农补贴，把蜂箱搬到园里，强迫蜜蜂授粉，结果证明还是不行。就在果农心灰意冷时，科学院的专家帮忙想出了一个“拼凑”创新的好点子。

专家建议果农收集农贸市场的渔业垃圾，撒在树干和树下，臭鱼烂虾引来了苍蝇。苍蝇虽然不会授粉，但它在叮芒果树上的臭鱼烂虾时，腿上的绒毛沾满花粉，最终在树干间飞来飞去完成授粉。花期结束后，果农对这些臭鱼烂虾进行了填埋处理，还顺便解决了施肥问题。

评析

这是物质资源拼凑的一个典型成功案例，不花一分钱，果农利用了苍蝇和臭鱼烂虾两种厌弃性资源，将它们重新组合后，产生授粉和施肥两大效果。不得不说，这是授粉的创新，而且是一种集约型的、值得推广鼓励的创新。

综上所述，创造性地拼凑不是凑合，而是在资源约束条件下，创业者为了解决新问题，开发新商机，整合手边现有资源，创造出独特的服务和价值。实现创造性拼凑需要3个关键要素：身边有可用的资源、整合资源实现新的目的和凑合使用。

1．身边有可用的资源

善于进行创造性拼凑的人常常拥有一批“零碎”，它们可以是物质，也可以是一门技术，甚至可以是一种理念。这些资源常常是免费的或廉价处理品。在他人眼里，它们一文不值，最多像一根鸡肋。

身边的已有资源经常是慢慢积攒下来的。拥有它们时创业者也许并不十分清楚它们的用途，或是基于一种习惯，或是抱有“也许以后用得着”的想法。而那些根据当前项目的需要，经过仔细调研而获得的资源，不属于身边资源的范畴。综观成功的企业家，会发现他们很多都是拼凑高手，能将身边的“破铜烂铁”“妙手回春”，改造为早期的设备。

3个关键要素

此外，很多高新技术企业的创业者并不是科班出身，只是出于兴趣或其他原因，对技术略知一二。但后来，往往就是凭借这个“一二”，创业者能够敏锐地发现机会，并将这一身边资源迅速转化成生产力。我国计算机行业老大联想的掌门人柳传志毕业于军校，专业是雷达系统，他并不是计算机专业科班出身，但在中科院计算机研究所工作期间耳濡目染的一些相关知识，成

为他日后掌舵联想的重要基石。

2．整合资源实现新的目的

拼凑的另一个重要特点就是为了其他目的重新整合已有资源。市场环境日新月异，对企业是挑战也是机遇。环境的变化使新问题层出不穷，但同时机会也接踵而至。但机会转瞬即逝，任何企业的资源结构不可能适合所有的情况，也没有企业总是能够在第一时间找到合适的新资源。于是，整合手边已有的资源，快速应对新情况，成为企业“保卫阵地，抢占制高点”的利器。这些资源可能是藏在仓库中的废旧物资，也可能是旁人弃之如敝屣的二手货。拼凑者用一双善于发现的眼睛来洞悉身边资源的各种属性，将它们创造性地整合起来，开发新商机，解决新问题。同时，这种整合往往不是事先仔细计划好的，而是具体情况具体分析、“摸着石头过河”的产物。

3．凑合使用

出于成本和时间的考虑，创造性拼凑的载体常常是身边的一些废旧资源。这种先天不足从一开始就注定了拼凑出的东西品质有限。将就意味着拼凑者需要突破固有观念，忽视正常情况下人们对资源和产品的常规理解，有意识且持续地试探一些惯例的底线，坚持尝试突破，并承担随之而来的后果。完美主义者或怯于承担风险的人常常难以忍受，因为拼凑的东西会事故频发，需要一次次地尝试，一次次地矫正，然后才能满足企业的基本需求。但在资源束缚的条件下，创业者除了将就，还有别的选择吗？何况，拼凑有时候就是在一个个不完美中逐渐蜕变出辉煌。

对于新业务，创造性拼凑的3种要素往往同时出现，从而使企业资源结构独树一帜。由此可见，创造性拼凑的3种要素能形成合力，创造出一种强有力的机制，让贫瘠的土地盛开出绚丽的“生命之花”。

创业案例

5-2　做中国最大的“花瓣生意”

● 独辟蹊径卖“花瓣”

1988年，陈妍出生在安徽省合肥市。大学刚毕业时，她在家乡接手了一间花店。因为花店行业竞争激烈，她一直惨淡经营着。

2009年的一天，她去参加朋友的婚礼，新娘出场时从空中撒下了五颜六色的塑料花瓣。“为什么不用鲜花花瓣，那样岂不是更显得浪漫？”陈妍很纳闷。婚礼结束后，她追问新娘，对方说：“塑料制品的造价比鲜花低廉，鲜花那么贵，整场婚礼撒下来得多少钱？”

有没有买到便宜花瓣的渠道呢？陈妍琢磨着。

创业案例

第二天，一家刚开业的饭店把为庆典而租借的8个大花篮拉回到陈妍的小店。她想：自己的花店经常对外出租花篮，每次收回后，她和所有的同行一样，都把这些鲜花扔进了垃圾箱。如果能把残花的花瓣收集起来，转手卖给婚庆公司，在婚礼上下起真正的“花瓣雨”，岂不是能变废为宝？

陈妍说干就干。她将所有使用过的鲜花收集起来，把那些完整的、色泽鲜艳的花瓣一片一片撕下，再按不同颜色分门别类地装进塑料袋：粉红色的月季、紫色的风信子、火红的玫瑰……看着一袋袋散发着清香的花瓣，陈妍仿佛看到了美好的未来。

● 婚礼“花瓣雨”飘来芬芳财富

陈妍带着花瓣，到婚庆公司推销。每千克不超过200元的价格果然吸引了婚庆公司的关注，他们很愿意以每千克180元的价格长期向她收购。而一场婚礼有1千克花瓣就够了，新人也不会吝啬这点钱。

仅靠自己的花店，花瓣产量远远不够，陈妍便以每年2 000元的费用，与10多家花店签订了收购残花的协议。

囤积的花瓣一多，问题就出现了。新鲜花瓣最多只能保存两三天，而婚礼有时半个月才碰到一次，这样很多花瓣都白白地被浪费了。为了给花瓣保鲜，陈妍频繁地给它们洒水。婚庆公司很快收到客户的反馈意见："鲜花花瓣的水分重，向上一撒，马上就落到地面了，很难在空中产生出五彩缤纷的效果。"

如果把鲜花加工成干花瓣，既可以长期保存，又能减轻花瓣的重量，问题就解决了。陈妍查阅了很多资料，最终借助制作葡萄干的室内自然风干法，成功地让新鲜花瓣变成了干花瓣。由于3千克新鲜花瓣风干后只能得到1千克干花瓣，她把价格提高到了每千克580元。

这些散发着淡淡清香的干花瓣，很快就赢得了新人们的喜爱。有一位女白领说："婚礼现场，当五彩花瓣在空中划着优美的弧线飘落时，我感觉自己就是童话中的公主……"

由于"花瓣生意"越来越好，2010年初，陈妍索性不再做鲜花生意，把店名也改成了"花瓣专卖店"。

● 做中国最大的"花瓣生意"

因为好多年轻人喜欢用干花瓣来装饰房间，陈妍又有了新灵感：何不将干花瓣做成小工艺品，拿到精品店和超市去销售呢?

经过市场调查，她发现干花瓣作为工艺品出售，在安徽乃至全国的市场上还没有先例。很快，她就订购了大小不一的漂亮工艺瓶，然后以"星座幸运花"为销售主题，分门别类地进行组合，销售给有兴趣的顾客。

产品打入超市和精品店后，销售势头也极为火爆。2010年6月，陈妍干脆成立了一个小型加工厂，让工人们大批量制作"花瓣瓶"。

有个外地顾客在合肥买了一件干花工艺品，喜爱得不得了，她身边的好多朋友也都喜欢这件干花工艺品，于是她便打电话给陈妍，问能不能给她快递几个"花瓣瓶"。看到省外的市场这么广阔，陈妍就在网上开展了"婚礼鲜花瓣"和"时尚花瓣瓶"的批发业务。

2011年8月，陈妍注册成立了"花之恋商贸有限公司"，一边加工和销售经典产品，一边研发新产品。3个多月后，陈妍的公司生产的袋装花瓣浴、花瓣茶、花瓣面膜等产品成功打入市场。这些打着"泡出健康""喝出体香""敷出美颜"宣传口号的新产品，已成为白领女性的最爱。

到2013年2月，25岁的陈妍已经拥有了上百万元的资产。

（资料来源：大学生创业网）

评析

陈妍独具慧眼，善于利用身边现有、零散、在他人看来没有什么价值的资源——花瓣，富有创造力地开发出新的创业机会，变废为宝，创造出独特的服务和价值，从而获得了财富。

5.2.3 发挥资源的杠杆效应

资源的杠杆效应是指以最小的付出获取最大收获的现象，通常有以下表现形式。

第一，利用一种资源换取其他资源。

第二，创造性地利用别人认为无用的资源。

第三，能够比别人有更长的时间占用资源。

第四，借用他人或其他公司的资源来达成创业者自身的目的。

第五，用一种富裕资源弥补一种稀缺资源，使其产生更高的附加值。

杠杆效应对推动创业活动具有重要的意义，因此创业者要在创业过程中训练自己发挥资源杠杆效应的能力。

对于创业者来说，由于初期资金缺乏、时间紧迫，最容易产生杠杆效应的资源就是创业者自身的素质和能力以及社会资源等非物质资源。就创业者的素质与能力来说，如果创业者具有能够识别一种没有被完全利用的资源的能力、将某种资源运用于特殊方面的能力及说服资源拥有者让渡使用权的能力，这都能使资源发挥出杠杆效应。

就社会资源的杠杆效应来说，社会资源存在于社会结构之中，为人们进行交易、协作提供了便利。在外部联系人之间，社会交往频繁的创业者所获取的相关商业信息更加丰富，这有助于提升创业者对特定商业活动的深入认识和理解，从而使创业者更容易识别出常规活动中难以被其他人发现的顾客需求，进而更容易获得财务和物质资源——这正是其杠杆作用所在。

5.3 » 创业融资

创业名言

创业的过程，实际上就是恒心和毅力坚持不懈的发展过程。

——李嘉诚

5.3.1 关于创业融资

1．创业融资的概念

创业融资是指初创企业根据自身发展的要求，结合生产经营、资金需求等现状，通过科学的分析和决策，借助企业内部或外部的资金来源渠道和方式，筹集生产经营和发展所需资金的行为和过程。

从狭义上讲，融资是一个企业的资金筹集的行为与过程，是企业依据自身的生产经营状况、资金拥有状况，以及未来经营发展的需要，通过科学的预测和决策，采用一定的方式，从一定的渠道向企业的投资者和债权人去筹集资金，组织资金的供应，以保证企业正常生产需要、经营管理活动需要的理财行为。

从广义上讲，融资也叫金融，也就是货币资金的融通，不仅包括资金的融入，也包括资金的运用，即包括狭义金融和投资两个方面。

2．创业融资的重要性

对创业者来说，创业融资具有非常重要的意义，主要表现在以下四个方面。

（1）创业融资是创业者及时抓住创业机会的重要手段。共青团中央2011年7月公布的一项调查数字显示，2010年全国本科毕业生中，自主创业的比例仅占0.9%。与国外大学生10%～20%的创业率差距非常大。原因何在？据有关调查，80.1%的大学生认为“缺乏启动资金”是创业最大的障碍。

（2）创业融资是初创企业生存发展的基础。如果把企业比喻成一辆汽车的话，那么资金就是使企业这辆汽车开动起来的汽油。资金不仅是企业生产经营过程的起点，更是企业生存与发展的基础。企业资金链的断裂很可能导致企业破产。

（3）合理融资有利于降低创业风险。初创企业使用的资金，是从各种渠道借来的，都有一定的资金成本。因此，合理选择融资渠道和融资方式，有利于降低资金成本，将初创企业的财务风险控制在一定范围之内。

（4）科学的融资决策有利于企业的可持续发展，为初创企业植入“健康的基因”，保证企业的健康持续发展。

3．创业融资的过程

（1）做好融资前的准备。市场经济条件下，个人诚信是无形资产，它能有效拓展获取各种资源的渠道。此外，创业者需要广泛搭建人脉，与现实和潜在的资金提供者建立和发展良好的融资关系。

（2）计算创业所需资金。在筹集资金之前，要运用科学的方法测算出创业所需的资金量。

（3）编写创业计划书。编写好创业计划书不仅有助于企业通盘考虑创业启动阶段所需的资金量，还具有帮助其获得风险投资支持的不可替代的作用。

（4）选择合适的融资方式与融资渠道。

4．创业融资难的原因

（1）不确定性。根据清华大学中国创业研究中心GEM（全球创业观察）项目的研究成果，市场变化大是我国创业环境的重要特征。

市场变化大，一方面意味着有更多的创业机会，另一方面则意味着创业活动本身面临非常大的不确定性，因而创业过程中存在诸多风险。

（2）信息不对称。一般而论，创业者比投资者对于市场创业项目、自身能力、创新水平与市场前景更加了解，处于信息优势地位。与创业者相比，投资者则处于相对信息劣势的地位。银行惜贷说到底是为了逃避风险，而风险的根源就是信息不对称。

5.3.2 创业所需资金的测算

正确测算创业所需资金有利于确定筹资数额，降低资金成本。在测算创业所需资金之前，先要了解创业资金的分类。

1．创业资金的分类

按照资金投入企业的时间可将创业资金分为投资资金和营运资金。

（1）投资资金

投资资金发生在企业开业之前，是企业在筹办期间发生各种支出所需要的资金。投资资金包括企业在筹建期间为取得原材料、库存商品等流动资产投入的流动资金；购建房屋、建筑物、机器设备等固定资产，购买或研发专利权、商标权、版权等无形资产投入的非流动资金；以及在筹建期间发生的人员工资、办公费、培训费、差旅费、印刷费、注册登记费、营业执照费、市场调查费、咨询费和技术资料费等开办费用所需资金。

（2）营运资金

营运资金是从企业开始经营之日起到企业能够做到资金收支平衡为止的期间内，企业发生各种支出所需要的资金，是投资者在开业后需要继续向企业追加投入的资金。企业从开始经营到能够做到资金收支平衡为止的期间称为营运前期。营运前期的投入资金一般主要是流动资金，既包括投资在流动资产上的资金，也包括用于日常开支的费用性支出所需资金。

初创企业开办之初，企业的产品或服务很难在短期内得到消费者的认同，企业的市场份额较小且不稳定，企业难以在企业开业之时就形成一定规模的销售额；而且，在商业信用极其发达的今天，很多企业会采用商业信用的方式开展销售和采购业务。赊销业务的存在，使企业实现的销售收入的一部分无法在当期收到现金，从而现金流入并不像预测的销售收入一样多。规模较小且不稳定的销售额，以及赊销导致的应收款项的存在，往往使销售过程中形成的现金流入在企业开业后相当长的一段时间内，无法满足企业日常的生产经营需要，从而要求创业者追加对企业的投资，形成大量的营运资金。

营运前期的时间跨度往往依企业的性质而不同，一般来说，贸易类企业可能会短于一个月；制造企业则包括从开始生产之日到销售收入到账这段时间，可能要持续几个月甚至几年；不同的服务类企业其营运前期的时间会有所不同，可能会短于1年，也可能会比1年要长。

在很多行业，营运资金的需求要远远大于投资资金的需求。对营运资金重要性的认识，有利于创业者充分估计创业所需资金的数量，从而及时、足额筹集资金。

2．投资资金的测算

为了保证公司能对创业投资资金进行准确的估算，创业者需要具备丰富的企业管理经验，以及对市场行情的充分了解。为了较为准确地估算出自己的创业投资资金，创业者需要分类列表，而且越详细越好。一个可靠的办法就是集思广益，想出你所需要的一切，从有形的商品（如场地、库存、设备和固定设施）到专业的服务（如装潢、广告和法律事务等），分门别类，然后就可以开始逐项测算创业启动所需要支付的费用了，其范围包括新创企业开业之前固定资产的投入、流动资金以及开办费等，如表5-1所示。

表5-1　投资资金估算表

序号	项目	数量	金额（单位：元）
1	房屋、建筑场地		
2	设备		
3	办公家具		
4	办公用品		
5	员工工资		
6	创业者工资		
7	市场调查费用		
8	房屋租金		
9	购买存货/原材料		
10	营销费用		
11	水电费、电话费		
12	保险费		
13	设备维护费		
14	员工培训费		
15	开办费		
……	……		
	合计		

3．营运资金的测算

营运资金是指新创企业从开业后到盈亏平衡前，为保证日常正常运转所必不可少的周转资金。广义的营运资金又称总营运资本，是指一个企业投放在流动资产上的资金，具体包括现金、有价证券、应收账款、存货等占用的资金；狭义的营运资金是指某时点内企业的流动资产与流动负债的差额。营运资金通常在一个运营周期内就可以收回，可以通过短期资金解决，创业者一般至少要准备企业开办头6个月所需的营运资金。营运资金的测算步骤如下。

第一步：测算新创企业的营业收入

测算营业收入是制订财务计划、编制预计财务报表的基础，新创企业无既往销售业绩可供参照，创业者只能依据市场调查、销售人员意见综合、专家咨询，甚至同类初创企业的销售量等，来预测月度、季度乃至年度的销售量，再根据定价估算出营业收入。创业者可以通过表5-2来进行营业收入的预测。

表5-2　营业收入预测

企业名称：＿＿＿＿＿＿＿　　　　　　　　年　　　　　　　　　　单位：元

项目		1	2	3	4	5	6	…	*n*	合计
产品一	销售数量									
	平均单价									
产品一	销售收入									
产品二	销售数量									
	平均单价									
	销售收入									
……	……									
合计	销售总收入									

第二步：编制预计利润表

利润表又称为损益表，是反映企业在一定时期内经营成果的会计动态报表，如表5-3所示。其编制依据是“收入－费用＝利润”。预计利润表中的“收入”来源于营销策略中对销售收入的估计；“营业成本”是指企业对所销售商品或者提供劳务的成本的估算；“财务费用”来源于融资计划中负债资金的筹集金额及其利率；“销售费用”来源于营销策划中对于营销费用的估算；管理费用来源于费用预算。

表5-3　预计利润表

企业名称：＿＿＿＿＿＿＿　　　　　　　　年　　　　　　　　　　单位：元

项目	1月	2月	3月	4月	……	*n*
一、营业收入						
减　营业成本						
税金及附加						
销售费用						
管理费用						
研发费用						
财务费用						
其中：利息费用						
利息收入						
资产减值损失						
加：其他收益						
投资收益（损失以“—”号填列）						
其中：对联营企业和合营企业的投资收益						
以摊余成本计量的金融资产终止确认收益（损失以“—”号填列）						
净敞口套期收益（损失以“—”号填列）						
公允价值变动损益（损失以“—”号填列）						

续表

项目	1月	2月	3月	4月	……	n
信用减值损失（损失以“—”号填列）						
资产减值损失（损失以“—”号填列）						
资产处置收益（损失以“—”号填列）						
二、营业利润（亏损以“—”号填列）						
加：营业外收入						
减：营业外支出						
三、利润总额（亏损总额以“—”号填列）						
减：所得税费用						
四、净利润（净亏损以“—”号填列）						
（一）持续经营净利润（净亏损以“—”号填列）						
（二）终止经营净利润（净亏损以“—”号填列）						
五、其他综合收益的税后净额						
（一）不能重分类进损益的其他综合收益						
1. 重新计量设定收益计划变动额						
2. 权益法下不能转损益的其他综合收益						
3. 其他权益工具投资公允价值变动						
4. 企业自身信用风险公允价值变动						
……						
（二）将重分类进损益的其他综合收益						
1. 权益法下可转损益的其他综合收益						
2. 其他债权投资公允价值变动						
3. 金融资产重分类计入其他综合收益的金额						
4. 其他债权投资信用减值准备						
5. 现金流量套期储备						
6. 外币财务报表折算差额						
……						
六、综合收益总额						
七、每股收益						
（一）基本每股收益						
（二）稀释每股收益						

第三步：编制预计资产负债表

资产负债表也称财务状况表，是反映企业在一定时期内全部资产、负债和所有者权益的财务报表，是企业经营活动的静态体现。

资产负债表根据“资产＝负债＋所有者权益”这一会计等式，依照一定的分类标准和要求编制而成，是一种重要的财务报表。其最重要的功用在于确切地反映了企业的营运状况和企业需要外部融资的数额，如表5-4所示。

表5-4　预计资产负债表

企业名称：＿＿＿＿＿＿　　年　　单位：元

资　产	1	2	…	*n*	负债及所有者权益	1	2	…	*n*
一、流动资产					三、流动负债				
货币资金					短期借款				
交易性金融资产					交易性金融负债				
衍生金融资产					衍生金融负债				
应收票据					应付票据				
应收账款					应付账款				
应收款项融资					预收款项				
预付款项					合同负债				
其他应收款					应付职工薪酬				
存货					应交税费				
合同资产					其他应付款				
持有待售资产					持有待售负债				
一年内到期的非流动资产					一年内到期的非流动负债				
其他流动资产					其他流动负债				
流动资产合计					流动负债合计				
二、非流动资产：					四、非流动负债：				
债权投资					长期借款				
其他债权投资					应付债券				
长期应收款					其中：优先股				
长期股权投资					永续股				
其他权益工具投资					租赁负债				
其他非流动金融资产					长期应付款				
投资性房地产					预计负债				
固定资产					递延所得税负债				
在建工程					其他非流动负债				
生产性生物资产					非流动负债合计				
油气资产					负债合计				

续表

资产	1	2	…	*n*	负债及所有者权益	1	2	…	*n*
使用权资产					五、所有者权益（或股东权益）：				
无形资产					实收资本（或股本）				
开发支出					其他权益工具				
开发支出					其中：优先股				
商誉					永续股				
长期待摊费用					资本公积				
递延所得税资产					减：库存股				
其他非流动资产					其他综合收益				
非流动资产合计					专项储备				
					盈余公积				
					未分配利润				
					所有者权益（或股东权益）合计				
资产总计					负债和所有者权益（或股东权益）总计				

5.3.3 创业融资的方式

1．内部融资和外部融资

内部融资是指企业依靠其内部积累进行的融资，具体包括3种方式：资本金、折旧基金转化为重置投资和留存收益转化为新增资本。内部融资具有原始性、主动性、低成本性和抗风险性等特点。

外部融资是指企业通过一定方式从外部融入资金，包括银行借款、发行债券、融资租赁、商业信用等负债融资方式，以及吸收直接投资、发行股票等权益融资方式。外部融资具有高效性、灵活性、大量性和集中性等特点。

2．直接融资和间接融资

直接融资是指资金供求双方直接融通资金的方式，是资金盈余单位在金融市场购买资金短缺单位发行的有价证券，如商业汇票、债券和股票等。另外，政府拨款、占用其他企业资金、民间借贷和内部集资也属于直接融资的范畴。直接融资具有直接性、长期性、不可逆性（股票融资无须还本）和流通性（股票和债券）等特点。

间接融资是指企业通过金融中介机构间接向资金供给者融通资金的方式。它由金融机构充当信用媒介来实现资金在盈余单位和短缺单位之间的流动，具体的交易媒介包括货币和银行存款及银行汇票等。另外，“融资租赁”“票据贴现”也属于间接融资。间接融资具有间接性、集中性、安全性和周期性等特点。

3．股权融资和债权融资

股权融资包括创业者自己出资、争取国家财政投资、与其他企业合资、吸引投资基金投资及公开向市场募集发行股票等。自己出资是股权融资的最初阶段，发行股票是股权融资的最高阶段。股权融资的特点在于引入资金无须偿还引入的资金，不需要支付利息且不必按期还本，但需按企业的经营状况支付红利。当企业引入新股东时，企业的股东构成和股权结构将会发生变化。

债权融资包括向政府、银行、亲友、民间借贷和向社会发行债券等。向亲友借贷是债权融资的最初阶段，发行债券是债权融资的最高阶段。债权融资的特点是融资企业必须根据借款协议按期归还本金并定期支付利息，债权融资一般不影响企业的股东及股权结构。

5.3.4 创业融资的渠道

融资渠道即企业筹措资金的方向和通道，体现了资金的来源。对于创业者来说，能否快速、高效地筹集资金，是初创企业站稳脚跟的关键，更是实现二次创业的动力。目前国内创业者的融资通道较为单一，主要是依靠银行等金融机构。而实际上，私人资本融资、机构融资、政府的创业扶持基金风险投资和创业板上市融资等都是不错的创业融资渠道。

1．私人资本融资

私人资本融资包括自我融资、亲朋好友融资和天使投资。

（1）自我融资。自我融资是指创业者将自己的部分甚至全部积蓄投入新企业创办之中。研究发现，70%的创业者依靠自己的资金为新企业提供融资。个人资金具有使用成本低、得来容易和使用时间长的优势。其他投资者在提供资金支持时，也会考虑创业者个人资金投入的情况。

（2）亲朋好友融资。亲戚、朋友一般都是创业者理想的贷款人，许多成功创业人士在创业初期都借用过亲戚或朋友的资金。

（3）天使投资。天使投资是自由投资者或非正式风险投资机构对处于构思状态的原创项目或小型初创企业进行的一次性前期投资。天使投资虽是风险投资的一种，但两者有着较大差别：天使投资是一种非组织化的创业投资形式，其资金来源大多是民间资本，而非专业的风险投资商；天使投资的门槛较低，有时即便是一个创业构思，只要有发展潜力，就能获得资金。而风险投资一般对这些尚未诞生或嗷嗷待哺的“婴儿”兴趣不大。

在风险投资领域，“天使”这个词指的是企业家的第一批投资人，这些投资人在公司产品和业务成型之前就把资金投进来。天使投资人通常是初创企业家的朋友、亲戚或商业伙伴，由于他们对该企业家的能力和创意深信不疑，因而愿意在业务远未开展之前就投入大笔资金。

天使投资具有以下特征。

① 天使投资的金额一般较小，而且是一次性投入，它对企业风险的审查也不严格，更多是基于投资人的主观判断或者是由个人的好恶所决定的。通常天使投资是由一个人投资的，并且是见好就收，是个体或者小型的商业行为。

② 很多天使投资人本身就是企业家，了解创业者面对的难处，是起步公司的最佳融资对象。例如在硅谷，相当多的天使投资人是那些成功创业的企业家、创业投资家或者大公司的高层管理者，他们不仅拥有一定的财富，而且还有经营理财或者技术方面的特长，对市场、技术有敏锐的洞察力。

③ 天使投资人不但可以带来资金，同时也能带来关系网络。如果他们是知名人士，还可提高公司的信誉。天使投资往往是一种参与性投资，也称为增值型投资。

一般而论，一个公司从初创期到稳定成长期，需要三轮投资。第一轮投资大多是来自于个人的天使投资，作为公司的启动资金；第二轮投资往往会有风险投资机构进入，为产品的市场化注入资金；而最后一轮投资则基本是上市前的融资，来自于大型风险投资机构或私募基金。

牛根生在伊利期间因为订制包装制品时与谢秋旭成为好友。当牛根生自立门户之时，谢秋旭作为一个印刷商人，慷慨地掏出现金注入初创期的蒙牛，并将其中的大部分股权以“谢氏信托”的方式“无偿”赠与蒙牛的管理层、雇员及其他受益人，而不参与蒙牛的任何管理和发展规划。最终谢秋旭也收获不菲，380万元的投入变成了10亿元。

2．机构融资

（1）商业银行贷款。在我国，中国工商银行、中国农业银行、中国银行、中国建设银行、中国交通银行等国有商业银行，中国光大银行、民生银行、招商银行、深圳发展银行、上海浦东发展银行等股份制商业银行以及各级农村信用社是创业者获得银行贷款的重要来源。

商业银行不提供股权资本，主要提供短期贷款，但也提供中长期贷款和抵押贷款。

目前，我国商业银行推出的个人经营类贷款对于创业者非常适合，包括个人生产经营贷款、个人创业贷款、个人助业贷款、个人小型设备贷款、个人周转性流动资金贷款等。

（2）担保机构融资。担保机构融资是指企业根据合同约定，由依法设立的担保机构以保证的方式为债务人提供担保，在债务人不能依约偿还债务时，由担保机构承担合同约定的偿还责任，从而保障银行债权实现的一种金融支持方式。

担保机构主要解决中小企业融资难的问题。

1993年11月，财政部和国家经济贸易委员会联合组建中国经济技术投资担保公司，并于1994年3月正式投入运营；2003年出台《中华人民共和国中小企业促进法》，鼓励各种担保机构为中小企业提供信用担保；2012年5月，财政部、工业和信息化部出台《中小企业信用担保资金管理办法》，推进了信用担保机构的规范化。

担保机构融资的程序与要求如下。

① 担保融资的程序。有担保需求的企业应首先选择担保公司并提出担保申请，担保公司对申请企业进行调查后，会要求企业提供反担保。经担保公司审批同意后，企业就可按正常程序向商业银行申请贷款，而由担保公司提供担保。

② 担保融资的条件。担保公司对客户的一般要求是：在行业内具有比较优势（只要能领先别人一步就行）；健康、稳健、诚信、有持续经营能力；有还本付息能力。

③ 担保融资注意事项。担保公司是经营信用的企业，在其所面临的风险中，最突出、最不可控制的是企业的信用风险，因此担保公司非常看重企业及其老板以往的信用记录。

所以，创业者应当未雨绸缪，在创业起步时就要注重诚信建设和企业声誉，并尽早同担保公司建立联系，加强沟通，增进了解，使初创企业在担保公司有初步的信用资料。一旦创业者有担保需求，其良好的信用就可以大大缩短担保公司的工作时间，为企业抓住商机提供保障。

3．政府的创业扶持基金

由政府主导的创业扶持基金不但能为企业带来现金流，更是企业壮大无形资产的利器。

政府提供的创业扶持基金通常被称为创业者的“免费皇粮”。近年来，政府充分意识到创业对促进经济增长、扩大就业容量和推动技术创新有着非常重要的作用，为此，各级政府相继设立了一些政府基金对创业予以支持，主要包括科技创新基金、政府创业基金、专项基金等。

政府提供的创业基金通常被所有创业者高度关注，其优势在于利用政府资金不用担心投资方的信用问题；而且，政府的投资一般都是免费的，进而降低或免除了创业者的筹资成本。但申请创业基金有严格的申报要求；同时，政府每年的投入有限，筹资者须面对其他筹资者的竞争。

4．风险投资

创业投资也叫“风险投资”（Venture Capital，VC），是指投资者在初创企业发展初期投入风险资本，待其发育相对成熟后，通过市场退出机制将所投入的资本由股权形态转化为资金形态，以收回投资，取得高额风险收益。

由于高新技术企业与传统企业相比更具备高成长性，所以风险投资往往把高新技术产业作为主要投资对象。在美国，70%以上的创业资本投资于高新技术领域，解决了高新技术产业化过程中的“瓶颈”问题。

1946年，美国波士顿联邦储备银行行长弗兰德斯和哈佛大学教授多里奥特发起成立世界上第一家真正意义上的风险投资公司——美国研究与发展公司（American Research＆Development，ARD）。它是首家专门投资于流动性差的新企业证券的公开募股公司。它的诞生是世界风险投资发展的里程碑。

ARD最著名的投资是1957年向数字设备公司的投资，ARD为数字设备公司提供了7万美元的风险资本和3万美元的贷款。到1971年，这笔投资已经增值到3亿多美元。

5．创业板上市融资

创业板是指交易所主板市场以外的另一个证券市场，其主要目的是为新公司提供集资途径，助其发展和扩展业务。创业板市场最大的特点就是进入门槛低，运作要求严，这有助于有潜力的中小企业获得融资机会。

创业融资不只是一个技术问题，还是一个社会问题，创业者应从建立个人信用、积累社会资本、写好创业计划、测算不同阶段的资金需求量等方面做好准备。因此，突破创业融资束缚，可以提升整体创业的成功率，这需要政府、社会、高校等协调配合，形成合力，以期为创业融资乃至整个创业进程“保驾护航”。

思考与训练

1．思考并回答以下问题

（1）大学生创业可采取的融资方式有哪些?

（2）作为一名大学生，你认为在大学期间应该如何积累创业资源?

2．分析以下案例并回答问题

反思视美乐：钱并不一定是好东西

曾被誉为中国第一家高科技学生创业公司的视美乐，如今几乎销声匿迹。视美乐的创始人之一徐中对外公开表示：“我们几个人当初满怀理想创立了视美乐，希望三五年能够上市，20年能发展成为中国的索尼、爱普生。现在，公司已不是当初所想象的样子了，我们几个都转变了方向，可以说是壮志未酬。”

1999年3月，邱虹云、王科和徐中3位清华学生靠打工挣的钱和朋友、家人的资助，筹集50万元注册了公司。两个月后，上海第一百货商店股份有限公司与视美乐签订分两期注入5 250万元风险投资的协议，这是我国第一例本土化的风险投资案例，在资本市场引起了巨大轰动。

1999年12月，视美乐的专利产品——多媒体超大屏幕投影机试验成功。2000年4月25日，视美乐公司与青岛澳柯玛集团有限责任公司共同组建北京澳柯玛视美乐信息技术有限公司（简称“澳视公司”），注册资金3 000万元，双方各占50%的股份。原视美乐公司的主要技术人员全部进入澳视公司。

但是后来，青岛澳柯玛集团控股澳视绝大部分的股份，3位视美乐创始人只作为小股东存在，相继退出了公司管理层。对于过去的创业经历以及后来的退出，这些曾经的大学生创业者都不愿意再谈。而随着澳柯玛侵占上市公司资金案发的伤筋动骨，视美乐也从此一蹶不振。

（资料来源：新浪财经）

【问题】

1．视美乐融资失败的原因是什么？对你有什么启发?

2．你认为初创企业应该如何策划融资方案?

第6章

商业模式的创新与设计

【学习目标】

通过学习本章的内容，学生能理解商业模式的概念，掌握商业模式的设计方式，学会用商业模式画布为自己的企业设计创新的商业模式。

【学习重点与难点】

重点：商业模式的定义、商业模式画布的九大模块

难点：商业模式的类型、商业模式的设计方法和思路

案例分析

6-1 "要想赚大钱，就要颠覆已有的规则"——360董事长周鸿祎

世界因互联网而更多彩，生活因互联网而更丰富。随着互联网的快速发展，网络病毒也日益猖獗，每个网民的网上"生活"都离不开杀毒软件。很多杀毒软件采用的推广模式是，首先让消费者体验免费的杀毒软件，但免费期都是有限制的，免费期过后再使用软件就需要付费，相当于先体验后购买。可是，2008年7月17日，奇虎360科技有限公司（以下简称360公司）董事长周鸿祎却宣布360将推出免费的360杀毒软件，并承诺将提供永久的免费服务。此举犹如一石激起千层浪，网民们奔走相告，纷纷下载360杀毒软件，360杀毒软件迅速"抢占"了网民的计算机桌面，360杀毒软件正式发布仅3个月就成为杀毒软件下载量的第一名。截至2010年底，360杀毒软件的累计安装量超过3亿，用户覆盖中国网民的60%以上。

360免费杀毒软件的出现让其他杀毒软件企业陷入空前危机，在巨大的压力面前，各大杀毒软件企业针对360公司的免费策略，争相推出各种期限不同的免费服务。

360公司开启了杀毒软件免费使用的先河，甚至可以说它改写了杀毒软件行业的历史，使得免费杀毒软件成为个人用户市场的绝对主流，让网民从中获得了更多的优惠。传统的杀毒软件是靠出卖软件使用许可证赚钱的，那么360公司是如何在免费的前提下生存下来并实现盈利的呢？

课堂思考与讨论

1. 360 公司为什么要颠覆已有的模式，推出免费杀毒软件？
2. 360 公司依靠什么盈利？它的商业模式是什么？

6.1 » 关于商业模式

创业名言

最优秀的商业模式往往是最简单的、最容易与其他企业形成差别且易于实施的商业模式。

——马云（阿里巴巴集团创始人）

经营中最大的问题是，保持从前的商业模式不变……一年已经太长了。

——卢·普拉特（惠普公司 CEO）

过去十多年，计算机和通信技术的革命性突破，使信息化、网络化、虚拟化、数字化、全球化成为知识经济时代的基本特征，全球化商业平台的构筑不仅为企业运作模式提供了革命性的新功能，还全面降低了交易成本，削弱了传统企业的业务结构，使企业商业模式由此发生了根本转变。在新经济时代涌现出来的一大批明星企业，如微软、英特尔、戴尔、雅虎等，其迅速崛起的主要原因就在于，它们在各自的业务领域中创造和运用了一种与众不同的新商业模式。在成功企业的示范作用下，商业模式创新已成为国内外普遍关注的焦点，商业模式被视为统领技术、品牌、资本等内部资源，推动企

业发展的核心。大量企业试图谋求商业模式创新以提供差异化的产品和服务，为客户创造更多价值，尤其是在高技术产业领域，商业模式创新被赋予了比技术创新更重要的地位。那么，什么是商业模式呢？

6.1.1 商业模式的内涵与定义

商业模式是一个比较新的名词，虽然它第一次出现是在20世纪50年代，但直到20世纪90年代才开始被广泛使用和传播。尽管商业模式在国内外得到了学术界和企业界的高度重视，但目前对商业模式的含义和本质尚未达成广泛的共识。莫里斯等通过对 30 多个商业模式定义的关键词进行内容分析，指出商业模式的定义可分为三类，即经济类、运营类、战略类。

本书综合各类关于商业模式的定义，认为商业模式是企业在一定的动态环境中，为实现企业价值最大化，把能使企业运行的内外各要素整合起来，形成一个完整的高效率的具有独特核心竞争力的运行系统，并通过最优实现形式满足客户需求、实现客户价值，同时使系统达成持续赢利目标的整体解决方案，它包含了特定企业的一系列管理理念、方式和方法。商业模式是企业赖以生存的灵魂，通过识别、分析、评价企业的商业模式，可以较为系统、严格、全面地对一个企业的运营健康状况和赢利能力进行整体性的考查。

商业模式是一个企业创造价值的核心逻辑，描述了企业如何创造价值、传递价值、获取价值的基本原理。价值的内涵不仅只是创造利润，还包括为客户、员工、合作伙伴、股东提供的价值，以及在此基础上形成的企业竞争力与持续发展力。

创造价值就是公司提供的产品或者服务为特定消费群体带来的核心价值。例如，星巴克针对的消费人群是咖啡爱好者和白领，那么，星巴克的烘焙咖啡豆的醇香就是带给咖啡爱好者的价值，免费Wi-Fi和轻松的氛围是给白领提供的价值。

传递价值就是通过各种渠道让目标消费群知道产品或服务的价值。例如，Nike赞助体育明星，蒙牛赞助“超级女生”，999感冒灵少儿感冒药赞助“爸爸去哪儿”……通过赞助，这些品牌都成功、有效地吸引了目标消费群的注意。

获得价值是指尽可能地从为客户创造的价值中获取最大的回报。例如，吉列（Gillette）的剃须刀不贵，但需替换的一次性刀片价格很高，拥有剃须刀的人必须持续购买特定的刀片，厂家因而从中获取到了利益。

总之，商业模式是连接顾客价值与企业价值的桥梁，商业模式为企业的各种利益相关者，如供应商、顾客、其他合作伙伴、企业内的部门和员工等提供了一个将各方交易活动相互链接的纽带。一个好的商业模式最终能够成为获得资本和产品市场认同的独特企业价值。企业必须选择一个适合自己的、有效的商业模式，把各种有形和无形的资源都整合其中，并且随着客观情况的变化不断对其加以创新，这样才能获得持续的竞争优势。

6.1.2 商业模式创新的价值

商业模式建立在对外部环境、自身的资源和能力的假设之上，不同规模的企业、不同状态的企业、不同行业的企业、不同类型的企业有着不一样的商业模式，但这些商业模式又遵守着许多共同的商业规律。因此没有一个商业模式适用于任何企业，也没有一个商业模式永不过时。市场竞争的日趋激烈，行业内的企业出于对成功的相互模仿造成的“趋同”现象等，都要求企业对商业模式不断进行创新。

2004年，美国管理协会开展的一项研究发现，在改变世界的全球 50 家公司中，生存和发展依靠商业模式创新的有 31 家，占 62%；靠技术创新立足的有 14 家；另有 5家创新的贡献不明。《经济学人》信息部 2005 年进行的一项调查表明，半数以上的企业高管认为，企业要获得成功，商业模式创新比产品创新和服务创新更为重要；IBM 2008年对一些企业的CEO进行的调查结果表明，几乎所有接受调查的

CEO都认为其公司的商业模式需要调整，三分之二以上的人认为有必要进行根本性的变革。由此可见，越来越多的企业家、CEO以及企业高管认为，商业模式创新对于企业获得成功具有重要作用。

商业模式创新的商业价值，通常首先体现为收入的高速增长，并逐步过渡到利润高速增长阶段，我国很多上市企业都具有这样的特征，这些企业的收入和利润的几何增长率都创造了商业奇迹。表6-1中分别列举了一些具有典型代表意义的商业模式创新特征的企业的商业价值表现。

表6-1　商业模式创新的商业价值

公司名称	业务及经营模式	商业价值	
		5年收入几何增长率	利润几何增长率
百度	中文搜索	195.16	306.83
德信无线	手机软件和整机方案设计提供商	205.15	188.97
金融界	金融数据服务	92.43	183.47
携程网	网络订酒店及机票	74.83	153.04
九城关贸	B2C电子政务软件提供商	36.05	94.3
博迪森	复合肥系列、农药	77.93	94.07
飞鹤乳业	乳制品	81.8	85.84
美东生物	植物药（中药）	71.22	72.77
前程无忧	人力资源服务	43.35	39
分众传媒	楼宇广告	326.1	NA
掌上灵通	为手机用户提供手机无线增值服务	158.75	NA
均值		412.31	119.31

资料来源：BLOOMBERG，中信建投研究所.

6.2 » 商业模式画布

我们相信，在创造可持续的利润增长和创新的市场和业务上，商业模式创新是用得最少但最有用的方法。但是好的商业模式不是一股脑儿就可以想出来的，更多的是通过科学的工具和正确的方法进行分析和拆解，多次整合优化后才得出的结果。

虽然商业模式可以用不同的工具与形式来表达，但是我们需要一种用来描述商业模式、可视化商业模式、评估商业模式以及改变商业模式的通用语言，而商业模式画布就是一个通用的描述商业活动的参考模型。那么，商业模式画布是什么？

6.2.1 认识商业模式画布

认识商业模式画布

商业模式画布是一组战略管理和创业工具，能够描述、设计、质疑、发现和定位商业模式。对于企业家与创业者来说，这个由四百多位实践者共同开发的设计模板非常简单易用。

一个好的商业模式，必须能够较好地回答以下四个基本问题（见图6-1）。

（1）我们能为哪些客户提供产品和（或）服务？（客户细分）

（2）我们能为客户提供什么样的产品和（或）服务？提供什么（独特的）价值？（产品或服务）

（3）我们如何为客户提供这些产品和（或）服务？（基础设施）

（4）我们能够从为客户创造的价值中获取多少利润？收入多少？成本多少？（金融能力）

其实，这四个问题就涵盖了一个商业体的四个主要部分：客户、产品和服务、基础设施以及金融能力。一个完整的商业模式画布由九大模块构成，这九大模块可以展示出一家公司寻求利润的逻辑过程，如图6-2所示。

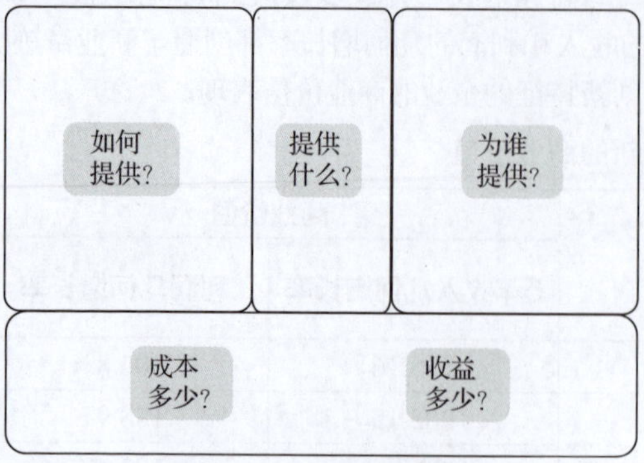

图 6-1 四个基本问题

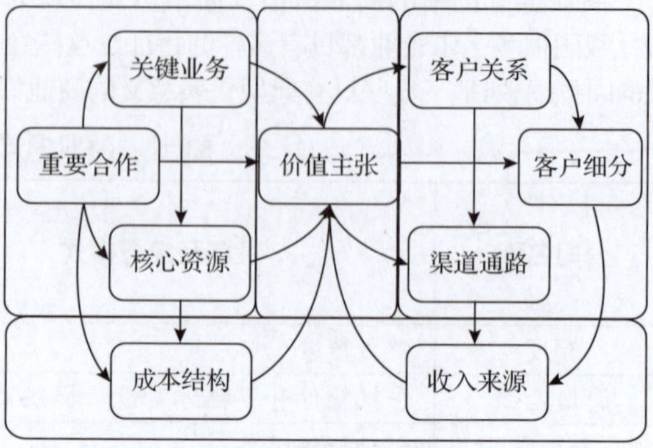

图 6-2 商业模式画布

6.2.2 商业模式画布的九大模块

商业模式画布的九大模块如图6-3所示。

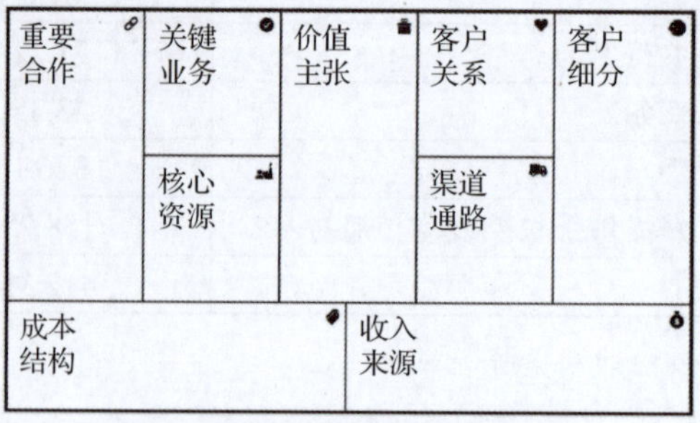

图 6-3 商业模式画布的九大模块

1．客户细分

客户细分这一模块描绘了一个企业想要获得的和期望服务的不同目标人群或机构。顾客目标群体即企业所瞄准的使用服务或购买产品的消费者群体。这些群体具有某些共性，从而使企业能够针对这些共性创造价值。定义消费者群体的过程也称为市场细分。商业模式从为谁做开始，先要明确我们正在为谁创造价值？谁是我们最重要的客户？

关于客户细分的详细介绍参见第9章“9.2.2 进行市场细分”的相关内容，这里不再赘述。

2．价值主张

价值主张这一模块描述的是企业通过其产品和服务为某一客户群体提供的独特价值。

价值主张

价值主张是客户选择一家公司而放弃另一家的原因，它能够解决客户的问题或满足其需求。每一个价值主张就是一个产品和（或）服务的组合，这一组合迎合了某一客户群体的要求。从这个意义上说，价值主张就是一家公司为客户提供的利益的集合或组合。

客户定位清晰后，需要回答关于价值主张的一系列问题。我们要向客户传递怎样的价值？我们需要帮助客户解决哪一类难题？我们需要满足客户的哪些需求？面向不同的客户群体，我们应该提供什么样的产品和服务的组合？

尼西奇公司的价值主张

第二次世界大战之后，日本的尼西奇公司把纸尿布推广到美国市场。原本尼西奇公司以为美国的年轻妈妈不习惯做家务活，讲究生活品质，希望拥有更多的闲暇时间。所以一开始，广告用语强调使用纸尿布更方便，可以省掉洗尿布的麻烦，结果该公司的纸尿布却无人问津。

经过调查，原因很快弄清楚了。年轻的妈妈们说，如果我用了方便的纸尿布，邻居和家人就会小看我，认为我是一个懒人，因为我偷懒，才让孩子用纸尿布。经过研究后，尼西奇公司终于弄清楚了：母爱是天性，关爱孩子是乐趣，顾客认为纸尿布有价值的地方并不是方便，而是它可以保护婴儿的皮肤。

于是，尼西奇重新调整了价值主张，这次强调"关爱"：公司提高了纸尿布的吸水性，用以保护婴幼儿的皮肤。最终尼西奇公司的纸尿布赢得了市场青睐，还曾经一度占据美国纸尿布市场70%的份额。

客户在购买产品与服务的时候依赖其思维判断。客户生活在社会当中，其思维判断不但取决于其本身愿望，还受到所处环境与社会关系的影响。虽然有时客户会明确表达其需求，但有时客户需求是只可意会不可言传的，因此在构建价值主张的时候，我们可以从客户五色思维的角度来分析其需求特性，特别是其内心深处的需求特性，进而推出满足客户需求的产品或服务价值，如表6-2所示。

表6-2　从客户五色思维导出价值主张

思维	需求特性	产品或服务的价值
生命思维	健康	有利于人的身心健康发展
	尝试	满足顾客从未感受和体验过的全新需求
	可持续	能源资源节约与环境友好
	低风险	帮助顾客抑制风险也可以创造顾客价值
批评思维	真实	依据事实进行判断与决策
	改变	不断改善产品和服务性能
	颠覆	对旧有模式的根本改变
设计思维	新颖	形式活泼而有活力
	简单	外观与形式简单明快
	设计	产品因优秀的设计脱颖而出
	便利性	使用起来更方便，也可以创造可观的价值
	实用性	操作起来更简单
经济思维	回报	能够帮助顾客获得更高回报
	价格	以更低的价格满足顾客需求
	成本低	帮助顾客削减成本是创造价值的重要方法
	可达性	让顾客容易掌握、理解并可以用之来完成目标
美学思维	感人	能够让顾客产生感动与共鸣
	定制化	以满足顾客个体或细分群体的特定需求
	品牌	顾客通过使用和显示某一特定品牌而展示身份
	自然	产品服务自然并让顾客感觉舒适亲切

3．渠道通路

要将一种价值主张推向市场，找到正确的渠道组合并以客户喜欢的方式与客户建立起联系显得至关重要。

渠道通路这一模块描述的是一家企业如何同它的客户群体达成沟通并建立联系，以向对方传递自身的价值主张。

与客户的交流、分销和销售渠道构成了一个企业的客户交互体系。每一个渠道都可划分为五个相互独立的阶段。每一个渠道都覆盖了其中几个或全部五个阶段。我们可以将渠道划分为直接渠道和间接渠道，或者划分为自有渠道和合作方渠道，如表6-3所示。

表6-3 渠道通路

<table>
<tr><th colspan="3">渠道类型</th><th colspan="5">渠道阶段</th></tr>
<tr><td rowspan="3">自有渠道</td><td rowspan="3">直接渠道</td><td>销售人员</td><td>1.知名度</td><td>2.评价</td><td>3.购买</td><td>4.传递</td><td>5.售后</td></tr>
<tr><td>网络销售</td><td rowspan="4">我们如何扩大公司产品和服务的知名度</td><td rowspan="4">我们如何帮助客户评价我们的价值主张</td><td rowspan="4">客户如何能够买到我们的某项产品和服务</td><td rowspan="4">我们如何向客户传递我们的价值主张</td><td rowspan="4">我们如何向客户提供售后支持</td></tr>
<tr><td>自有商铺</td></tr>
<tr><td rowspan="2">合作方渠道</td><td rowspan="2">间接渠道</td><td>合作方商铺</td></tr>
<tr><td>批发商</td></tr>
</table>

20世纪90年代以前，我们获得客户的唯一渠道是实体渠道，你需要到实体店铺接触销售人员。但是90年代中期开始，我们有了虚拟渠道，如网络、移动电话、云端等，面对这些渠道，你需要考虑的是你将如何去销售和运输你的产品。

思 考

客户希望以何种渠道与我们建立联系？我们现在如何去建立这种联系？我们的渠道是如何构成的？哪个渠道最管用？哪些渠道更节约成本？我们如何将这些渠道与日常客户工作整合在一起？

4．客户关系

客户关系模块描述的是一家企业针对某一个客户群体所建立的客户关系的类型。良好的客户关系是企业立足的根本。企业在其商业模式当中必须明确如何建立诚信的客户关系的问题。

思 考

我们的每一个客户群体期待与我们建立并保持何种类型的关系？我们已经建立了哪些类型的关系？这些关系类型的成本如何？这些客户关系类型与我们商业模式中的其他的模块是如何整合的？

5．收入来源

收入来源这一模块代表了企业从每个客户群体中获取的现金收益（须从收益中扣除成本得到利润）。

如果说客户构成了一个商业模式的心脏，那么收入来源便是该商业模式的动脉。一家企业需要自问，每个客户群体真正愿意为之买单的究竟是什么？成功地回答这一个问题可以使得企业在每一个客户群体中获得一两个收入来源。收入来源有以下几种方式。

（1）资产销售。最普遍被认知的收入来源就是实物产品所有权的出售。例如，淘宝网、京东平台通过网站销售电器、服装、床上用品等商品。汽车4S店销售汽车给消费者，消费者可以驾驶、转卖汽车。

（2）使用费。这一收入来源是因对某种具体服务的使用而产生的。对该服务使用得越多，消费者支付的费用就越多。例如，电信运营商根据用户使用电话的分钟数收费；宾馆根据客人房间使用天数收费；快递公司把包裹从某地投送到另一地，根据包裹的重量和运送距离向客户征收每个包裹的费用。

（3）会员费。这种收入来源是通过向用户销售某项服务持续的使用权限来实现的。例如，一个健身厅向用户销售月卡或年卡以限定会员对健身器材的使用时限；腾讯视频的用户通过缴纳会费获得VIP视频的观看权。

（4）租赁。这种收入来源产生于将某一特定资产在某一个时期专门供给某人使用并收取一定费用。对出租者而言，这种做法提供的是经常性收入。同时对于租赁者而言，只需要承担一个限定内的费用而无须承担整个所有权所耗费的成本。例如，天天租车公司为客户提供以小时计算的租车服务，这种服务使得许多人决定租车而不再购买汽车。

（5）许可使用费。这种收入来源产生于向用户授予某种受保护知识产权的使用权，并向其收取许可使用费。许可使用费使得资源持有者无须生产产品或进行任何商业化操作，而仅凭其对资源的所有权获得收益。在科技产业中，专利持有者将专利使用权提供给其他公司使用并收取专利使用费。

（6）经纪人佣金。这一收入来源产生于向双方或多方提供的中介服务。例如，银行发放信用卡，对每一笔交易向商家和持卡人按交易额度的一定百分比收取费用。房产中介或房产经纪人会因每次成功地促成了一对买家和卖家而获得佣金。

（7）广告费。这种收入来源产生于为某种产品、服务或品牌做广告的费用。传统的传媒业和活动策划的收入很大程度上依赖于广告上的收入。近些年其他产业，包括软件业和服务业，也开始更多地依赖于广告收入。

6．核心资源

核心资源也称为关键资源，这个模块描述的是保证一个商业模式顺利运行所需要的最重要的资产。核心资源决定了我们能够做什么？哪些可以做？哪些不可以做？

每一种商业模式都需要一些核心资源。这些资源使企业得以创造并提供价值主张，获得市场，保持与某个客户群体的客户关系并获得收益。不同类型的商业模式需要不同的核心资源。例如，一个微芯片制造商需要的是资本密集型的生产设备，而做微芯片的设计则更聚焦于人力资源。

核心资源可包括实物资源、金融资源、知识性资源以及人力资源。核心资源可以是自有的，也可以通过租赁获得，或者从重要合作伙伴处获得。

思 考

我们的价值主张需要哪些核心资源？我们的分销渠道需要哪些核心资源？客户关系的维系需要哪些核心资源？收入来源需要哪些核心资源？

7．关键业务

关键业务这个模块描述的是，为保障其商业模式正常运行所需做的最重要的事情。

每一个商业模式都有着一系列的关键业务。这些业务是一个企业成功运营所必须采取的最重要的行动。同核心资源一样，它们是企业为创造和提供价值主张，获得市场，维系客户关系以及获得收益所必需的。并且，同核心资源一样，关键业务也因不同的商业模式类型而异。例如，对于软件供应商微软公司而言，其关键业务就是软件开发。对于个人计算机生产商戴尔（Dell）而言，其关键业务还包含了供应链管理。

思 考

我们的价值主张需要哪些关键业务？我们的分销渠道需要哪些关键业务？客户关系的维系需要哪些关键业务？收入来源需要哪些关键业务？

8．重要合作

重要合作这个模块描述的是保证一个商业模式顺利运行所需要的供应商和合作伙伴网络。

有很多原因使得一家企业需要构建重要合作，而重要合作在许多商业模式中逐渐承担起基石的作用。企业通过建立联盟来优化自身的商业模式，以降低风险或者获得资源。

我们将重要合作分为以下四种不同的类型：

（1）非竞争者之间的战略联盟；

（2）竞争者之间的战略联盟；

（3）为新业务建立合资公司；

（4）为保证可靠的供应而建立的供应商和采购商的关系。

思 考

谁是我们的关键合作伙伴？谁是我们的关键供应商？我们从合作伙伴那里获得了哪些核心资源？我们的合作伙伴参与了哪些关键业务？

9．成本结构

成本结构描述的是运营一个商业模式所发生的最重要的成本总和。创造和传递价值、维护客户关系以及创造收益都会发生成本。在确定了核心资源、关键业务以及重要合作的情况下，成本核算就会变得相对容易，尽管有些商业模式相对于其他商业模式而言更加成本导向化。例如，所谓的廉价航空就是以低成本为核心建立了整个商业模式。

思 考

我们的商业模式中最重要的固有成本是什么？最贵的核心资源是什么？最贵的关键业务是什么？

诚然，成本最小化是每一个商业模式的诉求。但低成本结构在某些商业模式中会显得尤为重要。因此，可以将商业模式的成本结构宽泛地分为两个等级——成本导向型和价值导向型。

（1）成本导向型

成本导向型的商业模式聚焦于最大限度地将成本最小化。这种方式的目标在于创造并维持极精简的成本结构，采取的是低价的价值主张、自动化生产最大化以及广泛地业务外包。例如，廉价航空，如西南航空、易捷航空；经济型酒店，如宜家连锁酒店、七天连锁酒店，都是成本导向商业模式的典型代表。

（2）价值导向型

有些企业在商业模式设计中，不关注成本，而更多地关注价值创造。通常更高端的价值主张以及高度的个性化服务是价值导向型商业特点。例如，海底捞倡导为客户提供极致服务，豪华酒店的奢华的设施及专属的服务，都属于此范畴。

6.3 » 商业模式的类型

为了帮助创业者理解商业模式的动态，并在构建自己的商业模式过程中获得启发，下面介绍几种常见的商业模式类型。一个商业模式可由多种商业模式类型组成。在商业模式画布的标准格式下，我们将那些有着相似特征、相似商业模式模块设置或相似商业行为方式的商业模式归为一类，常见的商业模式类型有：长尾商业模式、多边平台商业模式、免费的商业模式和开放式的商业模式。当然，随着时间的推移，基于其他商业概念的新商业模式类型还会不断出现。

6.3.1 长尾商业模式

1．长尾的定义

长尾概念是由克里斯·安德森（Chris Anderson）首次提出的，用来描述如亚马逊公司、Netflix之类的网站的商业模式。它是指那些原来不受到重视的销量小但种类多的产品或服务由于总量巨大，累积起来的总收益超过主流产品的现象，如图6-4所示。

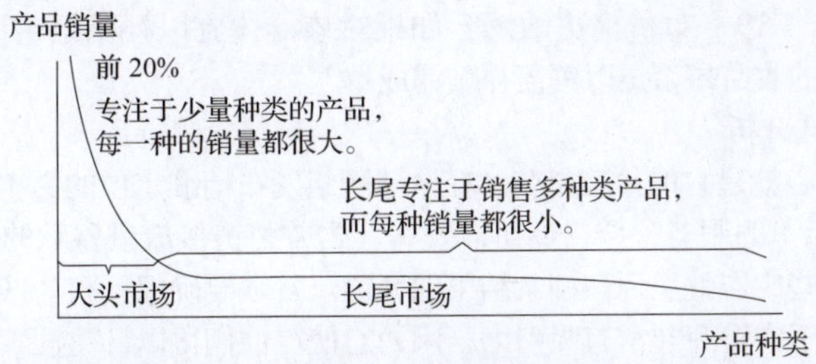

图 6-4 长尾理论

在互联网领域，长尾效应尤为显著。例如，在线录像租赁公司Netflix提供了大量小众电影的点播服务。虽然单个小众电影的出租次数相对较少，但Netflix的大量小众电影目录获得的总收益与大片租赁收益相当。再例如，在线拍卖网站eBay的成功就是基于大量的参与者针对少量的“非主流”单品的交易。

2．适用长尾理论的企业需要具备的特征

（1）该企业依托于网络技术，且网络技术使得企业的产品或服务的存储成本和传播流通的成本大大降低，即边际成本较低，甚至趋于零。

（2）企业的成功要建立在庞大的用户群的个性化需求的基础之上。

（3）个性化的需求定制和不断创新占据业务的主导地位。

6.3.2 多边平台商业模式

多边平台被经济学家称作多边市场，是一个重要的经济现象，它们存在了相当长的时间，近些年因为信息科技的崛起而数量激增。visa信用卡、微软视窗操作系统、《金融时报》、谷歌及 Facebook都是成功的多边平台的例子。那么多边平台到底是什么呢？

1．认识多边平台

多边平台是将两个或两个以上独立但相互依存的客户群体连接起来的平台。

这样的平台对于平台中某一群体的价值在于平台中其他客户群体的存在，它们通过充当连接这些群体的媒介而创造价值。以visa信用卡为例，它们将商家与持卡人连接；微软操作系统将硬件生产商、应用程序开发商与用户连接；亚马逊将书商和读者连接起来；大众点评网将商家与用户连接在一起。这些平台的关键在于同时吸引并服务所有的群体，以创造价值。平台对于单个用户群体的价值本质上取决于平台中“另一群体”的用户数量。一个电子游戏设备之所以会吸引人购买是因为在该平台上可获得足够多的游戏。另外，游戏开发商之所以会为某一个电子游戏设备开发新游戏也是因为已经有大量的玩家在使用它。因此，多边平台经常会面临一个“先有鸡还是先有蛋的”两难困境。

多边平台解决这个问题的一种方式就是向某一个客户群体发放补贴。尽管一个平台的运营成本来自向平台中的所有群体提供的服务，但运营者经常需要决定以低廉的或免费的价值主张来吸引某一个群体加入平台，以达到吸引平台的“另一群体”用户跟随着加入平台的目的。多边平台运营者面临的一个困难就是，弄清楚多边平台的众多“边”中，哪一“边”是需要给予补贴的，如何以合适的价格吸引他们。

举一个例子，《Metro》（都市日报）是一份免费的日报，发源于斯德哥尔摩，如今可以在全世界很多大城市看到。它发行于1995年，一开始发行就立即吸引了大量的读者，因为它的发行形式是在斯德哥尔摩的地铁站和巴士站向城市上班族免费发放。这使得它很快吸引了广告商并迅速开始盈利。另一个例子就是微软，它将Windows的软件开发套装免费发放以鼓励与其操作系统兼容的新的应用软件的开发。大量的应用软件吸引了更多的用户使用 Windows平台，从而增加了微软的收益。另外，索尼的PlayStation3游戏机是多边平台策略失败的例子。索尼为每一台游戏机提供补贴以期获得更多的游戏版权费。这一策略的效果很不理想，因为PlayStation3中游戏的售出量要低于索尼公司的预期。

因此，多边平台的运营者需要问自己几个问题：我们能够为我们平台的各个“边”的群体吸引足够数量的用户吗？哪一“边”对价格更敏感？如果对该群体施以补贴是否可以吸引到他们？另一“边”群体的加入创造的收益是否足以覆盖补贴的成本？

2．谷歌的商业模式分析

谷歌商业模式的核心就是它的价值主张：在全球网络发布精准定位的文字广告。通过一项叫作关键词竞价广告（Adwords）的服务，广告商可以发布广告并将链接放进谷歌的搜索页面。当人们使用谷歌的免费搜索时，这些广告就呈现在搜索结果的旁边。谷歌要确保只有与搜索关键词相关的广告会呈现出来。这项服务对于广告商非常有吸引力，因为它使得他们得以针对搜索内容和某一特殊人群量身打造在线广告语，尽管该模式只在许多人都选择使用谷歌搜索引擎的前提下有效。越多的人用谷歌搜索，越多的广告将被呈现出来，从而能为广告商创造的价值就越大。

谷歌对广告商的价值主张是否能实现，很大程度上依赖于网站吸引的用户数量。因此，谷歌为这个消费客户群体推出了强大的搜索引擎服务和日益增多的工具，如网络邮箱（Gmail）、谷歌地图和在线照片集（Picasa）等。为了进一步拓展搜索功能，谷歌设计了一项新的服务，使得谷歌广告商的广告可以在第三方网站的网页上呈现。这项服务叫作第三方内容变现服务（AdSense），即第三方在自己的网站上发布来自谷歌的广告，并从谷歌的广告收益中分得一部分。AdSense会自动地分析第三方的网站内容并为浏览者提供与内容相关的文字和图像广告。谷歌将第三方网站的价值主张定位为谷歌的第三方客户群体，并帮助他们利用自己的网站内容赚钱。可以看出，谷歌向三个相互依存的客户群体提出了三种不同的价值主张，如图6-5所示。

<table>
<tr><td rowspan="2">重要合作</td><td>关键业务</td><td rowspan="2">价值主张
靶向广告
免费搜索
利用网站内容获利</td><td>客户关系</td><td rowspan="2">客户细分
广告商
上网者
内容创造者</td></tr>
<tr><td>核心资源</td><td>渠道通路</td></tr>
<tr><td colspan="3">成本结构</td><td colspan="2">收入来源</td></tr>
</table>

图6-5　三种不同的价值主张

作为一个多边平台，谷歌有着非常独特的收入模式。它从广告商这一客户群体中赚钱，对于另外两个客户群体——上网浏览者和内容提供者，则给予补贴。这是合乎逻辑的，因为广告呈献给浏览者的次数越多，从广告商处赚取的收益就越多。反过来，增加的广告收入会鼓励更多的内容提供商与AdSense合作。广告商不会直接从谷歌购买广告位，他们在第三方网站上进行与广告关键词相关的搜索词条或者搜索内容竞价。竞价通过关键词竞价拍卖服务实现：越热门的关键词，广告商竞价成功就需要付出越高的价格。谷歌从关键词竞价广告服务中获得的大量收益，使得谷歌有能力持续改进搜索引擎和针对AdSense用户提供的免费服务。也就是说，谷歌有一个主收入来源，并用它来补贴其他的价值主张（因此，这些价值主张是免费的），如图6-6所示。

<table>
<tr><td rowspan="2">重要合作</td><td>关键业务</td><td rowspan="2">价值主张
靶向广告
免费搜索
利用网站内容获利</td><td>客户关系</td><td rowspan="2">客户细分
广告商
上网者
内容创造者</td></tr>
<tr><td>核心资源</td><td>渠道通路</td></tr>
<tr><td colspan="3">成本结构</td><td colspan="2">收入来源
关键词拍卖
免费</td></tr>
</table>

图6-6　主收入来源对其他价值主张的补贴

谷歌的核心资源是搜索平台，该平台的强大之处在于三项不同的服务：网络搜索、广告以及第三方内容变现服务。这些服务的实现基于一套具有搜索和配对功能的高度复杂的专利算法，以及强大的IT硬件支持。谷歌的三个关键业务可以概括为：①建立并维护搜索引擎的基础设施；②三项主要功能的管理；③将平台推广给新用户、新的内容提供商和新的广告合作商，如图6-7所示。

<table>
<tr><td rowspan="2">重要合作</td><td>关键业务
平台管理；
管理服务；
扩大用户基数</td><td rowspan="2">价值主张
靶向广告
免费搜索
利用网站内容获利</td><td>客户关系</td><td rowspan="2">客户细分
广告商
上网者
内容创造者</td></tr>
<tr><td>核心资源
搜索平台</td><td>渠道通路</td></tr>
<tr><td colspan="2">成本结构
平台成本</td><td colspan="3">收入来源
关键词拍卖
免费</td></tr>
</table>

图 6-7　谷歌的商业模式

6.3.3 免费的商业模式

创业名言

以零的价格产生的需求将远远多倍于低价产生的需求。

——卡蒂克·霍桑纳格（沃顿商学院助理教授）

在免费商业模式中，至少有一个关键的客户群体是可以持续免费地享受服务的。新的模式使得免费提供服务成为可能。不付费的客户所得到的财务支持来自商业模式中另一个客户群体。

1．为什么要免费

能够免费获得一些东西永远是一种极具吸引力的价值主张。任何一个营销专家或者经济学家都会肯定地说，对于价格为0的商品产生的需求要数倍于价格为1分钱或者其他定价的商品产生的需求。近几年，免费的商品数量呈爆炸式增长，特别是在互联网上。那么问题来了，就一个体系而言，你如何做到免费提供一些东西，而仍然最终盈利呢？答案就是，一家提供免费产品或服务的企业必须从其他方面创造收益。

让免费产品和服务在商业模式中可行，有三种不同的方式，每一种都有一套不同的潜在经济逻辑，但这三种方式都有一个共同点：至少有一个客户群体会持续获得免费的商品。这三种方式是：①基于多边平台的免费模式（基于广告的）；②免费增值模式，免费的基本服务，可选的增值服务；③诱饵模式，以一个免费或者很便宜的初始价格吸引客户，并引诱客户使其进入重复购买的状态。

2．基于多边平台的免费模式

这是之前讨论过的多边平台商业模式，这里不再赘述。

3．免费增值模式

免费增值模式即基础服务部分免费，而对于增值服务部分收费。随着网络提供的数字化的商品和服务越来越多，这种模式也逐渐流行起来。

免费增值模式的特点是，大量的用户从免费的、无附加条件的服务中获益。这其中的大多数人永远也不会变成付费用户；只有其中的一小部分人，通常不到全部用户数的10%，会为增值服务付费，也就是这一小部分付费用户补贴了免费用户。这种模式之所以成为可能的原因在于向免费用户提供的服务的边际成本很低。在一个免费增值模式中，有两个关键的数字需要关注：免费用户的平均服务成本及免费用户向增值（付费）用户的转化率。

Flickr是雅虎于2005年收购的一个非常受欢迎的照片分享网站，它就是免费增值模式的一个很好的例子，如图6-8所示。Flickr的用户可以免费获得一个基本账户，使得他们得以上传和分享照片。

免费服务有一些限制条件，如有限的存储空间以及每月可上传的图片数量有限。但只要支付少量的年费，用户就可以买到一个“专业”账户，并享受无限量的上传图片数量和存储空间，以及一些额外功能。

重要合作	关键业务	价值主张	客户关系	客户细分
雅虎	平台管理	免费的基本照片分享功能	大规模定制 转化成本	普通用户 空间需求量高的用户
	核心资源 Flickr 平台品牌	增值的照片分享功能	渠道通路 Flickr.com Yahoo.com	
成本结构 平台开发 储存空间成本		收入来源 免费而受限制的基础账户 付年费的专业账户		

图 6-8　Flickr 的商业模式

4．诱饵模式

这一模式也被称作“剃刀&刀片”模式，其特点是起初以不贵的或者免费的价格提供有吸引力的商品，意图通过后续消费获得利润。

“剃刀&刀片”模式是因一个美国商人金·吉列（King C.Gillette）而风靡的商业模式，如图6-9所示。

重要合作	关键业务	价值主张	客户关系	客户细分
生产商 零售商	营销 研发 物流	剃须刀柄	内生的 “锁定关系”	消费者
	核心资源 品牌专利	刀片	渠道通路 零售	
成本结构 营销　生产制造　物流、研发		收入来源 刀柄 频繁的刀片替换装需求		

图 6-9　“剃刀 & 刀片”模式

1904年，金·吉列首次向市场推出了可替换刀片的剃刀组合，他决定以大力度的折扣销售，甚至在顾客购买其他产品的时候免费搭送剃须刀柄，以期为他的可替换刀片创造需求。这一模式的关键在于所提供的或低价或免费的初始商品是否紧密连接后续消费品——通常是可替换的，企业可以从后续消费品中获取较高的收益。而且控制这种“锁定关系”对该模式的成功至关重要。通过专利阻断，吉列确保了竞争者无法以更便宜的价格提供吉列剃须刀适用的刀片。

诱饵模式在商界十分流行，并在包括喷墨打印机在内的多个行业中得到应用。如惠普、爱普生和佳能这样的生产商的典型做法就是以很低的价格销售打印机，却从墨盒的后续销售中获得较高的利润。

6.3.4 开放式的商业模式

创业名言

长久以来我们习惯了关起门来完成所有的事情，如今我们开始搜寻企业内部的或企业外部的任何渠道，以获得创新成果。

——雷富礼（宝洁公司 CEO）

雀巢清晰地认识到，要想实现其增长目标，就必须扩展其内部实力以建立起大量战略伙伴关系。雀巢采取了开放式创新，并与战略伙伴积极合作，共同开拓重要的新市场和产品机遇。

——赫尔穆特·茂赫

开放的商业模式适用于通过与外部合作伙伴系统地配合而创造和获取价值的企业。这种模式可以是“由外而内”地于企业内部尝试来自外部的理念，或者“由内而外”地向外部合作伙伴输出公司无用的理念或资产。

“开放式的创新”和“开放的商业模式”是由亨利·切萨布鲁夫提出的两个术语。它们意指将企业的研发流程向外界敞开。

亨利·切萨布鲁夫主张，在一个以发散的知识为特征的世界中，组织可以通过将外部的知识、知识产权和产品整合进自身的创新流程，进而创造更大的价值并更好地利用自己的研发能力。此外，他还指出，对某家企业而言无用的产品、技术、知识和知识产权可以通过同意许可、合资或者剥离的方式供给外部团体使用，从而实现变现。亨利·切萨布鲁夫将“由外而内”的创新和“由内而外”的创新区分开来。“由外而内”的创新发生于当组织将来自外部的理念、技术或知识产权引入自身的发展和商业流程时。表6-4表明了企业是如何越来越多地依赖于外部技术以强化自身的商业模式的。“由内而外”的创新发生于当组织同意许可或出售其知识产权或技术，尤其是闲置资产时。在这部分，我们描述的是采用开放式创新的商业模式的企业。

表6-4　创新原则

封闭的	开放式的
为我们工作的都是这个领域中最聪明的人	我们需要公司内部和公司外部的聪明人一同工作
若要从研发活动中获益，我们必须靠自己发现需求，开发并完成整个研发活动	来自外部的研发活动可能创造可观的价值：企业自主的研发活动也可以用于实现那样的价值
如果我们实践了产业中大多数最好的研发工作，我们就赢了	即便不是我们的原创，我们仍可从该研究成果中获益
如果我们创造了行业中大多数的最好的理念，我们就赢了	如果我们最好地运用了来自内部和外部的理念，我们就赢了
我们需要管控我们的创新流程，使得竞争者无法因为我们创造的理念而获益	我们应该因他人使用我们的创新结果而获益，我们应该在有利可图的情况下购买他人的知识产权

拓展阅读

6-1　宝洁：连接与发展

2000年6月，宝洁股价处于持续下跌态势，此时长期担任宝洁高管的雷富礼临危受命，成了这家消费品巨头的新任CEO。为了恢复宝洁的活力，雷富礼坚定地使产品创新回归到公司的核心价值。但他没有选择增加宝洁的研发投入，而是聚焦于建立一套新的创新文化体系：将聚焦于内部研发的方式转变为开放式的研发流程。其关键要素就是实施“连接与发展”战略，旨在通过外部合作方的力量拉动内部研发活动。雷富礼设定了一个雄心勃勃的目标：在宝洁与外部合作方的联合创新比率不足15%时，就定下了一个创造50%合作创新的目标。但是，2007年宝洁的实际完成率超过了这个目标。同时，尽管宝洁的研发投入略高于雷富礼接任CEO时候的水平，但宝洁的生产效率却飙升了85%。

为了将企业内部的资源和研发活动与外界连接起来，宝洁在自身的商业模式中搭起了三座“桥梁”：高科技企业家、互联网平台以及退休专家。

6.4 » 新商业模式的设计方法

创业名言

对于商务人士来说，仅仅理解别人的设计是远远不够的，他们本身就应该成为设计师。

——罗杰·马丁

创业者其实每天不知不觉中都在从事设计活动。他们设计组织架构、战略、商业模式、流程和项目。接下来我们会详细介绍四种新商业模式的设计方法：客户洞察、构思、视觉化思考和模型构建。

6.4.1 客户洞察

要想设计好的商业模式，必须站在客户的视角来观察商业模式，这样就有可能发现全新的机会。当然，这并不意味着客户的思维是创新的唯一起点。但我们必须强调，评估商业模式的时候一定要考虑到客户的视角。成功的创新有赖于对客户的深入理解，包括他们的生活环境、日常工作、担忧和渴望等。

苹果公司的iPod播放器就是一个很好的用客户洞察设计商业模式的例子。苹果公司站在客户的角度思考，认为人们实际上并不是对数字媒体播放器感兴趣。他们认为，消费者想要的是能够无缝地搜索、下载和收听数字内容，这其中包括音乐。而且，消费者也愿意为这样的解决方案付费。当时，苹果公司的这种观点是很独特的。那时候盗版内容在网上盛行，大多数公司都认定没有人愿意付费购买在线数字音乐。苹果公司摒弃了这些观点，为客户创造了一种无缝的音乐体验。它将iTunes中的音乐媒体、iTunes在线商店和iPod媒体播放器整合在了一起。凭借以这一价值主张为核心的商业模式，苹果公司很快主宰了在线数字音乐市场。

客户洞察的一个难点在于对客户透彻的理解。而商业模式的设计必须基于这份理解。在产品和服务设计领域，很多业界领先的企业都通过与社会学家一起合作来加深企业对客户的理解。这种方法也能够催生更新、更好的商业模式。

很多领先的消费品企业都会安排高管实地会见客户，与销售团队交流，或者参观店铺。在其他行业，尤其是那些重资产投资型的行业，与客户的交谈更是每天的必修课。但是，创新的真正挑战在于深入理解客户，而不是简单地去问他们要什么。

汽车工业的先驱者亨利·福特就曾经说过：“要是我去问客户他们想要什么，他们会说要一匹更快的马。”

另一个难点在于企业是否清楚需要关注哪些客户和忽略哪些客户。在很多情况下，能够拉动未来业务增长的那些客户往往并不是今天的“金牛”客户。因此，商业模式的创新不能仅仅聚焦现有的客户群体，必须着眼于新客户群体。有很多成功的商业模式创新恰恰都满足了新客户未被满足的需求。例如，英国的易捷航空公司就使得很少坐飞机的中低收入客户能够坐得起飞机。Zipcar公司使得城市居民免去了在大都市养车的烦恼。客户只要支付一定的年费就可以按小时租用汽车。以上两种新商业模式正是针对传统航空业和传统汽车租赁业的边缘客户群体所设计的。

【提示】客户视角是商业模式设计的指导性原则。客户的观点决定了我们选择怎样的价值主张、渠道、客户关系和收益来源。

6.4.2 构思

画出现有的商业模式是一回事，设计出一个新的创新的商业模式又是另外一回事。我们需要一个创造性的流程来产生大量的商业模式创意，并且要能从中成功地识别出最佳的创意。这个创造性的流程被称为构思。当需要我们设计出可行的新商业模式时，掌握构思的艺术就显得至关重要。

商业模式创新不是要回首过去，因为通过过去的事情很少能推测出未来可能的商业模式。商业模式创新也不是去看竞争对手，因为商业模式创新不是抄袭或对照标杆，而是创造新的机制来创造价值和获取回报。或者说，商业模式创新是在挑战正统思维，设计出原创的模型，来满足那些未被满足的、新的或者隐藏在背后的客户需求。

在找到新的或更好的创意之前，你必须梦想出一大堆的创意，然后才能从中挑出一个可实现的短名单。因此，构思的过程有两个主要阶段：生成创意阶段，这个阶段创意的数量是重点；整合创意阶段，在这个阶段要把创意进行讨论、合并组合并从中甄选出少数可行的创意。注意：可行的创意并不一定是颠覆性的商业模式。它们也可以是能通过扩展你当前商业模式的领域来提升你的竞争力的创意。

6.4.3 视觉化思考

1．视觉化思考的价值

对商业模式的讨论离不开视觉化思考。因为商业模式是由许多模块组成的复杂概念，而且模块之间又有复杂的关系，所以不把它画出来是很难真正地理解一个商业模式的。所以，我们可以通过图片、草图、结构图和便利贴等视觉化工具来构建和讨论商业模式。

事实上，通过视觉化描述一个商业模式，可以将其中的隐含假设变成具体的信息。这将使商业模式变得很明确，也使更具体的讨论和变更成为可能。视觉化思考让商业模式变得鲜活起来，也便于人们共同创造新的商业模式，如图6-10所示。

图 6-10 视觉化思考商业模式

一般来说，如果你要改进现有的商业模式，把它视觉化地描绘出来能够帮助你发掘出商业模式中的逻辑缺陷，有助于对其进行讨论。同样，如果你在设计一个全新的商业模式，那么把它画下来之后你也能更容易地添加、删除和挪动相关的图片。

2．通过便利贴来实现视觉化

在思考商业模式的时候应该把便利贴放在手边，因为它是一个不可或缺的工具。很多的便利贴贴在一起就成了一个创意池，你可以随意地添加或移除每个“创意”，或者在商业模式各模块之间挪动每个“创意”。

使用便利贴有三个简要的指导方针：①用粗的马克笔；②每张便利贴只写一个元素；③每张便利贴上只用很少的字来抓住关键点。用粗的马克笔可不仅仅是一个执行细节：它能避免你在单张便利贴上写过多的信息，同时也更便于你阅读和概览。

请注意：在用便利贴呈现的最终商业模式图景前的讨论过程和结果同样重要。参与者会讨论在画布上贴上哪张纸、移除哪张纸，辩论某个元素如何影响其他元素。这些讨论过程都能让参与者深入地理解该商业模式和它的动态变化过程。最终，这些便利贴不仅代表了商业模式中的某个模块，它们还引导了商业模式讨论的方向。

3．通过绘画来实现视觉化

绘画与便利贴相比能更为直接地传递信息。一张简图，即使是最简陋的素描也能让要表达的内容更加具体和易于理解。总之，绘画要比文字表述的抽象概念更容易理解。

用绘画的方式来解释和沟通商业模式，比用文字更能激发起具体、深入的讨论，从而促使新的商业模式创意产生。

6.4.4 模型构建

1．模型构建的价值

模型构建是一个很有力的工具，可以用它开发出创新的商业模式。和视觉化思考一样，模型构建可以让抽象的概念具体化，有助于新创意的探索。

我们这里讲的“模型”不同于产品设计师、架构师和工程师所理解的“模型”。我们把模型看成未来潜在的商业模式，是一个可用于讨论、探究或概念验证的工具。一个商业模式模型可以是一张简单的草图，是一张充分思考过的商业模式画布，或是一叠模拟新商业模式财务状况的数据表格。

要知道，商业模式模型并不一定要看起来很像实际的商业模式。相反，模型是一个帮助我们探索不同的商业模式方向的工具。如果我们增加一个客户群体将意味着什么？移除一种成本高昂的资源会有什么结果？如果我们免费供应一些东西并用其换取一些更具创新性的收入来源，那会怎么样？创造和巧妙地处理一个商业模式模型会迫使我们发现商业模式在结构、关系和逻辑方面的问题，这是仅仅通过思考和讨论发现不了的问题。为了真正理解各种可能方案的优劣势，更深层次地探究商业模式，我们需要构建多种商业模式模型以展示商业模式不同层面的细节信息。构建商业模式模型本身能激发深层次的探究，只有经过深层次的探究，我们才能真正找到一个值得优化和执行的模型。

2．构建不同规模的模型

一个商业模式模型可以是一个草图，一个细节丰富的商业模式画布，或可以实地验证的商业模式。你可能会想，这和平常商业人士或企业家所画的简单的商业想法有什么不同？我们为什么还要将这个过程称之为“构建模型”呢？有两个原因：第一，二者的思维模式不同。第二，简单的商业想法只为模型构建提供了框架。

商业模式模型建模的过程如表6-5所示。

表6-5　商业模式模型建模的过程

	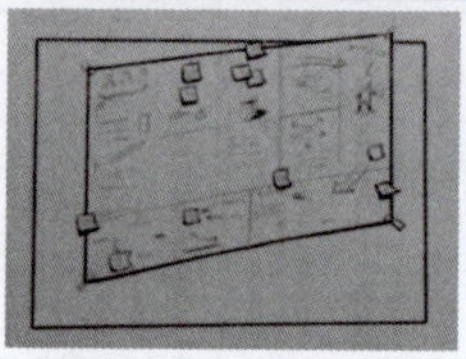		
随手素描	精心描绘的画布	商业案例	实地验证
勾勒和推销一个粗略的创意	探索实现该创意所需的因素	检查该创意的可存活度	调查客户的接受度和可行性
画一个简单的商业模式画布。仅仅用关键元素来描述这个创意	通过描绘一个相对详细的画布来探索该商业模式所需的所有元素	将详细的画布转化为财务表格，估算你的商业模式的盈利潜力	你已经在一个潜在的新商业模式上下定了决心，现在需要去实地验证它的某个方面
·勾勒想法 ·包含价值主张 ·包含主要收益来源	·描绘整张画布 ·通过你的商业逻辑来思考 ·预估市场潜力 ·理解商业模式画布各个模块之间的关系 ·做一些基本的“事实查证”工作	·建立一张全面的画布 ·包含关键数据 ·计算成本和收入 ·估算利润潜力 ·根据不同的假设进行财务场景模拟	·为这个新商业模式准备一个合情合理的商业案例 ·站在客户的角度或让真实的客户来进行实地验证 ·验证价值主张、渠道、定价机制等实际市场中的元素

现在，你已经理解了商业模式画布每个模块的含义以及相互关系，也懂得了商业模式的设计方法，这样就可以利用商业模式画布来分析其他企业的商业模式，或者设计出专属于自己企业的商业模式了。归根结底，商业模式的定义和这些理论本身并不是最值得关注的，商业模式的价值应该体现在

它的实际运用过程中。然而创业公司与成熟公司、传统行业公司与新兴行业公司、中小企业与大型企业需要利用的商业模式都是截然不同的，最关键的还是要设计出适合自己企业的商业模式。

思考与训练

1．思考并回答以下问题

（1）商业模式创新对企业有什么样的价值？

（2）腾讯QQ和拼多多的商业模式分别属于哪种类型？

2．分析以下案例并回答问题

聚美优品

聚美优品的前身是团美网，2010年3月由陈欧、戴雨森、刘辉三人创立于北京。它是我国第一家专业化妆品团购网站，也是我国最大的化妆品团购网站。

2010年9月，为了进一步强调团美网在女性团购网站领域的领头地位，深度拓展品牌的内涵与外延，团美网正式全面启用聚美优品新品牌，并且启用全新顶级域名。同年，中国互联网协会授予聚美优品所属公司北京创锐文化传媒有限公司A级信用认证。2010年12月，在由《互联网周刊》举办的中国互联网经济论坛上，聚美优品获颁“2010年度最受女性欢迎的团购网站”。国际一线品牌法国兰蔻也选择和聚美优品进行官方合作，共同开展团购活动。从一天销售额不足百元到销售总额过亿，聚美优品用了不到一年的时间。2011年，聚美优品优雅转身，开始自建渠道、仓储和物流，自主销售化妆品，并以团购形式来运营垂直类女性化妆品，打造另类的时尚购物平台。聚美优品的宗旨为“聚集美丽，成人之美”，致力于为用户提供更优质、更专业的服务，让变美更简单。

【问题】

（1）“聚美优品”的商业模式属于哪种类型？

（2）请利用商业模式画布将“聚美优品”的商业模式呈现出来。

第7章

制订创业计划

【学习目标】

通过学习本章的内容，学生能知道创业计划书的作用，了解创业计划书的基本结构，懂得如何收集创业计划书编写过程中所需的信息，掌握创业计划书的撰写与展示的方法与技巧。

【学习重点与难点】

重点：创业计划书的内容与撰写技巧、项目路演的内容

难点：投资回报部分的撰写、项目路演的技巧

案例分析

7-1 张华的创业计划

张华毕业于某名牌大学，经过多年的业余研究，他在室内环境污染治理方面取得了一项重要突破，这项技术如果在实际中得到应用，前景非常广阔。于是，张华便辞去原来的工作，准备自己创业。但由于多年的积蓄都用在了室内环境污染治理的研究上，在七拼八凑注册了一家公司后，张华已经无力再招聘员工和购买实验材料了。无奈之下，张华想到了风险投资基金，希望通过引入合作伙伴的方式解决困境。为此，他多次与一些风险投资机构或个人投资者接洽商谈。虽然张华反复强调他的技术多么先进，应用前景多么好，并拍着胸脯保证投资他的公司回报绝对低不了，但总是令对方难以信服，而且对于投资人问到的很多数据，他也无法提供，如市场需求量具体有多少，一年可以有多少销售量，投资后年回报率有多高等，就连想招聘一些技术骨干也比较困难，应聘者也对公司的前景缺乏信心。

这时，曾经在张华注册公司时帮助过他的一位做管理咨询的朋友的一句话点醒了他："你的那些技术有几个投资者搞得懂？你连一份像样的创业计划书都没有，怎么让别人相信你？投资者凭什么相信你？"于是，在向相关专家请教咨询后，张华又查阅了大量的资料，然后静下心来，从公司的经营宗旨、战略目标出发，对公司的技术、产品、市场销售、资金需求、财务指标、投资收益、投资者的退出等方面进行了分析和论证，当然在这个过程中，他还会不时做一些市场调查。一个月后，他拿出了一份创业计划书初稿，经过几位相关专家的指点，他再次对创业计划书进行了修改和完善。凭着这份创业计划书，张华不久就与一家风险投资公司达成了投资协议，有了风险投资的支持，员工招聘问题也迎刃而解了。

现在，张华的公司经营得红红火火，年销售利润已达到500万元。回想往事，张华感慨地说："编制创业计划书决不是随便写一篇文章的事。编制创业计划书的过程就是我不断理清自己思路的过程。只有自己的思路清楚了，才有可能让投资人、员工相信你。"

课堂思考与讨论

1. 为什么张华开始时拍着胸脯的保证无法令投资者相信，甚至连招聘技术骨干都很困难？
2. 创业计划书对张华的创业成功起到了什么作用？

7.1 » 创业计划与创业计划书

创业名言

一旦他们将创业计划写到纸上，那些希望改变世界的天真想法就会变得实在且冲突不断。因此，文件本身的重要性远不如形成这个文件的过程。即使你并不试图去集资，你也应当准备一份创业计划书。

——盖伊·卡韦萨基（硅谷著名创业者和风险投资者）

7.1.1 创业计划书的作用

创业计划又称商业计划，是对创业项目有关的所有事项进行全方位安排的一份书面文摘，用以描述创办一个企业时所有相关的外部及内部要素，包括商业前景的展望，人员、资金、物质等各种资源的整合，以及经营思想、战略的确定等，是为创业项目制订的一份完整、具体、深入的行动指南。

创业计划是创业的行动导向和路线图，既能为创业者的行动提供指导和规划，促使创业团队及雇员团结一心地工作，也能为创业者与外界沟通提供基本依据。创业计划书的撰写可以迫使创业者系统思考初创企业的各个因素，促使创业团队定期沟通讨论将要从事的工作。一般情况下，撰写创业计划书主要有两大原因：在企业内部，创业计划书为企业执行战略和计划提供了值得借鉴的“蓝图”，能够迫使创业团队一起努力工作，全力以赴地解决风险创业的各个细节；对企业外部来说，它能够向潜在投资者和其他风险投资者介绍企业正在追寻的商业机会，从而赢得对方的支持。

撰写创业计划书的原因恰好反映了创业计划书的重要作用。

1．帮助创业者自我评价，理清思路

在创业融资之前，创业计划书首先应该是给创业者自己看的。办企业不是“过家家”，创业者应该以认真的态度对自己所有的资源、已知的市场情况和初步的竞争策略做尽可能详尽的分析，并提出一个初步的行动计划，通过创业计划书做到使自己心中有数。另外，创业计划书还是创业资金准备和风险分析的必要手段。对初创企业来说，创业计划书的作用尤为重要。一个酝酿中的项目，往往“面目”很模糊，通过制订创业计划书，把正反理由都写下来，然后再逐条推敲，创业者就能对这一项目有更加清晰的认识。

2．帮助创业者凝聚人心，有效管理

一份完美的创业计划书可以增强创业者的自信，使创业者明显感到企业更容易控制，从而对经营更有把握。因为创业计划提供了企业全部的现状和未来发展的方向，也为企业提供了良好的效益评价体系和管理监控指标。尽管市场变化经常发生，创业计划也会根据市场变化适当调整，但是撰写创业计划的过程仍然非常有用，它会使团队成员团结一心，为了共同的创业目标而努力；同时，在撰写创业计划书的过程中还能发现团队中可能存在的问题，可以通过对创业计划书这样一个重要方案的论证过程，使团队成员更加团结、配合更加默契，使普通员工和创业者保持统一的行动方向。因此，创业计划书的撰写过程和创业计划本身同样有价值，是使创业目标变成现实的重要途径，是使普通员工理解企业目标、完成企业计划的重要措施。

3．帮助创业者对外宣传，获得融资

创业计划书作为一份全方位的项目计划，它在对即将展开的创业项目进行可行性分析的过程，也是在向风险投资商、银行、客户和供应商宣传拟建的企业及其经营方式，包括企业的产品、营销、市场及人员、制度、管理等各个方面。在一定程度上也是一份拟建企业对外进行宣传的文件。实际上，向创业者索要创业计划书的组织数量一直在不断上升。越来越多由大学或社会团体主办的创业园和商业孵化机构会要求获得候选的企业提供创业计划书。有研究表明，拥有创业计划书和初创企业获得融资之间呈正相关关系。作为一种推销性文本资料，创业计划书有助于企业提高可信度，尤其是在由大学、教育部、团中央以及一些基金组织举办的创业大赛中获奖的创业计划书及其相关项目，更容易获得投资者的关注。

7.1.2 创业计划书的基本结构

一份完整的创业计划书应该包括封面、目录、执行概要、正文和附录五大部分。

（1）封面。封面上应明确创业项目的名称，体现企业的经营范围，同时以醒目的字体和字号来显示创业计划书的标题，如《××创业计划书》。

封面上还应有企业名称、地址、电子邮件地址、电话号码、日期、主创业者的联系方式和企业网址（如果企业已经建立了自己的网站）等信息，这些信息放在封面页的上半部分；如果企业已有徽标或商标，将其置于封面页正中间；封面下部应有一句话，提醒读者对计划书的内容保密。需要注意的是，封面上最重要的一项内容是主创业者的联系方式，创业者应该让读者能很容易地与自己进行联系。

（2）目录。目录是正文的索引。这里需要按照章节顺序逐一排列每章大标题、每节小标题以及章节对应的页码。目录可以自动生成，显示到二级或三级小标题为宜。

（3）执行概要（计划摘要）。执行概要的具体写作方法参见“7.2.1 凝练创业计划的执行概要”。

（4）正文。正文是创业计划书的主要内容，包括主体和结论两大部分。正文的具体写作方法参见“7.2.2 撰写创业计划书的正文内容”；结论是对整个创业计划书内容的总结式概括，要和执行概要首尾呼应，以体现文本的完整性。

（5）附录。附录是对主体部分的补充。受篇幅限制，不宜在主体部分进行过多描述的、不能在一个层面详细展示的，或需要提供参考资料或数据的内容，一般放在附录部分以供参考，如专业证书或专利授权证书、相关的调研问卷、荣誉证书、营业执照等。

创业计划书适合的篇幅一般为20～35页，包括附录在内。

由于读者对创业计划书的结构、体例和内容比较敏感，创业者在撰写创业计划书时要对其外表加以认真考虑。同时，在内容的布局上，要对字号大小、颜色选择等文字处理方案进行精心设计。如果企业有设计好的Logo，最好将其放在封面上以及每一页的文字中。这样，一方面向读者展示创业者的细心，另一方面可以强化企业形象，给人以很专业的感觉，以提高创业计划书的可信度。

7.1.3 创业计划书的撰写原则

（1）目标性。创业计划书要目标明确、优势突出。创业的目的不仅是追求企业的发展，还要突出对经济效益的追求。

（2）完整一致性。创业计划书要要素齐全、内容充实、通俗易懂、结构严谨、风格统一，前后基本假设或预估相互呼应、逻辑合理。

（3）突出竞争优势。创业计划书要将企业的各种竞争优势（资源、经验、产品、市场及经营管理能力）一一呈现，做到详略得当。

（4）团队协作性。创业计划书要能展现组建团队的思路、团队人员的作用，尽可能突出专家的作用、高管人员的优势、专业人才队伍的水平，明确团队领军人物。

（5）市场导向性。创业计划书要能明确指出企业的市场机会与竞争威胁，能把握并充分显示出创业者对于市场现状的掌握情况与对未来发展的预测能力。

（6）客观实际性。创业计划书要有理有据、循序渐进。创业计划书中的一切数字要尽量客观、实际，以具体资料为证，切勿凭主管意愿高估市场潜力或报酬，低估经营成本。创业计划书中对工作的安排要循序渐进、有条不紊、可操作性强。

创业案例

7-1 杰夫·海曼和他的创业计划书

1995年，杰夫·海曼足足花了七八个月时间才完成一份关于开发Career Centra1招聘网站的创业计划书。到他写完的时候，这份计划书足足有150页。当时和他同在硅谷工作的同事们都对这份计划书的完整、缜密赞不绝口，最后他也确实成功拿到了创业所需的50万美元启动资金。但是，每当回忆起这件事时，他总是忍不住要想，花这么长的时间写创业计划书是否值得呢？

2011年，杰夫·海曼在芝加哥有了另一个创业灵感——以数据跟踪为特色的减肥中心Retrofit。这一次，他没有花很多时间来写创业计划，而是用了4个月的时间来考察自己的想法，他走访了潜在消费者、分销商和肥胖问题专家，彻底了解相关市场。经过100多次访谈后，他写出了一份仅有两页纸的创业计划书。最后，他就靠这两页纸拿到了创业所需的270万美元启动资金。

（资料来源：创业邦）

评析

事实上，一份具有可行性的创业计划书是融资最起码的条件，但好的创业计划书无关篇幅的长短。虽然，满怀激情的创业者可以在几小时内就写完一份创业计划书，但却要花好几个月的时间来调查市场、收集相关信息、分析创业项目的可行性和市场前景，因为他们的目标非常明确：我要干一番事业，而不是在纸上谈一番事业。

从上面的案例中我们不难发现，准备创业计划书的过程实质上是信息搜集的过程，是分析并预测环境进而化解未来不确定性的过程。只有准确、到位的市场信息和行业信息才能帮助创业者了解市场行情、知晓客户需求、洞悉对手状况、明晰自身发展。而市场调查是创业者搜集信息的最主要的方法，是决定创业计划书的论证是否有理有据，检查创业计划是否切实可行的主要工具。

7.2 » 创业计划书的撰写

创业名言

如果你打算让你的公司利润最大化，创业计划将告诉你答案并尽可能帮助你避免为企业失败支付高昂的学费。避免创建一家注定失败的企业的成本要远远低于从经验中学习的成本。而让你了解这一切的只不过是全神贯注地花几个小时完成一份创业计划。

——约瑟夫·曼库索（美国首席执行官俱乐部主席）

一份好的创业计划书可以节省相当多的时间和金钱，减轻他们在商业概念形成之前，而不是在企业计划创建之后的心中之痛。

——布鲁斯·R·巴林杰

7.2.1 凝练创业计划的执行概要

执行概要也叫执行概览或摘要，是创业计划书第一页的内容，是整个创业计划书的概述。

执行概要是为了吸引战略合伙人与风险投资人的注意而将创业计划书的核心提炼出来制作而成的，它是整个创业计划书的精华和亮点，涵盖了计划书的要点。最清晰、简洁的执行概要是依序介绍创业计划书的各个部分，其中的章节顺序应与计划书中的顺序一致，每部分的标题以粗体字显示。一般要在后面所有内容编制完毕后，再把主要结论性内容摘录于此，以求一目了然，在短时间内给读者留下深刻的印象，引起读者的共鸣和认可。

大部分专家建议，如果撰写创业计划书的目的是筹集资金，则最好在执行概要中明确拟定筹集的资金数额以及性质，如果是股权投资甚至可以明确投资者不同投资额下所占企业的股权比例，这样会更吸引投资者的关注，也更容易获得资金。

在执行概要中，必须回答下列问题。

（1）企业所处的行业、企业经营的性质和范围。

（2）企业的主要产品。

（3）企业的市场在哪里、谁是企业的顾客、他们有哪些需求。

（4）企业的合伙人、投资人是谁。

（5）企业的竞争对手是谁、竞争对手对企业的发展有何影响。

（6）如何投资、投资数量和方式。

（7）投资回报及安全保障。

执行概要如同推销产品的广告，其主要目的是抓住读者的兴趣。因此，编制人要反复推敲，力求精益求精、形式完美、语句清晰流畅而富有感染力，以期引起投资人阅读创业计划书全文的兴趣，其中特别要详细说明的是自身企业的不同之处及企业获取成功的市场因素。

7.2.2 撰写创业计划书的正文内容①

正文是创业计划书的主体部分，一般包括企业描述、产品或服务、竞争分析、创意开发、创业团队、财务分析、风险分析和退出策略等内容，如图7-1所示。

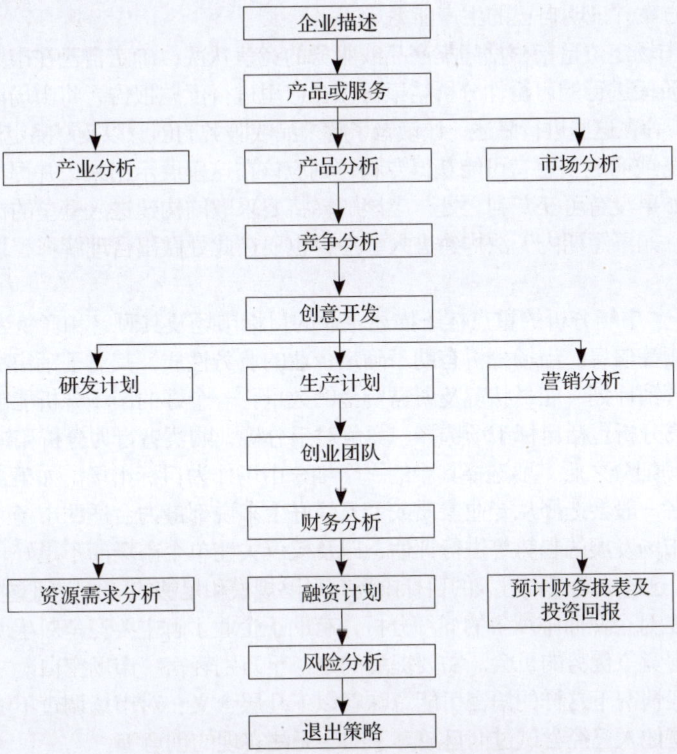

图7-1 创业计划书正文内容示意图

1．企业描述

创业计划书的主体部分从企业描述开始。该部分能体现创业者是否善于把抽象的创意转换成具体的企业。企业描述应包括企业简介、企业历史、使命陈述、产品和服务、现状、启动资金、法律地位和所有权、选址等内容。

2．产品或服务

用简洁的方式描述企业的产品或服务，主要介绍技术或产品的功能、应用领域、市场前景等，说明产品如何向消费者提供价值或所提供的服务的方式有哪些，产品填补了哪些急需补充的市场空白，还可以补充产品或服务的照片。

创业计划中的产品或服务必须具有创新性，能清楚地解释产品或服务能完成的功能，从而使顾客能够认清它的功能价值。

① 李家华. 创业基础（第2版）. 北京：清华大学出版社，2015.

产品或服务的描述可从产业分析、产品分析和市场分析3个角度展开。

（1）产业分析。产业由生产相似产品或服务的一群企业组成。产业分析是企业对特定行业的市场结构和市场行为进行调查与分析，为企业制订科学有效的战略规划提供依据的活动。在计划书中，创业者要对拟进入产业的市场全貌以及关键性的影响因素进行分析。

产业分析涉及该产业现状、产业发展趋势、产业特征、产业市场上的所有经济主体概况（竞争者、消费者、供应商、销售渠道）等。

（2）产品分析。本部分应该对企业的产品或服务做出详细描述，包括产品或服务的介绍、市场定位、可行性分析结果、市场壁垒等内容。

产品或服务的介绍包括产品或服务的名称、性质、市场竞争力，以及产品的研发过程、品牌、专利、市场前景等。如果产品已经生产出来了，最好附上原型介绍及图片；如果产品还在设计之中，就要提供相应的设计方案并证明自己的生产能力。

产品或服务的市场定位是指根据同类产品或服务的竞争状况，确定自己在市场中的位置。

创业构想研讨阶段进行的可行性分析结果可以在这里进行汇总报告，将市场调查分析的内容、消费者购买意愿的分析等在这里进行陈述，让读者了解产品或服务的创意以及产品定位策略的形成过程。

如果产品、服务或商业创意有可能获得专利，则应该在这里展示出来，并提出专利申请，以获得临时的专利保护；如果没有可获专利之处，应该解释将要采取的构建进入壁垒的措施，以避免自己的创意被模仿、复制；如果短期内无法构建进入壁垒，也要在此处做出合理解释，坦言企业可能面临的风险及应对措施。

（3）市场分析。市场分析的重点在于描述企业的目标市场及其顾客和竞争者，以及如何展开竞争和潜在的市场份额等信息。市场分析有助于确定企业的业务性质，其对于销售额的预测直接影响着企业的生产规模、营销计划、雇员状况及所需资金的数量，一个好的市场分析能够证明公司对目标市场的把握情况。市场分析包括目标市场选择、竞争对手分析、购买者行为分析和销售额预测等信息。

企业在进行市场细分之后，要选择其中的一个细分市场作为目标市场。如果企业对于目标市场事先没有规划，创业者一般会选择从专业素质或个人爱好上来说都最为合适的市场。进入前对目标市场的规模、影响目标市场发展的趋势等进行评估，以及仅仅关注单个市场而不是好几个市场对创业者来说都是明智的决策，这样能确保拟进入的目标市场有足够规模和足够的增长空间支持企业目标的实现。

竞争对手分析是对企业面临竞争的详细分析，有助于企业了解主要竞争对手所处的位置，把握在一个或多个领域获得竞争优势的机会。需要提醒的是，千万别轻言“市场空白”“蓝海市场”或“行业培育期”等，一般情况下这样的语言可能意味着以下几层含义：对市场调查不够充分，对行业分类不够准确，或许这是他人已经尝试过而且放弃了的、无法实现的创意等。

企业对目标市场的消费者越了解，提供的产品或服务就越能满足消费者的需求；了解产品和服务是高参与购买还是低参与购买，有利于企业制订切合实际的营销策略。高参与购买是指购买者投入相当多的时间和精力对购买信息进行搜集。对于高参与购买的产品和服务，体验营销或通过现场活动的方式进行销售都是不错的营销策划。

通过向行业协会寻找可比企业的实际数据或者向其咨询新企业预测销售额时的经验，可以帮助创业者预测未来的销售数据；直接寻找一家经营区域之外的可比企业，或者出售可比产品或服务的公司，试着和其经营者聊天，也可以得到有用的数据；通过网络调查，在报纸、杂志上搜索所在产业内企业的文章，根据企业自身的情况进行调整，也是一种不错的预测销售额的方法；估计产品用户总数、顾客支付的平均价格、可获得的市场份额，或者估计顾客数量和每位顾客的平均支付额等方法，同样可以得到相应的预测数据。如果将以上4种方法都进行运用，然后做出比较，得到的预测数据会更有说服力。其关键在于预测时应给出明确的说明，以使销售预测看起来比较可能实现。

3．竞争分析

要在对公司竞争对手进行确认的基础上，分析竞争对手的目标，如竞争对手在市场里找寻什么、竞争对手行为的驱动力是什么等，此外，还必须考虑竞争对手在利润目标以外的目标，以及竞争对手的目标组合，并注意竞争对手在不同市场细分区域的目标，确定竞争对手的战略，了解竞争对手的优势和弱势，以及其反应模式，最后确定公司的竞争战略。

对于竞争对手的调查和分析在第4章已有介绍，这里不再赘述。

4．创意开发

再好的创意，只有得到有效开发，才能够为顾客创造价值，为创业者带来收益。创意开发部分至少包括企业的研发计划、生产计划和营销计划3部分内容。

（1）研发计划。大多数产品遵循从产品理念、产品成型、初步生产向全面生产发展的逻辑路径，创业计划书中应解释推动产品从一个阶段过渡到另一个阶段需要遵循的过程。如果企业处于非常早期的阶段而且只有一个想法，则应当仔细解释产品的原型将如何制造；如果产品或服务已跨过了原型阶段，就需要对其可用性测试进行描述；如果产品已经存在，那么最好能够提供产品的照片；还要将企业目前距产品或服务批量生产和销售的时间予以说明。

（2）生产计划。对于制造企业来说，还需要编制生产计划。生产计划是关于企业生产运作系统总体方面的计划，是企业在计划期应达到的产品品种、质量、产量和产值等生产任务的计划和对产品生产进度的安排，一般根据营销计划中预计的销量安排，同时考虑期初和期末的存货状况。生产计划制订完成后，往往还需要根据生产计划来安排物料的采购计划，同时估算产品或服务的生产成本，以及生产和采购过程中可能发生的现金支出，为后期编制现金预算服务；企业还可以根据总体战略，以及对消费者需求的预测和技术发展状况，将对未来的产品与服务规划做出的安排，在此部分向读者进行展示。

（3）营销计划。营销计划的重点在于介绍有助于企业销售产品的典型营销职能。撰写这一部分的最好方法就是清楚地说明总体的营销策略，包括定位策略、差异化点等信息，然后通过定价策略、销售过程和促销组合、渠道策略说明如何支持总体营销策略的开展。

① 总体的营销策略。营销策略是指为销售企业的产品或服务所采用的总体方法，它能为营销的相关活动奠定基础。每一个企业在制订营销计划、开展销售活动时都会受到资源的限制，所以，有一个总体的营销指导思想和操作方法，会使得企业在使用资源上更有目的性和连贯性。该部分要对企业的定位策略和差异化点予以说明，对比企业与竞争对手的处境，突出企业提供的产品或服务的特性；一般来说，列举两三个差异化点即可，关键是所列举的差异化点要突出、易记且易识别。

② 定价策略。这里需要对企业产品或服务的定价方法及其原因进行解释。企业可以采用竞争定价法、心理定价法、差别定价法、成本加成定价法等不同的定价方法，它们分别适用于不同的产品或服务，以及不同的市场竞争状况。创业者可以查询相关资料了解不同定价方法的适用范围，然后进行合理选择。

③ 销售过程和促销组合。销售过程是企业识别潜在顾客和完成销售所经历的过程；促销组合是企业所采用的用来支持销售和提升总体品牌形象的具体策略。企业的销售过程尽管不尽相同，但一般来说会包含以下步骤：搜集销售机会、接触消费者、实现销售机会、进行销售演示、和顾客进行沟通、完成销售、客户关系管理；企业可以采用的促销方式有广告、公共关系和其他促销活动等。公共关系不仅不需要投入资金，还可以增加企业的信誉度，为很多初创企业所青睐。新闻发布、媒体报道、博客、微信等是常用的建立公共关系的方式和渠道。企业还可以通过提供免费样品、试用体验等促销方式来开展销售活动。

④ 渠道策略。渠道包含企业的产品或服务从产出地到到达消费者手中所经历的所有活动。企业在创业计划书中必须清楚地展示由谁来负责销售以及采用的具体渠道，如采用直接销售方式，还是使用分销商、批发商；是通过同行联合，还是使用其他渠道等。如果企业计划采用自己的销售团队，还需说明如何训练销售团队、销售人员的工作安排以及薪金待遇等；对于初始销售人员的数量，以及随企业发展销售人员数量的变化等进行说明，可以体现创业者对于营销计划的全面考虑。一般来说，通过咨询行业专家、研究行业杂志和行业报告等可以帮助企业确定需要的销售人员数量。

5．创业团队

很多投资者及其他阅读者往往会在查看了执行概要后直接阅读创业团队部分来评估企业创办者的实力，而且最终能在相互竞争的创业计划书中胜出且获得资金，往往也是依靠好的管理团队而不是好的创意或市场计划。因此，这部分的描述在创业计划书中具有举足轻重的地位，撰写者一定要认真对待。这部分内容包括管理团队和企业结构两部分。

（1）管理团队。新企业的管理团队一般由创业者或者创业者和几个关键的管理人员组成，计划书中最好能用一种让人容易形成具体形象的方式将其表现出来。这部分内容包括管理团队的人事安排、所有权及其分配等。

① 人事安排。从企业的创始人开始，简要介绍管理团队每个成员的履历，包括姓名、岗位头衔、岗位职务和责任、以前的工作和相关经历、以前的业绩、教育背景等。履历的描述应尽可能简洁，并说明人事安排的理由，以及其将为新企业做的独特贡献。如果创业团队曾经在一起工作过，则更会受到投资者的青睐。

人事安排之后，还要对企业存在的岗位空缺进行辨识，通过“技能概貌和管理团队分析表”可以有效地发现岗位空缺，对空缺岗位的性质和填补空缺的计划也要进行分析，如表7-1所示。

表7-1　技能概貌和管理团队分析表

项目	行政领导	采购主管	运营主管	销售主管	人力资源主管	管理信息主管	会计主管	财务主管
姓名								
姓名								
空缺								
空缺								

② 所有权及其分配。企业的所有权结构及其分配计划也是必要的内容之一，通过列表的方式展开会给人以清晰、简洁的印象。表7-2是一种常见的描述所有权结构及其分配的表格。

表7-2　所有权结构及其分配表

项目	岗位	投资额	所有权分配
姓名			
姓名			
股份			
合计			

需要注意的是，在设计所有权结构时，应考虑到企业未来发展对人才的需求，留出一定的股权比例给将要引进的关键人才。

（2）企业结构。企业结构部分应披露企业当前是如何组织的，以及企业不断发展时将会如何组织。企业结构是涉及企业内部相互作用和影响的细节问题，也是创业者必须认真对待以使企业平稳运行的关键问题。组织结构图是对企业内部权利、义务进行分配的常用工具，常见的有中央集权制、分权制、直线式以及矩阵式的组织结构图，如图7-2所示。

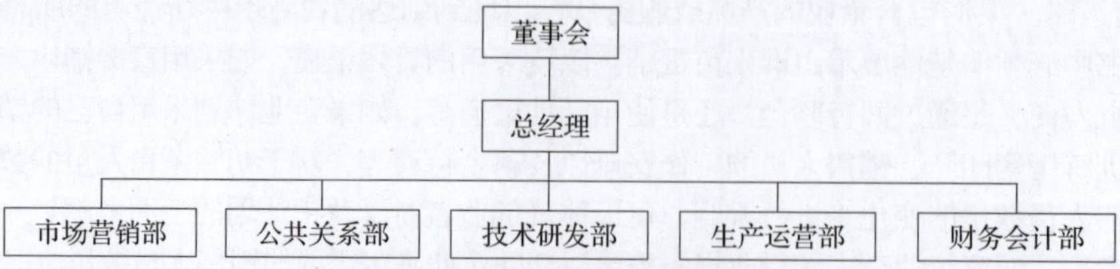

图7-2　某公司的组织结构图

建立一个顾问委员会，提供其每个成员的简要经历，会使新企业脱颖而出；如果能选择好适合企业的律师和会计师、投资者、业务顾问、银行家等其他有关人士，并提供其简短的个人经历，也可以给读者留下企业正在努力征求与业务有关建议的印象，使企业的管理团队更加完美。

6．财务分析

创业计划书中的财务分析包括资源需求分析、融资计划、预计财务报表及投资回报等内容。

（1）资源需求分析。创办企业需要人、财、物等方面的不同资源。人的资源在管理团队部分已经进行了较为详尽的阐述。财力资源在下面的融资计划部分进行说明。这里需要向读者展示的是企业需要的物质资源。创业需要的物质资源一般表现为有形资产，按照流动性可以分为流动资产和非流动资产。流动资产是在1年或者1年以上的一个营业周期中可以变现的资产，如原材料、库存商品等；流动资产以外的有形资产或无形资产均属于非流动资产，如机器设备、家具、商标权、专利权等。购置资产需要支付资金，从而会影响到企业的融资计划。通过编制主要设备表可以对固定资产支出进行预估，再结合对流动资产资金需求的判断，可以计算出物质资源需要的资金数量；如果企业需要购买专利或商标等无形资产，也要在这里估计出需要的资金支出。

（2）融资计划。根据上面资源需求的分析，结合管理团队的构成及分工，企业应该能够计算出总的资金需求，这时还需要编制资金明细表，以对资金的来源和运用情况进行系统分析。资金明细表的格式如表7-3所示。

表7-3　资金明细表

资金运用	资金来源
开办费用：	负债
注册登记费	短期借款
工资	长期借款
办公用品	小计
培训费	所有者权益
差旅费	管理团队投资
租金	风险投资
……	天使投资
小计	小计
流动资产：	合计
原材料	需要的融资额
库存商品	
……	
小计	
非流动资产：	
固定资产	
其中：机器设备	
房屋建筑物	
无形资产	
……	
小计	
合计	

注：表中的长、短期借款是指基本洽谈完成后可以取得的借款；资金运用合计减去资金来源合计的差额为“需要的融资额”，是尚需要创业团队继续争取的外部融资额。

（3）预计财务报表及投资回报。一般来说，创业计划书中本部分的内容最受关注，因为无论什么项目，最终投资与否的决策和该项目能否实现盈利都有着直接的关系。对于商业创业来说，其目的便是回收投资、赚取利润。预计财务报表包括预计利润表、预计资产负债表和预计现金流量表等内容，计算并提供有关的投资回报指标可以增强对投资者的吸引力，帮助企业更容易地获得资金。

① 关键假设。因为编制的是预计报表，而非企业真实的财务状况，因此，需要在编制预计报表之前给出编制报表的基本假设，如对未来经济形势的判断，对销售变化趋势的分析，预计销售量、单价、销售成本的估算方法，假定的企业信用政策、利润分配方案，固定资产折旧计提和无形资产摊销的方法，存货发出计价方法等。

② 预计利润表。利润表是反映企业一定时期经营成果的报表，其编制依据是"收入－费用＝利润"。预计利润表中的"收入"来源于营销策略中对销售收入的估计；"销售成本"来源于生产计划中对于成本的估算，以及假设的存货发出计价方法；"财务费用"来源于融资计划中负债资金的筹集金额及其利率；"销售费用"来源于营销策划中对于营销费用的估算；管理费用来源于费用预算。

在企业实现盈亏平衡之前的预计利润表都应该按月进行编制，参见第5章的表5-3；实现盈亏平衡之后的利润表前两年可以按季度编制，后两年可以按年度编制。一般来说，需要编制未来3～5年的预计利润表（见表7-4）。

表7-4 未来3～5年的预计利润表

项目	基期	1年	2年	3年	4年	5年
营业收入（元）						
营业利润（元）						
营业利润率						
净利润（元）						
净利润率						

③ 预计资产负债表。资产负债表是反映企业一定日期财务状况的报表，其编制原理是"资产＝负债＋所有者权益"。资产负债表的数字基本来源于前面的分析和预测，其简表的格式见第5章中的相关内容。

④ 预计现金流量表。企业不一定因为亏损而破产，却会因为现金断流而清算。因此，一定要加强对现金流量的管理。编制预计现金流量表能够很好地控制现金流量。现金流量表是反映企业一定期间现金及其等价物增减变动情况的报表。现金流量表简表的格式如表7-5所示。

表7-5 未来3年预计现金流量表

企业名称： 单位：

项目	第一年	第二年	第三年
一、经营活动产生的现金流量：			
净利润			
加：折扣和摊销			
财务费用			
存货减少			
经营性应收项目减少			
经营性应付项目增加			
经营活动产生的现金流量			

续表

项目	第一年	第二年	第三年
二、投资活动产生的现金流量：			
构建固定资产、无形资产和其他长期资产支付的现金			
投资支付的现金			
支付其他与投资活动有关的现金			
投资活动产生的现金流量净额			
三、筹资活动产生的现金流量			
吸收投资收到的现金			
取得借款收到的现金			
收到其他与筹资活动有关的现金			
筹资活动现金流入小计			
偿还债务支付的现金			
分配股利、利润或偿还利息支付的现金			
支付其他与筹资活动有关的现金			
筹资活动现金流出小计			
筹资活动产生的现金流量净额			
四、现金及现金等价物净增加额			
加：期初现金及现金等价物余额			
五、期末现金及现金等价物余额			

预计现金流量表的编制要求和预计利润表相同。

⑤ 投资回报。一般来说，在本部分还要求提供投资回报的资料，如企业的盈亏平衡点、投资回收期、投资报酬率、销售利润率、销售净利率、净现值等指标；作为对于借出资金安全性的判断依据，债权人还希望看到企业资产负债状况的资料，所以，资产负债率等指标也可以一起提供。对以上指标计算的讲解超出了本书范畴，读者可以参考《会计学》和《财务管理》等教材自行学习。

7．风险分析

创业计划书前面的章节写得再出色，没有风险分析的创业计划书也是不完美的。因为创业本身就带有一定的冒险性，创业过程中的风险也通常会让人始料不及。风险分析不仅能减轻投资者的疑虑，让他们对企业有全方位的了解，同时更能体现管理团队对市场的洞察力和解决问题的能力。

8．退出策略

任何新企业发展到一定阶段，都存在创业者与投资人的退出问题。这一部分需要描述创业者将如何被取代，以及投资者的退出战略，即他们如何收获资助新企业所带来的利益。例如，出售业务、与其他企业合并、首次公开募股（Initial Public Offerings，IPO），或者其他重新募集资金的事件，使得其所有者和投资人有机会套现先前的投资。

需要强调的是，虽然形成创业计划书的文件是明确的，但是，随着创业者掌握了更多关于他们所从事产业的情况，从潜在顾客处获得了更多反馈，或者随着外部环境条件的改变，创业计划书也要随之进行调整。一般来说，在企业的商业模式和目标市场完全明确之前，多数创业计划书会被反复修改数次。

创业计划书的撰写技巧

7.2.3 创业计划书的撰写技巧

逐步将创业构想转化成文字的过程，其实就是写作创业计划书主要内容的过程。了解撰写过程中的技巧，能够使撰写的创业计划书更具有吸引力和可信度。

创业计划书在撰写时如果能对以下11个问题有清晰的认识，则一方面可以提高创业计划书的易读性，另一方面可以提高企业融资的概率。

（1）五分钟的考试。一般来说，风险投资家或评审专家阅读一份创业计划书的时间在5分钟左右，他们主要关注业务和行业性质、项目性质（借钱还是风投）、资产负债表、团队、吸引人的地方等内容，因此，创业者在撰写创业计划书时要对这5个方面给予重视。

（2）内容要完整。一份好的创业计划书起码要涉及如下内容：计划摘要、产品与服务、团队和管理、市场预测、营销策略、生产计划、财务规划、风险分析。创业计划书不应该遗漏任何要素。

（3）投资项目中最重要的因素是人。一定要按照团队组建原则和团队特点等要点对创业团队进行如实描述，对团队成员的构成及其分工情况进行重点介绍。

（4）提高撰写水平的途径是阅读他人的创业计划书。阅读他人的创业计划书是帮助创业者提高自己写作能力的有效途径之一。撰写创业计划书之前阅读十几份他人的创业计划书将会有很大帮助。

（5）记住43.1%规则。一位风险投资家一般会希望在5 年内将其资金翻6倍，相当于每年的投资回报率（Reture On Investment，ROI）大约是43.1%。因此，一份承诺投资回报率在40%～50%的创业计划书对于风险投资家来说比较靠谱；如果是借款则需要有还本付息计划。

（6）打中11环。做最充分的准备，对创业计划进行最详细的论证，准备回答所有和创业计划有关的负面问题，以降低创业风险。另外，在会见风险投资者之前，创业者可以用“小字条”的方式准备尽可能多的问题的答案，给自己足够的心理支持和勇气。

（7）吸引投资者的方法。取得风险企业家名录是一种事半功倍的方法。利用名录，可以预先帮助创业者增进对风险投资者的认识和了解，以便有针对性地展开融资活动。

（8）准备回答最刁钻的问题。对于创业者来说，也许“你的创业计划书给其他风险投资者看过吗？”是一个两难的问题，建议创业者遵循诚实守信的原则，如实回答。

（9）对待被拒绝。审阅创业计划书是风险投资者日常工作的一部分，拒绝大多数的创业计划书也是风险投资者的工作常态。创业者没必要因为创业计划被拒绝而伤心欲绝，而是应该将其作为不断完善创业计划的手段。如果创业者在每一次被拒绝之后，都能够很好地采纳风险投资者的建议，进一步优化其创业计划书，则每被拒绝一次就离被接受近了一步。

（10）创业计划书中最重要的内容。对于投资者来说，创业计划书中最重要的内容是资产负债表以及团队的介绍。资产负债表说明了企业的财务状况，企业能否及时偿债以及有多少尚未分配的利润归属于投资者；创业团队的介绍则是创业项目能否成功的关键。

（11）把本收回来。任何人进行投资，其最低的要求都是能把本金收回来。因此，如果在融资时能够基于这条原则进行阐述，使投资者能在最短时间内将本金收回，则企业得到资金的概率会大为增加。

7.3 » 创业计划书之项目路演

创业计划书完成之后，如何在短时间内让你的项目进入评委或投资方的法眼，路演是很重要的一环。项目路演是指项目创始人或创业代表在讲台上向评委、投资方讲解项目属性、发展计划和融资计划。路演，打开了外界了解企业和项目的最重要和最直接的一扇窗户。

7.3.1 项目路演的作用

创业项目通过路演来呈现，能够大大提升融资成功的概率，因为相比文字、静态BP（PPT）传递、表格交互，路演更为真实。项目路演的好处如下。

1．路演是一种信息披露方式

从展现形式上，路演包括文字、图片、视频、PPT演讲、互动问答；从展现内容上，路演包括项目市场分析、竞争分析、产品和技术介绍、商业模式、团队成员、财务指标、融资计划等；这种多角度、多媒体的完整信息披露方式，可以让投资者更充分地了解创业项目。

2．路演是一种增信手段

任何交易，都建立在信用和信任的基础之上，资本市场更是如此。信息披露的本质就是建立信任，但文字沟通有距离感，因为文字可以包装，而路演使投融双方能够面对面进行零距离接触，增强了彼此的信任感。这一点，在信用体系不够完善的投资市场显得更为重要。

3．路演是一种即时沟通

路演特别强调现场感，必须由项目主要创始人现场讲解，从这个角度上看，事先录好并经过剪辑的视频，作为媒体宣传可以，但只能作为路演的侧面辅助参考而已。路演特别强调即时沟通，没有经过深思熟虑的斟酌而直面问题的解答，往往更能反映项目真实的情况。尤其是在问答环节，项目方和投资方通过互动交流，可以将对彼此的了解提升到新高度。

可以说，项目路演是国内外很多企业实现融资的“高速公路”。通过路演，可实现创业者与投资人的零距离对话、平等交流、专业切磋，加深创业者与投资人的相互了解，最终推动融资进程。

7.3.2 项目路演的内容和技巧

项目路演的内容最好用PPT来展示，因为路演时间有限，路演PPT可以将核心的内容展示出来，从而让投资人尽快对项目感兴趣。

1．项目路演的内容

一般来说，项目路演包括以下内容。

第一：你做的是什么项目？（项目的行业，项目的特点）

第二：你为什么要做这个项目？（目前市场有什么不足，客户有什么不满，你能有什么机会）

第三：你的项目解决了顾客的什么问题？是如何解决这个问题的？（解决的方式）

第四：解决了上述问题你能得到什么？（你的商业模式是什么，如何形成商业闭环，如何吸引用户或客户，如何盈利）

第五：项目的市场空间有多大？

第六：你提供的产品、技术或服务。介绍产品、技术或服务的独特之处，尽可能使对技术的描述通俗易懂，切忌使用专业术语进行陈述；展示产品的图片、相关描述或者样品，如果产品已经试生产结束，则最好展示样品；说明可能涉及的知识产权问题，以及企业采取的保护措施。

第七：竞争分析。用几句话告诉评委或投资人，有没有别人在做这件事，如果有，那么他们做得怎么样？你的竞争优势是什么？（凭什么能在市场中获胜）最好能做一个项目的优劣分析（SWOT）。

第八：为什么现在做这个项目？（创业时机、市场的环境是不是成熟）

第九：你的市场营销计划是什么？（你准备如何去做市场）

第十：为什么你们能做这个项目？（介绍你和你团队的能力和背景，你们的股东结构，说明你的团队具备运作这个项目的能力）

第十一：项目的进展怎样？（你们目前已经进行到什么程度了，投入的情况以及获得了哪些关键数据）

第十二：你准备融资多少？计划怎么用这些资金？（为什么需要这么多的资金，详细介绍拿到资金后准备怎么用，愿意出让多少股份，这些资金能用多久，能达到怎样的效果）

2．项目路演PPT的6-6-6 法则

精心准备和经常演练是使项目路演变得精彩的基本方法。巧妙构思展示的内容、制作专业的展示PPT，可以提高路演者的信心，使路演获得满意的效果。

下面介绍一个项目路演PPT的常用法则——6-6-6 法则，即每行不超过6个词语，每页不超过6行，连续6页文字PPT之后需要一个视觉停顿（采用带有图表的PPT）等；一场5~8分钟的路演最好不

6-6-6 法则

超过12页PPT。下面是一个推荐的展示PPT模板，共计12页PPT。

展示PPT往往从标题幻灯片开始。该页PPT要包括企业的名称和标志、创始人的姓名和联系方式。

第一张PPT：概述。对产品或服务进行简要介绍，对演讲要点进行简介，对该项商业活动带来的潜在收益（经济效益、社会效益）等进行简单说明。

第二张PPT：问题。说明亟待解决的问题（问题在哪儿？为什么会出现该问题？如何解决该问题）；通过调查证实的问题（潜在顾客的需求是什么？专家有哪些建议？问题的严重性如何）。

第三张PPT：解决办法。说明企业的解决办法与其他解决方案相比的独特之处；展示本企业的解决方案在多大程度上可以改变顾客的生活，以及企业的解决方案有什么进入壁垒。

第四张PPT：机会和目标市场。要清楚定位企业具体的目标市场，对目标市场的广阔前景进行展望；通过图表的方式展示目标市场的规模、预期销售额和预期市场份额等信息，说明拟采取什么方法来实现销售计划。

第五张PPT：技术。介绍技术、产品或服务的独特之处，尽可能使对技术的描述通俗易懂，切忌使用专业术语进行陈述；展示产品的图片、相关描述或者样品，如果产品已经试生产结束，则最好展示样品；说明可能涉及的知识产权问题以及企业采取的保护措施。

第六张PPT：竞争。详细阐述直接、间接和未来的竞争者，展示创业计划书中的竞争者方格，说明和竞争对手相比的竞争优势。

第七张PPT：市场和销售。描述总体的市场计划、定价策略、销售过程以及销售渠道，说明消费者的购买动机、企业激起消费者欲望的方法，以及产品或服务如何到达最终消费者手中。

第八张PPT：管理团队。介绍现有管理团队（团队成员的背景和专长，以及其在企业中将要发挥的作用，如何进行团队合作等），说明管理团队存在的缺陷或不足，如果有顾问委员会最好加以介绍。

第九张PPT：财务规划。介绍未来3～5年企业总体的盈利状况、财务状况及现金流状况，尽量将规划的内容显示在一张PPT上，而且只显示总体数据，同时做好回答和数据相关问题的心理准备。

第十张PPT：现状。用数据突出已经取得的重大进展，介绍启动资金的来源、构成和使用情况，介绍现有的所有权结构，介绍企业采用的法律形式及其原因。

第十一张PPT：财务要求。如果有融资计划，介绍想要的融资渠道及筹集资金的使用方式，同时介绍资金筹集后可能取得的重大进展。

第十二张PPT：总结。总结企业最大的优势、团队最大的优势，同时介绍企业的退出策略，并征求反馈意见。

PPT的整体风格要求如下：风格清晰；着色不能超过三种；字不如表，表不如图；页数最好不要超过12页。

3．项目路演的技巧

（1）在展示自己的创业计划之前，首先需要搜集听众的相关信息，以便和听众建立各种联系。通过搜索风险投资网站，可以了解参加路演的风险投资家或者天使投资者的信息，分析自己的创业计划和这些听众之间是否存在某种联系，或者演讲者本人与这些听众之间是否有个人联系。如果创业计划能够和听众的某些活动联系起来，或者演讲者曾经和听众有过接触，则路演工作会达到事半功倍的效果。

（2）准备和路演场合相符的服装，按照合理分配的路演时间多进行练习，尽可能多了解路演场地的信息。

（3）想方设法使路演生动有趣、充满激情。麻省理工学院的一项权威调查表明，沟通涉及3个层面：视觉（身体语言）占55%，声音（语音语调）占35%，口头表达（用字用词）占7%。因此，在路演进程中，通过向观众提问而有意停顿，或提高音量，或使用丰富的表情感染、鼓舞观众，吸引观众的注意力，多和观众沟通等都是不错的使路演生动有趣、充满激情的表达技巧。

思考与训练

1．思考并回答以下问题

（1）为什么说准备创业计划书的过程实质上是信息的搜集过程?

（2）请简述创业计划书的主要内容和撰写技巧。

2．分组讨论与实操

（1）从网上至少搜集一份获奖的创业计划书，阅读后讨论其获奖的原因。

（2）针对已有的创业项目，制作一份12页的路演PPT，并尝试进行项目路演。

第8章

开办你的企业

【学习目标】

通过本章的学习，使学生了解不同企业法律组织形式之间的区别、新企业注册的程序与步骤、新企业选址的影响因素以及零售店铺选址的要点。认识新企业必须考虑的相关问题，掌握新企业管理的基本原则、管理重点与管理策略。

【学习重点与难点】

重点：新企业注册的程序、步骤与新企业管理的基本原则。

难点：新企业的管理重点和管理策略。

案例分析

8-1 陈钟文和他的彩绘公司

2015年，毕业于湖南邵阳学院美术系的陈钟文准备与他的3个大学同学一起创办一家专门从事彩绘、墙绘、企业文化建设的企业。他们一共凑齐了12万元，随后就开始张罗着选址、注册公司，并给公司起名字。4个从来没有创办企业经历的年轻人从企业注册这一步就开始“晕菜”了。虽然在绘画、艺术设计中他们个个都是好手，但是在准备创办企业这件事上，他们甚至连工商管理部门的大门朝哪儿开都不清楚，这让他们心里没了底。为了弄清楚企业注册的法律流程，他们先到工商管理部门拿了一套企业注册的程序介绍。几个人回来研究了一番，却发现越研究越不明白。像他们这样从事彩绘、墙绘的公司究竟应该注册成什么类型的企业？注册时应该提供哪些资料？具体的费用是多少？究竟该怎么给自己的公司起名？几个人商讨了好几个晚上还是没有结果。烦琐的注册程序，使几个人同时产生了畏难情绪。

课堂思考与讨论

1. 陈钟文准备创办一家从事彩绘的企业，第一步应该做什么？
2. 陈钟文的公司采用什么样的组织形式比较合适？
3. 你能给陈钟文的公司起个好名字吗？

8.1 » 新企业开办的法律流程

创业名言

国不可无法，有法而不善与无法等。

——沈家本（清朝新法家代表人物）

法律是维护社会秩序的最后凭借手段，而社会秩序依赖于一个国家的社会和文化特征。相应的是，一个社会和文化命题越是基本，它与法律和法律文化的联系就越是紧密，不论这一联系是公开的还是隐蔽的。

——千叶正士（日本学者）

所有创业者都要按照国家法律规定开办和经营企业，并承担相关的法律责任。法律是一个监督员，时时刻刻监督着你的行为，只有你遵守法律，法律才会保护你。简单地说，法律在一定程度上允许或禁止创业者所做的某些决策和采取的部分行动。因此，创业者在开办新企业之前，应该了解和熟悉新企业设立的法律流程，其中包括企业登记注册的法定程序，这对于企业创建的效率来说是非常重要的。

一般而言，创建企业有如下法律流程。

第一步，选择合适的企业法律组织形式；第二步，登记注册，具体包括企业名称登记、工商登记注册、税务登记和其他登记备案事项。

8.1.1 企业法律组织形式的选择

“我想创业，我应该注册一家什么样的公司合适”或者“我想和同学一起创业，我应该采取一种什么样的组织形式合适”，这些问题是创业者在创业之初首先遇到的问题。

毫无疑问，新企业创立之前，创业者应该首先确定拟创办企业的法律组织形式。新创企业可采用不同的组织形式，如创业者个人独立创办的个人独资企业、由创业者团队创办的合伙企业、以法人为主体的有限责任公司或股份有限公司等。对创业者而言，各种法律组织形式没有绝对的好坏之分，各有利弊，选择合适，便可趋利避害；选择不恰当，就会为将来的运作带来巨大的隐患。但无论选择怎样的形式，都必须根据国家的法律法规要求和新创企业的实际情况，科学衡量各种组织形式的利弊，决定合适的组织形式。

1．个体工商户

个体工商户是我国特有的一种公民参与生产经营活动的形式，也是个体经济的一种法律形式。

依照相关法律规定，个体工商户（即公民）是指在法律允许的范围内，经工商行政管理机关核准登记，从事工商业经营的个体劳动者。

个体工商户业主可以是一个自然人或一个家庭，人数上没有过多限制，注册资本也无数量限制，开办手续比较简单。业主只需要有相应的经营资金和经营场所，到工商部门办理登记手续即可。个体工商户还可以根据自己的需要起字号。在经营上，个体工商户的全部资产属于自己所有，其决策程序比较简单，不受他人制约；利润分配上，个体工商户的全部利润归自己或家庭，但同时对外要承担无限责任，相应的风险也比较大。

2．个人独资企业

个人独资企业是很古老也很常见的企业法律组织形式。个人独资企业又称个人业主制企业，是指依法设立，由一个自然人投资并承担无限连带责任，财产为投资者个人所有的经营实体。当个人独资企业财产不足以清偿债务时，选择这种企业形式的创业者须依法以其个人其他财产予以清偿。

个人独资企业在业主数量与注册资金上与个体工商户相似，但设立手续比个体工商户要复杂，需要有合法的企业名称、有投资人申报的出资、有固定的生产经营场所和必要的生产经营条件及必要的从业人员。个人独资企业在经营决策与利润分配上与个体工商户相似，其决策程序简单，利润归出资人，同时负无限责任。

3．合伙企业

如果两个或两个以上的人共同创业，那么可以选择合伙制作为新企业的法律组织形式。根据《中华人民共和国合伙企业法》，合伙企业是指依法在中国境内设立的由各合伙人订立合伙协议，共同出资、合伙经营、共享收益、共担风险，并对合伙企业债务承担无限连带责任的营利性组织。

合伙企业包括普通合伙企业和有限合伙企业两种形式。两者最大的区别在于有限合伙企业有两种不同的所有者：普通合伙人和有限合伙人。其中，普通合伙人对合伙企业的债务和义务负责；而有限合伙人仅以投资额为限承担有限责任，且一般不享有对组织的控制权。另外，普通合伙企业合伙人可以用货币、实物、知识产权、土地使用权或者其他财产权利出资，也可以用劳务出资；但有限合伙企业的有限合伙人不得以劳务出资。以下主要介绍普通合伙企业。

除要有合伙企业的名称、经营场所以及从事合伙经营的必要条件之外，设立普通合伙企业还应当具备以下几个条件。

（1）合伙企业必须有两个以上合伙人，合伙人应当具备完全民事行为能力，且能够依法承担无限责任。

（2）合伙人应当遵循自愿、平等、公平、诚实信用原则订立合伙协议，合伙协议应载明合伙企业的名称、地点、经费范围、合伙人出资额和权责情况等基本事项。

（3）合伙人应当按照合伙协议约定的出资方式、数额和缴付出资的期限，履行出资义务。合伙人出资可以用货币、实物、土地使用权、知识产权或者其他财产权利；上述出资应当是合伙人的合法财产及财产权利。合伙人以劳务出资的，其评估办法由全体合伙人协商确定。

4．有限责任公司和股份有限公司

公司是现代社会中最主要的企业形式。它是以营利为目的，由股东出资形成，拥有独立的财产，享有法人财产权，独立从事生产经营活动，依法享有民事权利，承担民事责任，并以其全部财产对公司的债务承担责任的企业法人。所有权与经营权分离，是公司制的重要产权基础。与传统“两权合一”的业主制、合伙制相比，创业者选择公司制作为企业组织形式的一个最大特点就是仅以其所持股份或出资额为限对公司承担有限责任；另一个特点是存在双重纳税问题，即公司盈利要上缴公司所得税，创业者作为股东还要上缴企业投资所得税或个人所得税。根据《中华人民共和国公司法》（以下简称《公司法》），我国的公司分有限责任公司（包括一人有限责任公司）和股份有限公司两种类型。

（1）有限责任公司。有限责任公司的股东以其认缴的出资额为限对公司承担责任，公司以其全部资产对公司的债务承担责任。创业者设立有限责任公司，除了要有固定的生产经营场所和必要的生产经营条件之外，还应当具备下列条件。

① 股东符合法定人数。根据我国《公司法》第二十四条规定：有限责任公司由50位以下股东出资设立。需要说明的是，一人有限责任公司是在2005年10月27日第十届全国人民代表大会常务委员会第十八次会议通过的《公司法》中加入的。

② 股东出资。自2014年3月1日起，公司登记实行注册资本认缴制。除法律、行政法规以及国务院决定对特定行业注册资本最低限额另有规定的外，取消有限责任公司最低注册资本3万元、一人有限责任公司最低注册资本10万元、股份有限公司最低注册资本500万元的限制，也就是说理论上可以“一元钱办公司”。不再限制公司设立时全体股东（发起人）的首次出资比例，不再限制公司全体股东（发起人）的货币出资金额占注册资本的比例，不再规定公司股东（发起人）缴足出资的期限，也就是说理论上可以“零首付”，股东可自主约定出资方式和货币出资比例。高科技、文化创意、现代服务业等创新型企业可以选择灵活的出资方式。

③ 股东共同制定公司章程。法律对有限责任公司章程有明确的要求，要求应当载明的事项包括：公司名称和住所，公司经营范围，公司注册资本，股东的姓名或者名称，股东的权利和义务，股东的出资方式和出资额，股东转让出资的条件，公司的机构及其产生的办法、职权、议事规则，公司的法定代表人，公司的解散事由与清算办法，股东认为需要规定的其他事项。

④ 有公司名称，建立符合有限责任公司要求的组织机构。

（2）股份有限公司。股份有限公司的全部资本分为等额股份，股东以其认购的股份为限对公司承担责任，公司以其全部资产对公司的债务承担责任。设立股份有限公司要有公司名称，要建立符合股份有限公司要求的组织机构，要有固定的生产经营场所以及必要的生产经营条件，股份发行、筹办事项要符合法律规定。除此之外，根据我国《公司法》规定，设立股份有限公司还应当具备下列条件。

① 发起人符合法定人数。设立股份有限公司，应当有2人以上200人以下为发起人，其中须有半数以上的发起人在中国境内有住所。

② 发起人认缴和募集的股本达到法定资本最低限额。股份有限公司的注册资本为在公司登记机关登记的全体发起人认购的股本总额。自2014年3月1日起，不再限制公司全体股东（发起人）的货币出资金额占注册资本的比例，除法律、行政法规以及国务院决定对特定行业注册资本最低限额另有规定的外，取消股份有限公司最低注册资本500万元的限制。

③ 股份发行、筹办事项符合法律规定。

④ 发起人制定公司章程。

总之，不同组织形态的企业存在不同的成立条件、承担责任形式等不同特征。为了让大学生创业者有个更为直观的了解和较为系统的认识，现对主要存在的4种小、微型企业做一个比较和梳理，如表8-1所示。

表8-1 小、微型企业法律形态特征比较

法律形态 特征比较	个体工商户	个人独资企业	合伙企业	有限责任公司（一人有限公司除外）
法律依据	《个体工商户条例》	《个体独资企业法》	《合伙企业法》	《公司法》
企业性质	非法人、非企业	非法人企业	非法人企业	法人企业
投资人数	一个自然人或家庭	一个自然人	2人以上	2～50人
注册资本	无注册资本限制	无注册资本限制	无注册资本限制	无注册资本限制
出资形式	无限制	无限制	普通合伙企业无限制，有限合伙企业中有限合伙人不可以以劳务出资	货币、实物、知识产权和土地使用权等均可作为出资形式，但是劳务、商誉等不可作为出资形式
投资主体	自然人或家庭	自然人	国有公司、国有企业、上市公司、公益性事业单位、社会团体不得为合伙人	2～50个自然人或法人
经营主体	个人或家庭	投资者	合伙人共同经营	股东不一定参与经营
成立条件	有相应的经营资金和经营场所即可	①自然人；②有合法的企业名称；③有出资额；④有固定的生产经营场所和必要的生产经营条件；⑤有必要的从业人员	①有2个以上合伙人，依法承担无限连带责任；②有书面合伙协议；③有合伙人实际缴付出资；④有企业名称；⑤有经营场地和经营必要的条件	①股东符合法定人数；②出资额达到法定最低额；③制订公司章程；④有公司名称与符合有限责任公司的组织结构；⑤有固定的生产经营场所和条件
税收	定额，不缴纳企业所得税	定额，不缴纳企业所得税	缴纳个人所得税，不缴纳企业所得税	双税制，缴纳企业所得税和个人所得税
责任形式	由个人经营的，以其个人资产对债务承担无限责任；由家庭经营的，以家庭财产承担无限责任	投资人以其个人资产对企业债务承担无限责任	普通合伙人承担无限连带责任，有限合伙人承担有限责任	以出资额为限承担有限责任
利润分配	归个人或家庭	归个人	合伙人按照合伙协议分配	股东按出资比例分配

8.1.2 企业登记注册流程

新办企业，首先得给它一个明确的法律地位，如同办理户口。根据我国法律规定，新办企业必须到工商行政管理部门办理登记手续，领取营业执照。如果从事特定行业的经营活动，还须事先取得相关主管部门颁发的经营许可证（如卫生、环保、特种行业许可证等）。

营业执照是企业主依照法定程序申请的、规定企业经营范围等内容的书面凭证。企业只有领取了营业执照，拥有了正式户口般的合法身份，才可以开展各项法定的经营业务。企业设立后，还需要进行税务登记，需要会计人员做财务，这其中涉及税法和财务知识，创业者需要了解企业的税项。

企业办理注册登记手续一般包括以下几个步骤。

1．核准企业名称

注册公司的第一步就是企业名称审核，即查名。创业者需要通过工商行政管理局进行企业名称注册申请，由工商行政管理局3名工商查名科注册官进行综合审定，给予注册核准，并发放盖有工商行政管理局名称登记专用章的“企业名称预先核准通知书”。

申办人需提供法人和股东的身份证复印件，并提供2～10个企业名称，写明经营范围、出资比例。企业名称要符合规范，格式如下。

企业名称 = 行政区划＋字号（2个字以上）＋行业＋组织形式

例如，湖南智丰众创企业管理有限责任公司。在这里，“湖南”就是行政区划，指代企业所在地的省（包括自治区、直辖市）或县（市辖区）的行政区划名称。企业名称应当冠以企业所在地的省（包括自治区、直辖市）、市（包括州）或者县（包括市辖区）的行政区划名称。“智丰众创”就是字号，字号是该设立的企业区别于其他企业的标志，是企业形象的一种代表。“企业管理”就是行业，行业特征要求的是能够依照国家行业分类标准划分的类别，判断出该企业生产、经营或服务的范围或特点。企业的组织形式就是前面所讲述的内容。

2．经营项目审批

如新创企业的经营范围涉及特种行业许可经营项目，则需要提前办理特行申请并获准后，才可以继续工商注册程序。例如，你要开设一家书店，就需要向辖区的文化部门申请“出版物经营许可证”。

特种许可项目涉及旅馆、印铸刻字、旧货、典当、拍卖、信托寄卖等行业，需要消防、治安、环保、科学技术委员会等行政部门审批。特种行业许可证的办理，根据行业情况及相应部门规定不同，分为前置审批和后置审批。

3．生产经营场所的获得

以现存的经营形态而言，除了网上的个体工商户很大程度上没有实际意义上的实体店外，其他的企业组织形式都要求有自己的实际经营场所或办公场地，这种场所可以是自有的或者租用的。

4．公司公章备案

工商注册登记过程中，需要使用图章，图章由公安部门刻制。公司用章包括公章、财务章、法人章、全体股东章等。

5．编写公司章程

公司章程是指公司依法制订的，规定公司名称、住所、经营范围、经营管理制度等重大事项的基本文件，也是公司必备的规定公司组织及活动基本规则的书面文件。公司章程是股东共同一致的意思表示，载明了公司组织和活动的基本准则，是公司的宪章。公司章程具有法定性、真实性、自治性和公开性的基本特征。公司章程与《公司法》一样，共同肩负着调整公司活动的责任。作为公司组织与行为的基本准则，公司章程对公司的成立及运营具有十分重要的意义，它既是公司成立的基础，也是公司赖以生存的灵魂。

6．申领营业执照

工商局对企业提交的材料进行审查，以确定其符合企业登记申请。工商行政管理局核定后，即向企业发放工商企业营业执照，并公告企业成立。

相关材料包括公司章程、名称预先核准通知书、法人和全体股东的身份证、公司住所证明复印件（房产证及租赁合同）、前置审批文件或证件、生产性企业的环境评估报告等。

7．办理税务登记证

税务登记证应到当地国税局办理。办理税务登记证应提供的材料包括企业营业执照副本、经营场所产权证及租赁合同复印件、法人身份证、公司章程及公章。具体内容将在“8.2.2依法纳税”中做详细介绍。

8．银行开户

新创办企业需设立基本账户，企业可根据自己的具体情况选择开户银行。银行开户应提供的材料包括营业执照正本、公司公章/法人章/财务专用章、法人身份证、国税和地税务登记证正本等。

创业小贴士

为全面推进法人和其他组织统一社会信用代码制度建设，国家质监局于 2016 年全面取消组织机构代码证的办理，这意味着国家机关、事业单位、社会团体及其他依法成立的机构将无须再申领和更换组织机构代码证。

拓展阅读

8–1 《注册资本登记制度改革方案》（部分）

根据《国务院机构改革和职能转变方案》，为积极、稳妥地推进注册资本登记制度改革，制订本方案。

（一）自2014年3月1日起，实行注册资本认缴登记制。公司股东认缴的出资总额或者发起人认购的股本总额（即公司注册资本）应当在工商行政管理机关登记。公司股东（发起人）应当对其认缴出资额、出资方式、出资期限等自主约定，并记载于公司章程。有限责任公司的股东以其认缴的出资额为限对公司承担责任，股份有限公司的股东以其认购的股份为限对公司承担责任。公司应当将股东认缴出资额或者发起人认购股份、出资方式、出资期限、缴纳情况通过市场主体信用信息公示系统向社会公示。公司股东（发起人）对缴纳出资情况的真实性、合法性负责。

放宽注册资本登记条件。除法律、行政法规以及国务院决定对特定行业注册资本最低限额另有规定的外，取消有限责任公司最低注册资本3万元、一人有限责任公司最低注册资本10万元、股份有限公司最低注册资本500万元的限制。不再限制公司设立时全体股东（发起人）的首次出资比例，不再限制公司全体股东（发起人）的货币出资金额占注册资本的比例，不再规定公司股东（发起人）缴足出资的期限。

公司实收资本不再作为工商登记事项。公司登记时，无须提交验资报告。

现行法律、行政法规以及国务院决定明确规定实行注册资本实缴登记制的银行业金融机构、证券公司、期货公司、基金管理公司、保险公司、保险专业代理机构和保险经纪人、直销企业、对外劳务合作企业、融资性担保公司、募集设立的股份有限公司，以及劳务派遣企业、典当行、保险资产管理公司、小额贷款公司的注册资本认缴登记制问题，另行研究决定。在法律、行政法规以及国务院决定未修改前，暂按现行规定执行。

已经实行申报（认缴）出资登记的个人独资企业、合伙企业、农民专业合作社仍按现行规定执行。

鼓励、引导、支持国有企业、集体企业等非公司制企业法人实施规范的公司制改革，实行注册资本认缴登记制。

积极研究探索新型市场主体的工商登记。

（二）改革年度检验验照制度。将企业年度检验制度改为企业年度报告公示制度。企业应当按年度在规定的期限内，通过市场主体信用信息公示系统向工商行政管理机关报送年度报告，并向社会公示，任何单位和个人均可查询。企业年度报告的主要内容应包括公司股东（发起人）缴纳出资情况、资产状况等，企业对年度报告的真实性、合法性负责，工商行政管理机关可以对企业年度报告公示内容进行抽查。经检查发现企业年度报告隐瞒真实情况、弄虚作假的，工商行政管理机关依法予以处罚，并将企业法定代表人、负责人等信息通报公安、财政、海关、税务等有关部门。对未按规定期限公示年度报告的企业，工商行政管理机关在市场主体信用信息公示系统上将其载入经营异常名录，提醒其履行年度报告公示义务。企业在三年内履行年度报告公示义务的，可以向工商行政管理机关申请恢复正常记载状态；超过三年未履行的，工商行政管理机关将其永久载入经营异常名录（不得恢复正常记载状态），并列入严重违法企业名单（“黑名单”）。

改革个体工商户验照制度，建立符合个体工商户特点的年度报告制度。

探索实施农民专业合作社年度报告制度。

（三）简化住所（经营场所）登记手续。申请人提交场所合法使用证明即可予以登记。对市场主体住所（经营场所）的条件，各省、自治区、直辖市人民政府根据法律法规的规定和本地区管理的实际需要，按照既方便市场主体准入、又有效保障经济社会秩序的原则，可以自行或者授权下级人民政府做出具体规定。

（四）推行电子营业执照和全程电子化登记管理。建立适应互联网环境下的工商登记数字证书管理系统，积极推行全国统一标准规范的电子营业执照，为电子政务和电子商务提供身份认证和电子签名服务保障。电子营业执照载有工商登记信息，与纸质营业执照具有同等法律效力。大力推进以电子营业执照为支撑的网上申请、网上受理、网上审核、网上公示、网上发照等全程电子化登记管理方式，提高市场主体登记管理的信息化、便利化、规范化水平。

（资料来源：中国政府网）

8.2 » 创办企业必须考虑的相关问题

案例分析

8-2 大学生余娜的创业失败案例

2017年6月，余娜从湖北师范学院毕业后回到郑州，喜欢自由的她放弃了父亲安排的安稳职位，决定自主创业。身为女孩，余娜从小喜欢打扮，对皮肤保养、美容化妆也特别有兴趣，所以她顺理成章地选择了美容业。依靠父母的支持，余娜轻松地迈过了资金门槛，10万元的启动资金让她顺利开始了创业之路。当“娜娜的小屋”顺利开张后，余娜全身心地“泡”在店中。每天早上8点半，她准时到店，打扫卫生、整理顾客联系卡、搜集美容资讯、时刻注意行业动向；晚上美容师下班后，她还要独自统计营业额、比较营业报表，身兼清洁员、财务、公关、老板数职于一身。渐渐地，小店走上正轨，由亏损变为盈余。

红火的生意也吸引了合作者的注意。2018年7月，一家颇有实力的美容连锁机构找到了余娜，提出了优厚的合作条件。既然可以通过合作把小店发展壮大，余娜很快就跟对方签订了合作协议。随着连锁机构专业管理人员的进入，小店快速发展，余娜也渐渐放松了身心，开始享受起了“幕后老板”的生活。

然而，两个月后，管理方突然撤换了美容产品，并调整了顾客收费标准。一时间，顾客投诉、供货商要求赔偿等突如其来的变化让余娜晕了。余娜向合作方发出责难后才发现，由于缺少法律知识，在签订合作协议的时候，她已经将管理权拱手相让。眼看一手打造的小店成了别人的猎物，余娜非常痛心，找律师、打官司，几经折腾，她最终选择了撤资退出。

这之后，每次要经过已经改名的小店时，余娜总是绕路而行。

课堂思考与讨论

1. 余娜一手创办的“娜娜的小屋”为什么最终变成了别人的猎物？
2. 余娜的创业失败，对你有什么启发？

从创业开始，创业者不仅要知法懂法，树立守法经营的观念，同时还要懂得利用法律武器保护自己。遵纪守法、诚信经营、依法纳税的企业才能立足和持续发展，才能赢得客户的信任、供应商的合作、员工的信赖、政府的支持，甚至竞争对手的尊重，为自己营造一个良好的生存发展空间。

8.2.1 创业相关法律法规

在市场经济规则越来越完善的环境中，作为创业者，要知道法律不仅对企业有约束的一面，同时也给企业以保护。

1．与新办企业相关的法律法规

国家为使所有公民和企业能在公平、和谐的环境中竞争和发展，制订了各类法律法规。它们是规范公民和企业经济行为的准则，具有权威性、强制性、公平性。依法办事是公民和企业的责任。

作为一个想创办企业的创业者，你也许觉得法律太多了，弄不明白。其实，和你的企业有直接关系的法律只是其中一部分。你不必了解有关法律的所有内容，只需要知道哪些法律和哪些关键内容与新办企业有关就可以了。

与新办企业直接相关的基本法律如表8-2所示。

表8-2　与新办企业直接相关的基本法律

法律名称	相关基本内容
企业法	《中华人民共和国公司法》《中华人民共和国个人独资企业法》《中华人民共和国合伙企业法》《个体工商户条例》《中华人民共和国中外合资合作企业法》《中华人民共和国乡镇企业法》等
民法通则	个体工商户、农村承包经营、个人合伙、企业法人、联营、代理、财产所有权、财产权、债权、知识产权、民事责任等
合同法	一般合同的订立，合同内容的履行、变更和转让，权利义务的终止，违约责任等。具体合同有买卖合同、借款合同、租赁合同、运输合同、技术合同、建设工程合同、委托合同等
劳动法	促进就业、劳动合同和集体合同、工作时间和休息休假时间、工资、职业安全卫生、女职工和未成年工的特殊保护、职业培训、社会保险和福利、劳动争议、监督检查等

与企业相关的其他法律有《中华人民共和国会计法》《中华人民共和国税法》《中华人民共和国产品质量法》《中华人民共和国消费者权益保护法》《中华人民共和国反不正当竞争法》《中华人民共和国保险法》《中华人民共和国环境保护法》等。

创业小贴士

企业只有在工商行政管理部门办理登记手续，领取营业执照，才受国家法律保护。

2.《中华人民共和国知识产权法》

知识产权是人们对自己通过智力活动创造的成果所依法享有的权利。知识产权包括专利、商标、版权等，是企业的重要资产。知识产权可通过许可证经营或出售，带来许可经营收入。实际上，几乎所有的企业（包括新企业）都拥有一些对其成功起关键作用的知识、信息和创意。传统观念将物质资产如土地、房屋和设备等视为企业最重要的资产，而现在知识资产已逐渐成为企业中最具价值的资产。对于创业者来说，为了有效保护自己的知识产权，也为了避免无意中侵犯他人的知识产权，了解相关法律非常重要。

（1）专利与《中华人民共和国专利法》

专利是指某个政府机构根据申请颁发的文件。它被用来记述一项发明，并且创造一种法律状况。在这种情况下，专利发明通常只有经过专利权所有人的许可才可以被利用。专利制度主要是为了解决发明创造的权利归属与发明创造的利用问题。专利法可以有效地保护专利拥有者的合法权益。创业者对其个人或企业的发明创造应及时申请专利，以寻求法律保护，使自己的利益不受侵犯；或者在受到侵犯时，有法律依据提出诉讼，要求侵害方予以赔偿。

我国于1984年3月12日颁布了《中华人民共和国专利法》，并于1992年9月4日进行了修订。2001年6月15日，国务院颁布了《中华人民共和国专利法实施细则》，自2001年7月1日起施行。

（2）商标与《中华人民共和国商标法》

商标，是指在商品或者服务项目上所使用的，由文字、图形、字母、数字、三维标志和颜色组合，以及上述要素的组合构成的显著标志。它用以识别不同经营者所生产、制造、加工、拣选、经销的商品或者提供的服务。商标是企业的一种无形资产，具有很高的价值。这种价值体现在独特性和所产生的经济利益上。保护和提高商标的价值，可以为企业带来巨大的收益。

商标包括注册商标和未注册商标。目前，我国只对人用药品和烟草制品实行强制注册。通常所说的商标均指注册商标。注册商标包括商品商标、服务商标、集体商标、证明商标等。注册商标的有效期为十年，可以申请续展，每次续展注册的有效期也为十年。商标注册申请人必须是依法成立的企业、事业单位、社会团体、个体工商户、合伙企业以及符合《中华人民共和国商标法》第九条规定的外国人或者外国企业。

我国于1982年8月23日颁布了《中华人民共和国商标法》，并于1993年2月22日进行了第一次修正，2001年10月27日进行了第二次修正。

（3）著作权与《中华人民共和国著作权法》

著作权也称版权，是指作者对其创作的文学艺术和科学作品依法享有的权利。著作权包括发表权、署名权、修改权、保护作品完整权、复制权、发行权、出租权、展览权、表演权、放映权、广播权、信息网络传播权、摄制权、改编权、翻译权、汇编权以及应当由著作权人享有的其他权利。对著作权的保护是对作者原始工作的保护。著作权的保护期限为作者有生之年加上去世后50年。我国实行作品自动保护原则和自愿登记原则，即作品一旦产生，作者便享有版权，登记与否都受法律保护；自愿登记后可以起证据作用。国家版权局认定中国版权保护中心为软件登记机构，其他作品的登记机构为作品所在的省级版权局。

我国于1990年9月7日颁布了《中华人民共和国著作权法》（以下简称《著作权法》），2001年10月27日进行了修正。计算机软件属于版权保护的作品范畴。我国根据《著作权法》，制订了《计算机软件保护条例》，并于1991年6月4日发布。在该条例中，计算机软件是指计算机程序及其有关文档。

除了与知识产权相关的法律法规外，还有《中华人民共和国反不正当竞争法》《中华人民共和国合同法》《中华人民共和国产品质量法》《中华人民共和国劳动法》等法律法规也是创业者及其新创企业所应当了解和关注的。

创业案例

8-1　大学生办电影网站遭60万元索赔

大学生小捷在校期间创办了一家免费电影网站，被杭州某影视公司以“版权侵权”起诉，对方索赔60万元。

原来，临近毕业的小捷和几名低年级同学共同投资2万元创办了一家免费电影网站。然而，他怎么也想不到等待他的竟是一场官司。“我们网站上的电影都是通过迅雷下载过来的，但我们并不知道其中几部电影是杭州那家公司代理的，60万元的赔偿对我们这些刚创业的大学生来说是一个沉重的打击。”小捷说，他们已收到温州市中级人民法院的传票并等待开庭。小捷说，大学生创业既缺乏经验又缺创业资本，无意中触碰到法律高压线往往也难以避免，但这样的索赔数额对于他们来说无疑是个天文数字。

评析

小捷的行为已触犯《中华人民共和国版权法》。

“版权侵权”分直接侵权和间接侵权。直接侵权是指抄袭、复制，如将版权作品的表达语言复制为另一种语言，或未做任何改编，包括将传统媒体复制为非传统媒体，于互联网上传或下载；出版抄袭作品，如出版由二维作品复制而成的三维作品。间接侵权是指将抄袭作品出口、贩卖、出租或做其他商业用途，以及提供方法、器具或地方进行侵犯版权的行为。

3．劳动合同法

《中华人民共和国劳动合同法》是为了完善劳动合同制度，明确劳动合同双方当事人的权利和义务，保护劳动者的合法权益，以及构建与发展和谐、稳定的劳动关系。该法由第十届全国人民代表大会常务委员会第二十八次会议于2007年6月29日修订通过，自2008年1月1日起施行。

2013年6月29日，第十二届全国人民代表大会常务委员会第三次会议通过根据2012年12月28日第十一届全国人民代表大会常务委员会第三十次会议《关于修改〈中华人民共和国劳动合同法〉的决定》。

《中华人民共和国劳动合同法》规定，用人单位必须与劳动者签订劳动合同。关于签订劳动合同的详细介绍参见“8.2.3　尊重员工的合法权益”，这里不再赘述。

8.2.2 依法纳税

依法纳税是公民和单位应尽的义务。税收是国家财政收入的主要来源，取之于民，用之于民。根据我国税法规定，所有企业都要依法报税和纳税。

1．与企业和企业主有关的主要税种

社会经济活动是一个连续运动的生生不息的过程：生产→流通→分配→消费。国家对生产流通环节征收的税种统称为流转税，它以销售收入或营业收入为征税对象，包括增值税、海关关税等。对分配环节征收的税种统称为所得税，它以生产经营者取得的利润和个人收益为征税对象，包括企业所得税、个人所得税等。这是最基本的两个税种。具体而言，与企业和企业主有关的主要税种有增值税、企业所得税、个人所得税、消费税、城市维护建设税和教育费附加等。

各类企业缴纳的一般税目税率如表8-3所示。

表8-3 各类企业缴纳的一般税目税率

<table>
<tr><th rowspan="2">企业类型</th><th>流转税</th><th rowspan="2">企业所得税</th><th rowspan="2">城市维护建设税</th><th rowspan="2">教育费附加</th><th rowspan="2">其他税种</th></tr>
<tr><th>增值税</th></tr>
<tr><td>制造业、商业</td><td>一般纳税人：13%；小规模纳税人：3%</td><td rowspan="2">一般纳税人：25%；小型微利企业（经税务机关核准）：20%</td><td rowspan="2">以流转税为基础，市区：7%；县城、镇：3%；偏远地区：1%</td><td rowspan="2">以流转税为基础：3%</td><td>资源税、消费税（烟、酒、烟火鞭炮、化妆品、汽油、柴油等商品）</td></tr>
<tr><td>服务业</td><td>一般纳税人：6%；小规模纳税人：3%</td><td>消费税（金银首饰）</td></tr>
<tr><td>农林牧渔业</td><td>9%</td><td>减征、免征</td><td></td><td></td><td></td></tr>
</table>

2．如何计算应纳税金

计算税金须首先正确判断你的企业类型。一般纳税人和小规模纳税人在计算税金上有不同的方式，根据国家税法的相关规定，小规模纳税人可以用以下简易的方式来计算税金。

应纳税金＝销售额（营业额）×税率＋城市维护建设税＋教育费附加

8.2.3 尊重员工的合法权益

企业竞争力的一个关键因素是员工的素质和积极性。在劳动力流动加快和竞争加剧的形势下，优秀的劳动者越来越成为劳动力市场上争夺的重要资源。所以，新开办的企业一开始就要特别重视以下4个方面的问题。

1．签订劳动合同

劳动合同是劳动者与企业签订的确立劳动关系、明确双方权利和义务的协议。签订劳动合同对双方都有约束作用，不仅保护劳动者的利益，也保护企业的利益，它是解决劳动争议的法律依据，双方绝对不能因嫌麻烦或者为了眼前的小利而不签劳动合同。

劳动合同的基本内容如下。

· 工作职责、定额、违约责任。
· 工作时间。
· 劳动报酬（工资种类、基本工资、奖金、加班、特种工作补贴等）。
· 休息时间（周假、节假日、年假、病假、事假、产假、婚丧假等）。
· 社会保险、福利。
· 合同的生效、解除、离职、开除。
· 劳动争议的处理。

一般各地都有统一的劳动合同文本，有关信息可以从当地人力资源和社会保障部门获得。

2．劳动保护和安全

尽管创业初期资金紧张，企业也要尽量创造良好的工作条件，防止工伤事故和职业病的发生，做好危险和有毒物品的使用和储存，改善音、光、气、温、行、居等条件，以保证员工的人身安全并提高他们的工作效率和积极性。

3．劳动报酬

企业定的工资不能低于本地区人力资源和社会保障部门规定的最低工资标准，而且必须按时以货币形式发放给劳动者本人。有关最低工资标准的信息可以从当地人力资源和社会保障部门获得。

4．社会保险

国家的社会保险法规要求企业和员工都要参加社会保险，按时足额缴纳社会保险费，使员工在年老、生病、因公伤残、失业、生育等情况下得到补偿或基本的保障。为员工办理社会保险对企业来说具有强制性。

目前，我国的社会保险主要有养老保险、医疗保险、工伤保险、失业保险和生育保险。办理社会保险的具体程序和要求可到当地人力资源和社会保障部门咨询。

创业小贴士

如果不能为员工提供基本的社会保障，将很难吸引和留住优秀人才。企业主对此一定要高度重视。

8.2.4 商业保险

经营一家企业总会有风险。各类企业的风险有差异，并非所有企业风险都要投保。例如，产品需求下降这种企业最基本的风险损失，就只能由企业自己承担；而有些风险损失则可以通过办保险来减少或降低，如机器、存货、车辆被盗窃、资产发生火灾或意外等。

企业的保险险种通常包括以下一些内容。

· 资产保险：如机器、库存货物、车辆、厂房的防盗险，水险和火险，商品运输险，特别是进出口商品的这类险种。

· 人身保险：业主本人和员工的商业医疗保险、人身事故保险、人寿保险等。

创业者要根据自己企业的实际情况来决定是否投保或投保哪些险种。不要过度信赖保险公司的推荐。

8.2.5 创办企业必须考虑的伦理问题

创业伦理是创业者在开拓市场、资本积累、互惠互利、协同合作、个人品德、后天修养等方面的一些行为准则。新企业势必要进入市场竞争的圈子，相应地，创业者也得遵守这个圈子所共同维护的行为规范。

由于企业所处的阶段不同，创业者所要考虑的伦理问题会有其企业自身的表现形式。有的创业者在创业之前会在一个单位工作，那么在其创业注册经营阶段，就会涉及创业前、创业中及创业过程必然联系到的相关利害关系人。因此，创业者所要考虑的伦理问题包括以下几个方面的内容。

1．创业者与原雇主之间的伦理问题

尽管有些初创企业由学生或自我雇佣者建立，但大部分新企业仍是由曾经从事相关职业的人们所创建。在辞职进行创业后，一些创业者出乎意料地发现，自己已置身于与前雇主公司敌对的境地。以下是创业者在辞职时必须遵循的两个最重要原则。

（1）职业化行事。员工恰当地表露离职意图十分重要，急不可耐的离职会让雇主十分恼火；此外，在未签订离职协议且离职协议生效之前员工仍为该单位员工，必须认真负责地做好先前的工作，并做好交接工作。

（2）尊重所有雇佣协议。对准备创业的雇员来说，充分知晓并尊重自己曾签署的雇佣协议至关重要。在一般情况下，关键雇员都签署了保密协议和非竞争协议。保密协议是雇员或其他当事人（如供应商）所做的不泄露企业商业秘密的承诺，这要求雇员在职期间甚至离开公司之后，都必须严格遵守该协议。非竞争协议则规定了在特定时段内，个人禁止与前雇主相竞争。如果签署了非竞争协议，雇员就必须遵守相关协议。

2．创业团队成员之间的伦理问题

创建者之间就新企业的利益分配以及对新企业未来的信心达成一致非常重要。对创业团队来说，易犯的错误就是因沉迷于开办企业的兴奋之中而忘记订立有关企业所有权分配的最初协议。创建者协议（或称股东协议）是处理企业创建者之间相对的权益分割、创业者个人如何因投入企业“血汗股权”或现金而获得补偿、创建者必须持有企业股份多长时间才能被完全授予等事务的书面文件。以下列出了创建者协议所包含的主要内容。

（1）未来业务的实质。

（2）简要的商业计划。

（3）创建者的身份和职位头衔。

（4）企业所有权的法律形式。

（5）股份分配（或所有权分割）方案。

（6）各创建者持有股份或所有权的支付方式（现金或血汗股权）。

（7）明确创建者签署确认归企业所有的任何知识产权。

（8）初始运营资本描述。

（9）回购条款，明确某位创建者退出时出售股份的处理方案。

3．创业者和其他利益相关者之间的伦理问题

创业者和其他利益相关者之间的伦理问题涉及如下方面。

（1）人事伦理问题。这些问题与公正、公平对待现有员工和未来员工有关。不符合伦理的行为范围非常广泛，从招聘面试中询问不恰当问题到不公平对待员工的方方面面，其根源可能是因为他们在性别、肤色、道德背景、宗教等方面有所不同。

（2）利益冲突。这些问题与那些挑战雇员忠诚的情景相关。例如，如果公司员工出于私人关系以非正当商业理由将合同交给其朋友或家庭成员，这就是不恰当的行动。

（3）顾客欺诈。这个领域的问题通常出现在公司忽视顾客尊重或公众安全的时候，如误导性广告、销售明知不安全的产品等。

8.3 » 新企业选址策略和技巧

创业名言

门店最重要的是什么，第一是选址，第二是选址，第三还是选址。

——业内名言

案例分析

8-3　不同地段、不同租金的建材店

孙毅和刘立在大学毕业后一起到上海创业，并同时担任一家建材企业的驻沪代表。他们的货源不成问题，也不需要占用自己的资金，但是厂家规定要自负盈亏，就是经营期间的费用，如水电费、人员工资和房租，都要他们自己挣出来。

因为人生地不熟，朋友们给他们推荐了宜山路建材市场和一家市区工厂旁的两个店面。位于建材市场内的摊位比较贵，小孙害怕生意做不好而选择了便宜的路边店面；而小刘比较大胆，租下了建材市场昂贵的店面。

一年以后，小刘店面的销量和利润已经远远超过了小孙，并且小刘还开了分店。

课堂思考与讨论

为什么租金便宜的反而不如租金贵的挣钱呢？

8.3.1 企业选址的重要性

企业选址是关系新企业成败的至关重要的因素，也是创业初期便涉及的几个问题之一。一个好的地理位置也许只能使一个普通的企业生存下去，但一个错误的地理位置却可以使一个优秀的企业失败。

企业选址的重要性

据香港工业总会和香港总商会的统计，在众多开业不到两年就关门的企业中，由于选址不当所导致的企业失败数量占到了总量的50%以上。由此可见，企业选址的重要性不言而喻。

企业选址的重要性可以从以下4个方面来理解。

（1）地址是制订经营战略及目标的重要依据。经营战略及目标的确定，首先要考虑所在区域的社会环境、地理环境、人口、交通状况及市政规划等因素。依据这些因素明确目标市场，按目标顾客的构成及需求特点，确定经营战略及目标，制订包括广告宣传、服务措施在内的各项促销策略。事实表明，经营方向、产品构成和服务水平基本相同的企业，会因为选址的不同，而使经济效益出现明显的差异。不理会企业周围的市场环境及竞争状况，任意或仅凭直观经验来选择企业地址，是难以经受考验并获得成功的。

（2）地址选择是对市场定位的选择。地址在某种程度上决定了客流量的多少、顾客购买力的大小、顾客的消费结构、企业对潜在顾客的吸引程度及企业竞争力的强弱等。选址适当，便占有了“地利”的优势，企业就能吸引大量顾客，生意自然就会兴旺。

（3）地址选择是一项长期性投资。不论是租赁的，还是购买的，地址一旦被确定下来，就需要大量的资金投入。当外部环境发生变化时，企业的地址不能像人、财、物等其他经营要素一样可以做相应的调整，它具有长期性、固定性的特点。因此，对企业地址的选择要做深入的调查和周密的考虑，妥善规划。

（4）地址选择反映了服务理念。地址选择要以便利顾客为首要原则，企业应从节省顾客的购买时间和交通费用的角度出发，最大限度地满足顾客的需要，否则就会失去顾客的信赖和支持，也就失去了存在的基础。

8.3.2 影响企业选址的主要因素

企业选址要解决两个基本问题：① 选择一个独特的地区；② 在该地区选择一个独特的地点。而影响企业选址的主要因素可划分为市场因素、商圈因素、交通因素、物业因素、所区因素、个人因素、价格因素。

影响企业选址的主要因素

1．市场因素

从顾客角度考虑，要考虑经营地是否接近顾客、周围的顾客是否有足够的购买力、所售的商品能否吸引这一带的顾客群。对于零售业和服务业，店铺的客流量和顾客的购买力决定着企业的业务量。

2．商圈因素

选址时需要对特定商圈进行特定分析，如车站附近是往来旅客集中的地区，适合发展餐饮、食品、生活用品；商业区是居民购物、聊天、休闲的理想场所，除了适宜开设大型综合商场外，特色鲜明的专卖店也很有市场；影剧院、公园名胜附近，适合经营餐饮、食品、娱乐、生活用品等；在居民区，凡能给家庭生活提供独特服务的生意，都能获得较好的发展；在市郊地段，不妨考虑为驾车者提供生活、休息、娱乐和维修车辆等服务。

3．交通因素

交通因素是指交通是否方便、停车是否方便、货物运输是否方便、乘车来去是否方便。便利的交通不仅对制造型企业很重要，对于服务型、零售型、批发型企业也至关重要。

4．物业因素

在租用店铺前，创业者应首先了解地段或房屋规划的用途与自己的经营项目是否相符；该物业是否有合法权证；还应考虑该物业的历史、空置待租的原因、坐落地段的声誉与形象等，如是不是环境污染区，有没有治安问题，会不会拆迁等。

5．所区因素

所区因素指的是经营业务最好能得到当地所区和政府的支持，至少不能与当地的政策背道而驰。

6．个人因素

有一些创业者往往容易过多地关注个人因素，如喜欢选择在自己的住所附近经营，这种做法，可能会令创业者丧失更好的机会或因经营受到局限，使企业难以快速发展。

7．价格因素

创业者在购买商铺或租赁商铺时，要充分考虑价格因素。通常在租房时，租金的支付方式是押一付三，就是在开始时你需要一次性支出4个月的房租。这时，你既要考虑启动资金够不够，还要考虑在生意只投入未产生利润期间你的储备金是否充足；同时，你还要对这个场地的销售额做出初步的预算，看你的盈利是否可以满足租金和管理费用的支出。如果营业额足够大，就算租金贵，也可以租用；但是，如果此地没有生意，就算再便宜也不要租用。

总之，创业者选址切忌盲听、盲信、盲从，缺少调查和评估是难以找到符合条件的经营场所的。因此，选址不能一味求快，创业者应该多对有意向的地段进行多方面的考察，权衡各个因素的优劣，从长远角度考虑，为自己店铺日后的经营打下良好的基础。

拓展阅读

8-2　4位大学生的创业失败案例

4位梦想创业的大学生，每人凑齐4 000元，准备在校园附近开一家精品店。当他们和房屋转租者签好转让协议，对店面进行装修时，房东突然出现并进行阻挠。他们的16 000元创业资金已经花光，门面却无法开张。

小王是中南大学铁道校区大三学生，大二时他就忙着在学校做市场调查，他认为定位中高档的男士精品店会很受学生欢迎。这学期开学不久，他和另外3位有创业想法的同学一拍即合，每人投资4 000元准备开店。

校园附近的孙老板有3间紧挨着的店面，其中一个门面闲置着。孙老板同意以12 000元转让这个门面两年的使用权。当时孙老板对小王他们说她有这个门面3年的使用权，但不要让房东知道房子已经转租给他们，就说几个大学生是帮她打工的，以此避免房东找麻烦。“我们虽然知道孙老板不是房东，只是租用了房东的房子，但我们不知道一定要经过房东的同意才能租房。”9月10日，涉世未深的几名大学生和孙老板签下了门面转让协议书，并支付了7 000元。

当他们开始对门面进行装修时，房东闻讯赶来。房东表示，他和孙老板签订的合同上明确写了该房子只允许做理发店，并且不允许转租。房东阻止他们装修，并和孙老板发生了冲突。

透过玻璃门可以看到，几个玻璃柜凌乱地摆放着，地上刨花满地。前不久，小王和另外3个同学还在一边贴墙纸，一边憧憬着美好的未来。当时为了不影响上课，他们利用晚上装修，忙到深夜两三点是常事。

现在门上已经挂了3把锁。9月，房东将第一把锁挂了上去，接着孙老板也挂了一把锁。小王等人的玻璃货架等物品都被锁在里面，无奈之下他们也挂了一把锁。现在要进入这个门面，要过三道关。几把锁锁死了他们的创业之路。孙老板从9月20日起就无影无踪，手机也不开机，不做任何解释。房东也不愿意和他们协商，反正房租已经收到了年底。这可苦了几个大学生，交给孙老板的7 000元房租，加上门面装修的5 000多元，以及进货花去的钱，4人凑的16 000元已经所剩无几。后来，孙老板终于出现了，她提出，几个大学生将剩下的5 000元交上，再想办法和房东协商。如果要退还7 000元的房租，必须把已经装修的门面恢复原状并补偿她2个月的误工费。这些钱来之不易，其中两个家庭条件并不是很好的学生拿出的是自己的学费，他们希望通过创业来缓解家庭的经济压力。另外一个同学的4 000元是他软磨硬泡才从父亲那里“借”来的。

8.3.3 企业选址的基本步骤

（1）根据自己的经营定位列出“必需的”和“希望的”选址条件。

（2）对照选址条件确定备选地点。

（3）造访备选地点，挑选两三处较好的位置。

（4）按照“必需的”和“希望的”选址条件，对这几个地点进行比较。

（5）在每天白天、晚上的各个时段到各个地点实地观察，计算有效客流量。

（6）咨询有经验的人士，获得帮助。

（7）综合分析各种信息和意见。

（8）做出选址决策。

拓展阅读

8-3 家乐福超市的选址策略分析

一、基本情况

家乐福1995年正式进入中国市场，在很短的时间内便在相距甚远的北京、上海和深圳3地开辟了大卖场。家乐福之所以会如此进行扩张，就是因为它们各自独立地发展了自己的供应商网络。根据家乐福自己的统计，从中国本地购买的商品占了商场所有商品的95%以上，仅2000年本地商品的采购金额就达15亿美元。除了已有的上海、广东、浙江、福建及胶东半岛等各地的采购网络外，家乐福在2001年年底还分别在北京、天津、大连、青岛、武汉、宁波、厦门、广州及深圳开设了区域化采购网络。

二、家乐福独特的开拓市场的方法

家乐福在开拓市场的时候形成了一套独特的方法，下面从它的实际例子中来领略其独特性。

（1）一人开辟一个市场。家乐福独特的开拓一个新的市场的方法是，每次家乐福进入一个新的地方，都只派1个人来开拓市场。这样的一种开拓市场的方法相信每一个第一次听到的人都会感到震惊，但家乐福确实是这样做的，而且也做得很好。

（2）深入市场调查。家乐福派来的第一个人就是这个地区的总经理，他所做的第一件事就是招一位本地人做他的助理。然后，这位空投到市场上的光杆总经理，和他唯一的员工做的第一件事，就是开始市场调查。他们会仔细地去调查当时其他商店里有哪些本地的商品在出售、哪些商品的流通量很大，然后再去与各类供应商谈判，决定哪些商品会在将来的家乐福店里出现。一个庞大无比的采购链，就这样完完全全地从零开始搭建。尽管家乐福的这种进入市场的方式粗看起来让人难以理解，但却是家乐福在世界各地开店的标准操作手法。这样做法背后的逻辑是，一个国家或地区的生活形态与另一个国家或地区的生活形态经常是大不相同的。在法国超市中到处可见的奶酪，在中国却很难找到供应商；在中国台湾十分热销的槟榔，可能在上海一个都卖不掉。所以，国外家乐福成熟有效的供应链，对于以食品为主的本地家乐福来说其实意义不大。最简单有效的方法就是了解当地，从当地组织采购本地人熟悉的商品。

三、家乐福选址所要考虑的因素

家乐福“Carrefour”的法文意思是十字路口，家乐福的选址就不折不扣地体现了这一标准：几乎所有的店都开在了路口，并且巨大的招牌在500米开外都可以看得一清二楚。而像家乐福这样的一个投资几千万的店，当然不会是拍脑袋想出店址的，其背后精密和复杂的计算，常令业外的人士大吃一惊。根据经典的零售学理论，一个大卖场的选址需要考虑以下几个方面的因素并经过详细的测算。

1．商圈内的人口消费能力

（1）测定商圈覆盖的范围。如果没有现成的资料可供利用，店家可能就不得不借助市场调研公司的力量来搜集这方面的数据。有一种做法是以某个原点为中心，测算5分钟步行范围、10分钟步行范围、15分钟步行范围。

根据我国的本地特色，还需要测算骑自行车的小片、中片和大片的半径范围，最后以车行速度来测算小片、中片和大片各覆盖了什么区域。如果有自然的分隔线，如一条铁路线，或是另一个街区有一个竞争对手，商圈的覆盖还需要依据这种边界进行调整。

（2）分析商圈内人口的规模及其特征。在分析完商圈覆盖的范围后，接着需要对这些区域进行进一步的细化，计算这片区域内各个居住小区详尽的人口的规模并进行特征调查，计算不同区域内人口的数量、密度、年龄分布、文化水平、职业分布、人均可支配收入等许多指标。家乐福的做法还会更细致一些，家乐福会根据这些小区的远近程度和居民可支配收入，再划出重要销售区域和普通销售区域。

2．所选区域内城市的交通和周边商圈的竞争情况

（1）考虑商圈内的交通状况。交通状况对于一个大型卖场来说很重要，如果一个未来的店址周围有许多的公交车，或是道路宽敞、交通方便，那么销售辐射的半径就可以放大许多。上海的大卖场的管理人员都非常明智，如家乐福古北店周围的公交线路不多，家乐福就干脆自己租用公交车定点在一些固定的小区间穿行，方便这些离得较远的小区居民上门一次性购齐一周的生活用品。

（2）对商圈内竞争对手的分析。因为未来的潜在销售区域也会受到很多竞争对手的挤压，所以家乐福也会将未来所有竞争对手计算进去。传统的商圈分析中，需要计算所有竞争对手的销售情况、产品线组成和单位面积销售额等数据，然后将这些估计的数字从总的区域潜力数据中减掉，未来的销售潜力就产生了。但是，这样做并没有考虑到不同对手的竞争实力，所以家乐福在开业前，索性把其他商店的情况摸个透彻，以打分的方法发现它们的不足之处，如环境是否清洁、哪类产品的价格比较高、生鲜产品的新鲜程度如何等，然后依据这种精确调研结果实施有竞争力的营销策略。

3．顾客群体的构成

（1）对顾客群体的构成进行统计分析。任何一个商圈的调查不会随着一个门店的开始营业而结束，随着门店的开业，企业还要继续对顾客群体进行统计分析。家乐福在这方面特别重视。家乐福自己的一份资料指出，顾客中有60%在34岁以下，70%是女性，有28%的人步行，45%的人乘坐公共汽车而来。

（2）大卖场依据目标顾客的信息来调整自己的商品线。家乐福在上海的每家店都有小小的不同，这一点最能体现家乐福的用心。例如，在虹桥门店，因为周围的高收入群体和外国侨民比较多，其中外国侨民占到了家乐福消费群体的40%，所以虹桥店里的外国商品特别多，如各类葡萄酒、肉肠、奶酪和橄榄油等，而这都是家乐福为了这些特殊的消费群体特意从国外进口的；又如南方商场的家乐福因为周围的居住小区比较分散，就在商场里开了家电影院和麦当劳，增加自己吸引较远处人群的力度；而青岛的家乐福做得更到位，因为有15%的顾客是韩国人，他们干脆就做了许多韩文招牌。

4．地理位置

顾客在购物时由于总是选择地址便利的商店，所以辨别竞争对手的时候，店址的临近程度是门店选址的重要因素。在选址时要正确判断商圈内顾客的习惯性行走路线，最先占领有利地位，为门店的成功做好准备。

5．成本的核算

连锁门店成本的核算相信不用多说，但有一点应当注意：连锁门店的成功之道在于利用规模经济的边际效益，而有些门店的位置距离中心库房很远，尤其是刚好超过货车一日的行程。如果门店之间距离很近（在互不影响的情况下），就可以节省相当一笔费用，如两个门店可以共用一个店长，商品配送更为便利等。

6．邻居的选择

好邻居是否就能带来好生意呢？这个要看自己的企业和你的邻居的经营是否具有互补性。例如，目前越来越多的电影院、快餐店进驻大型购物中心，以借机利用周边的强大客流带动自己的生意。选择合适的邻居至关重要，尤其是有些邻居是否只是暂住的流动人口甚至只是一个空牌子、有没有长期经营的打算等都要考察清楚。家乐福观音桥店的邻居就是肯德基，这为顾客提供了一个休息与就餐的地方。

以上这些因素，是基本的也是连锁门店选址时应当注意的要点。选址的好坏会成为影响门店日常经营的关键，同时也可以说，“你有好的选址，就已经成功了一半！”

（资料来源：百度文库）

8.3.4 关于零售店铺选址的几点建议[1]

零售店铺选址的建议

中国人经商最讲究“天时、地利、人和”，对于做终端零售的经营者来说，店铺位置的好坏是能否盈利的关键。如何选择好的店铺位置是店铺经营者所面临的首要问题，创业者如果不经过认真而科学的选择，而是仓促或者盲目开店的话，通常很容易遭受失败的打击。这里，我们对这类商铺的选址提出几点建议。

1．要根据自己店铺的经营定位进行选址

选择店铺位置之前，首先要明确自己的经营范围和经营定位。如果经营的是日化、副食等快速消费品，就要选择在居民区或社区附近；如果经营的是家具、电器等耐用消费

① 沈斐敏，徐国立.大学生创新与创业教程.北京：高等教育出版社，2014.

品，就要选择在交通便利的商业区。此外，还要考虑自己的目标消费群体，是主要面向普通大众消费群体，还是主要面向中、高阶层消费群体。简单地讲，就是要选择能够接近较多目标消费群体的地方。通常情况下，大多数店铺都选择在人流量比较大的街区，特别是当地商业活动比较频繁、商业设施比较密集的成熟商圈。

2．要尽量避免在受交通管制的街道选址

城市为了便于交通管理，在一些主要街道会采取交通管制措施，如单向通行、限制车辆种类、限制通行时间等，店铺选址应该避开这些地方；也尽量不要在道路中间设有隔离栏的街道开店，因为这样会限制对面的人流过来，即使你的店铺招牌做得很惹眼，对面的顾客也只能“望店兴叹”。交通方便是选择店铺位置的条件之一，店铺附近最好有公交车站点，以及为出租车提供的上、下车站等。另外，店铺门前或附近应该有便于停放车辆的停车场或空地，这样会更方便顾客购物。

3．要选择居民聚集、人口集中的地区

人气旺盛的地区基本上都有利于开设店铺，尤其是开设超市、便利店、干洗店这样的店铺。城市新开发的地区，刚开始居民较少、人口稀疏，如果又缺乏较多流动人口的话，是不适合开设店铺的。虽然有时候在新建地区开店，可以货卖独家，但往往由于顾客较少，店铺的日常运营难以维持。

4．要事先了解店铺所在地的政府规划

随着城市的快速发展，旧城改造是经营中可能遇到的，开设店铺前首先要调查和了解当地的城市规划情况，避免在可能拆迁的“危险”地区开设店铺。在租赁房屋时，还要调查了解该房屋的使用情况，如建筑质量、房屋业主是否拥有产权或有其他债务上的纠纷等。忽视这些细节往往会导致店铺的夭折，给自己带来巨大的损失。

5．要注意店铺所在街道的特点和街道客流的方向与分类

一条街道会因为交通条件、历史文化、所处位置不同，而形成自己的特点。要选择交通通畅、往来车辆和人流较多的街道，避免在一条“死胡同”里开店。店铺的坐落和朝向也是十分重要的，店铺门面要尽量宽阔，朝北要注意冬季避风，朝西要注意夏季遮阳等。同样一条街道的两侧，由于行人的走向习惯，客流量不一定相同，要细心观察客流的方向，在客流较多的一侧选址。长途汽车站、火车站和城市的交通主干道，虽然人流也很大，但客流速度较快，顾客滞留时间较短，很多人的目的不在购物，在这些地方开店，要根据自己的情况慎重选择。

6．要选择同类店铺比较聚集的街区或专业市场

“货比三家”是很多人经常采取的购物方式，选择同类店铺集中的街区，更容易招揽到较多的目标消费群体。不要担心竞争激烈，同类店铺聚集有助于提高相同目标消费群体的关注度。电子市场、花卉市场、建材市场等市场或商场，也是开设店铺的不错选择。需要注意的是，选择此类市场或商场开店，要考察这些市场和商场的管理水平、规模大小、在当地的影响力等因素。对规模较小、开业时间较短、管理水平差的此类市场或商场，要谨慎入驻。

8.4 » 新企业生存管理

创业名言

成长是企业生存所必需的。

——彼得·德鲁克（现代管理学之父）

案例分析

8-4 迅雷公司的起步

2002年，迅雷的创始人程浩和邹胜龙开始共同创业时，选择的项目是电子邮件的分布式存储系统。当时，电子邮箱开始收费，邮箱容量也越来越大。不过电子邮箱的存储市场并没有他们当初设想的那么大，两三个月后公司陷入困境，两人商量转型。程浩发现，在门户、邮箱、搜索、即时通信、下载中，其他的都有主流提供商，唯独下载没有，但对于大容量文件，如电影、网络游戏，人们却有较大的下载需求。于是，程浩和邹胜龙决定研发迅雷软件。迅雷软件采用基于网络原理的多资源超线程技术，下载速度奇快，但漏洞百出。为了使产品能以最快的速度发布，程浩在研发过程中放弃了对产品各种细节的考究，只关注目标消费者最关心的问题。

为了让用户使用该软件，迅雷公司聘请专业营销人员每月花费两三万元进行市场推广，但使用者还是寥寥无几。2004年年中，程浩通过朋友找到了金山软件公司的总裁雷军。此时，迅雷公司没有名气，雷军只给了他一次测试的机会。测试显示，迅雷软件的下载速度是其他下载工具的20倍。于是，金山软件公司同意推荐其游戏用户使用迅雷软件免费下载其热门游戏。在获得了金山软件公司的认同后，迅雷公司迅速和其他网络游戏厂商达成协议，新增用户量由每天不到300户增加到10 000多户。半年多时间，迅雷公司拥有了300万名用户，95%由网游合作伙伴带来。有了可观的用户群后，迅雷公司很快通过广告、软件捆绑、按效果付费的竞价排名广告等渠道获得了收支平衡。随即，迅雷公司也不断推出升级版本修正软件漏洞。

课堂思考与讨论

1. 创业之初，企业最根本的目的是什么？迅雷公司是如何操作的？

2. 迅雷公司在无法打开市场的情况下，是如何短时间内迅速拥有300万名用户的？这对你有什么启发？

8.4.1 初创企业的管理原则

新企业成长和现有企业成长具有明显的不同。由于现有企业在激烈的市场竞争中已经建立了一定的竞争优势，包括品牌、服务、渠道等。作为新入行的企业，只有打破原有竞争格局才能够扭转不利局面。在核心竞争能力尚未形成的时候，新创企业应该采用以下管理原则与对手周旋，争取生存机会，然后不断积累，加强自身的实力。

1．“生存第一”原则

企业在创业初期的首要任务就是在市场中生存下来，让消费者认识和接受自己的产品。也就是说创业之初，企业最根本的目标就是生存，企业的一切活动都应围绕生存来进行，一切危及企业生存的做法都应避免。“生存第一”原则要求创业者把满足顾客的需求放在第一位，要求把盈利作为公司管理绩效的唯一考核指标。企业应有明确的生存理念，指导员工时刻心系企业的生存安危，不断奋斗，确保企业基业稳固持续发展。

2．“现金为王”原则

现金流对于企业而言，如同血液对于人一样重要。资金链断裂，往往会使刚刚成立的企业遭遇挫折甚至破产。

“现金为王”原则要求：第一，创业者要周期性地评估企业的财务能力，要对当前现金流的状况做到心中有数；第二，创业者一定要节约用钱，要有“有多少钱、办多少事”的观念，每一分钱都应该用在最需要的地方，要千方百计增收节支、加速资金周转、把握好发展节奏；第三，采用“早收账，迟付款”的方法来实现正现金流。

3．“分工协作”原则

初创期的企业，其员工虽然进行了初步的分工，建立了一套组织结构，在现实中，平时大家各司其职，但在遇到紧急情况和重要任务时，往往需要大家齐心协力、团结一致去应对最紧要的事情。也就是说，初创企业的人员职责分工相对大企业而言比较模糊，企业员工之间处于一种“既分工、又协作”的状态。

4．“事必躬亲”原则

初创期的企业由于人手少、资源缺乏，一切都处于萌芽阶段，所以创业者必须亲自去做很多事情，如直接向客户推销产品、参与商业谈判、处理财务报表、制订薪酬计划、从事广告宣传等。这个阶段的创业者切忌把自己当成“大老板”而目空一切、眼高手低，要有事必躬亲的精神，这样创业者才能对企业经营过程中的每一个细节做到心中有数，从而才能使企业平安成长，并越做越大。

8.4.2 企业的生命周期

世界上任何事物都有生命周期，企业也不例外。企业的生命周期如同一双无形的巨手，始终左右着企业发展的轨迹。

企业的生命周期，是指企业诞生、成长、壮大、衰退甚至死亡的过程，如图8-1所示。虽然不同企业的寿命有长有短，但不同企业在生命周期的不同阶段所表现出来的特征却具有某些共性。了解这些共性，便于创业者了解自己企业所处的生命周期阶段，从而调整企业的发展状态，尽可能地延长企业的寿命。

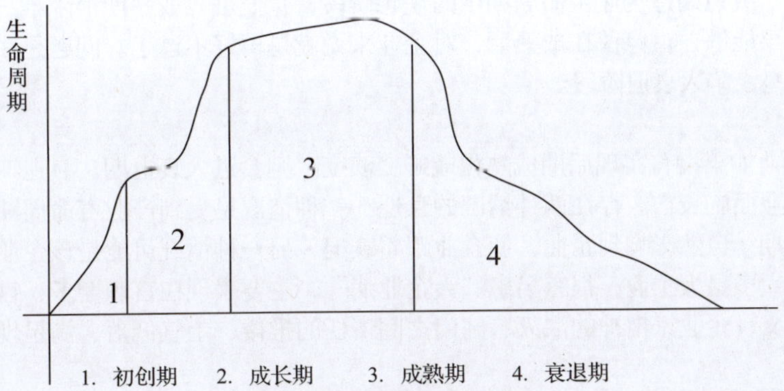

图8-1　企业的生命周期曲线

1．初创期

初创期是指企业初创的1～3年的时间。一般来说，这个阶段的企业生存能力弱，抵抗力很低，很容易受到产业中原有企业的威胁。此时，初创企业处于学习阶段，市场份额低，资金不充裕，管理水平低，管理费用高，固定成本大，企业波动较大，创业失败率也很高。生产经营活动中出现的任何差错都可能导致企业的夭折。新产品开发以及未来的企业现金流量都具有较高的不确定性，因此企业的经营风险非常高。初创企业成功与否，在很大程度上取决于创建初期的可行性分析，与市场预测和投资决策的关系也很大。初创期重点需要解决企业的生存问题。

2．成长期

在初创期生存下来的企业将很快进入成长期，处于这一时期的企业称为成长企业。一般把成长期分为迅速成长期和稳步成长期两个时期。在这一阶段，企业的年龄和规模都在增长，企业全面成长，经济实力增强，市场份额逐步提高，竞争能力增强，已能在产业中站稳脚跟，企业的创新能力也很强，企业已经形成了自己的配套产品。此阶段的主要特点在于，该企业在产业中已经成为“骨干企业”，但尚未发展为大企业。但在这样的情况下，企业的经营风险仍然比较大，企业很容易跌入多元化陷阱。这主要是由于企业的市场营销费用加大，企业需要募集大量资金进行项目投资，企业的创业者往往会想当然地认为其过去成功的经验可以在多个领域中适用，于是会“大胆”地进入多个行业或领域，甚至是自己极其不熟悉的非相关行业。诚然，多元化在初始阶段可能使企业的销售量大幅度增长，但赢利却未必会随着销售量的增长而越来越多，企业反而可能是赔钱越来越多。这时，企业的现金流量仍然是不确定的，且市场环境是多变的。因此，创业者需要不断完善企业的管理制度，更新企业的未来发展规划，提高企业对市场的应变能力，以保证企业的快速成长。

3．成熟期

考察企业的演变史，能够发现进入成长期的企业本来就为数不多，而能够成长为成熟企业并得以留存的更是凤毛麟角，许多企业在成长过程中已经被淘汰。在成熟期，企业的发展速度有所放慢，产品标准化有所提高，经营领域有所拓宽，管理走向正规化，企业产品的知名度和市场占有率都有很大的提高，并且企业通过各种媒体渠道在公众中树立了形象。但许多企业的发展对某一产品的依赖性很强，成熟期后，再过一段时间必然会出现衰败，这就有可能使企业发展后劲受到影响，导致创新精神减退。这是因为，企业经过初创期、高速成长期的艰苦奋斗、勇往直前后，往往会在环境相对舒适的成熟期趋向保守，缺乏对新事物的敏感性和强烈的改革要求。成熟期创新精神减退的问题还与企业规章制度的健全有关。创新强调变化，而制度要求遵守，再加上成熟期企业的规章制度已经较为健全，各级人员只需按规定办事即可。但市场是变化的，企业创造力“沉睡”时间过长，就会影响到满足顾客需要的能力，企业的市场竞争力也就随之下降。成熟期企业的最大风险是成熟期过于短暂。成熟期是企业生命周期中的理想阶段，企业进入成熟期很困难，要想停留在成熟期就更困难。如果能够一直停留在成熟期，对企业来说就是再好不过了。问题是在现实中，只要企业一不留神，就马上陷入衰退阶段。

4．衰退期

成熟期的企业如果没有实现后期成熟化或蜕变演变，则会进入衰退期。衰退期是指企业的发展在走下坡路，企业面临衰亡。存在两种情况的衰退：一种情况是受到产业寿命周期的影响，如果该产业已到了衰退期，自然影响到企业，使企业跟着衰退；另一种情况可能是该企业患了衰退症。处于衰退期的企业大多是大企业，很容易患“大企业病”，主要表现在官职增多、官僚主义横行、妨碍联系的本位主义、企业家精神的泯灭、部门之间责任的推诿、士气低落、满足现状、应变能力下降等。

衰退期企业的生命还是有延长的可能性的。只要企业进行蜕变，成功地转换产品，灵活地转换企业形态，准确地选择新的产业或领域，企业就可能重获新生。在衰退期考虑蜕变，时间上已经晚了点。其实，企业在成熟后期发现开始下滑或上升缓慢时，就应该考虑蜕变的事情了。

8.4.3 新企业容易遇到的管理问题[1]

创业名言

创业初期假如面对着好景气，往往就会丧失了警觉性，因而忽略了治理上的重要性；假如初期并不怎么顺利，或许反要让大家一起去拼命地干活，必须以创业时的“血盟”精神作为企业经营的基础。

——邱永汉（“日本赚钱之神”）

案例分析

8–5 李一男和他的港湾

2000年，李一男离开华为公司创办了港湾公司，并与华为公司签订了同业禁止协议。做了一段华为数据通信产品代理之后，港湾公司很快将华为公司一脚踢开，推出了自己的产品。接着，华为公司北京研究所的一个研发团队集体投奔港湾公司。港湾公司“挖人”的手法为，除了提供高薪之外还摆出诱人的股票和期权，以及美好的上市前景。风险投资商在港湾公司先后投下了将近一亿美元的重注，希望公司能够尽快到美国纳斯达克上市。一位国际著名投资银行的高层在2001年公开表示，李一男是中国下一代企业家的第一人选。

李一男希望港湾公司也能像几年以前的华为公司那样高速增长；他希望港湾公司不是一家产品单一的网络设备商，而是像华为公司那样的全业务解决方案供应商。当然，他本人也想成为第二个任正非。港湾公司在推出宽带接入产品大获成功之后，急不可耐地“杀入”路由器、光网络等新领域，“上马”高端路由器并在2002年年底推出了产品。这一次，李一男确实跑在了任正非的前面——当时业界普遍认为在数据通信领域，港湾公司要领先华为公司至少半年。

也许是认为超越华为公司的时机即将到来，港湾公司于2003年12月收购了另一位前华为公司副总裁黄耀旭创办的深圳钧天科技公司。如果之前只是像蚊子一样在华为公司这头大象身上叮了几口的话，此时的港湾公司已经憧憬着正面击倒“大象”了。深圳钧天科技公司是一家专注于光网络的技术型公司，而光网络产品线一直都是华为公司的利润“奶牛”，曾经占华为公司全部利润的1/3以上。

这使得任正非不得不对李一男“痛下杀手”。为了对付港湾公司，华为公司内部成立了专门的机构，并与港湾公司在每个地区、每个客户、每个订单上展开了“血腥”的争夺。据说，只要订单为港湾公司所得，华为公司所在地的办事处主任就要被免职。2004年，在某电信运营商宽带接入的招标中，华为公司将原来1.4亿元的投标价一口气降了50%，就是为了阻击港湾公司。

这是狼群中的头狼与小狼为争夺领导地位的巅峰之战，双方都使出了浑身解数。只有到了这个时候，李一男在管理能力上的欠缺才会暴露无遗。长期以来的独断专行使得他与投资人的关系日趋紧张，对投资业务的陌生又使得他轻率地与投资人签下了对赌协议；他对部下分而治之却无法掌握好平衡，使得各部门间内斗不断；他对华为公司出身员工的盲目重用使得非华为公司出身员工的积极性备受打击；他对公司内部管理的疏忽使得公司产生了几千万元说不清、道不明的坏账……他也许是一位很好的技术带头人和组织者，但不是一位真正的企业家。

最后，在投标失利、现金流枯竭、上市无望、与西门子通信的收购意向又被华为公司硬生生拆散之后，已经撑不下去的投资人再也无法忍受，将港湾公司的大部分资产出售给了华为公司。2006年6月，李一男自己亲手创立的港湾公司完败于曾经带给他无限荣耀的老东家华为公司。

课堂思考与讨论

1. 分析港湾公司的案例，你认为新创企业容易遇到哪些管理问题？
2. 李一男创建的港湾公司本来是很有成长潜力的，港湾公司被收购的主要原因是什么？
3. 港湾公司如果成功上市，企业会顺利发展吗？

---

① 李家华. 创业基础. 北京：清华大学出版社，2015.

在企业初创阶段，创业者往往瞄准某一市场空白点，如果推销工作做得好，企业的成长性往往很好，投资回报率相对于其他阶段要高出许多，企业销售收入能够获得快速增长。由于已有资源不多，企业承担风险的代价不大，创业者充满了探索精神，勇于冒险；创业者充满对未来的期望，往往能够容忍暂时的失误，因此这一时期的创业者对未来的期望值大于已有成就；企业的内部结构简单，办事效率较高等，这些都是初创企业的典型优势。但也正是因为这些优势，当企业由小到大快速成长之后，随着人员的膨胀、市场的扩张等，一些管理问题随之而来。

1．资金不足

低估对现金和经营资金的需要是初创企业中较为普遍的现象，这源于创业者典型的热情心态。对于确定所要承担的义务而言，热情可起到一定作用，不可或缺，而对资金需要的客观情况却与这种富有幻想的热情不相容。这种倾向实际上就是把成功的目标定得很高，而低估了对资金的需求。并且，企业的产品销量越大，出现资金不足问题的可能性就越大。一个企业的平均年销售量增长若超过35%，企业的自有资金一般就不足以支撑这种增长，此时就难免遇到资金周转的困难。

为获得资金，企业常常犯一些基本的错误，如把短期贷款用于较长时间才能产生效益的投资项目；开始用折扣刺激现金流的产生，有时折扣太大以至于不足以弥补变动成本，结果是卖得越多、亏得越多；把股份转让给对“事业”毫无怜悯心的风险资本家等。

创业者应该逐渐重视企业的现金流量、贷款结构和融资成本等，必须有符合实际的经营计划，而且要以“周”为单位来监控现金流量。记账的重点是现金流量，权责发生制会计虽有利于纳税和盈利分析，但对于及时监控企业生存却不见得有利。严格监控应收账目周转率和存贷周转率也是防止经营资金不必要增加的基本手段。

2．制度不完善

创业初期，企业要不断面对意外出现的各种问题，如顾客投诉、供货商令人不满、银行不愿贷款、工人磨洋工等。由于没有先例、规章或经验可资借鉴，企业就产生了行动导向和机会驱动的情况，这也意味着给规章制度和企业政策所留的空间很小。此时的企业正在试验、探寻成功的含义。一旦把成功的内涵搞清楚了，企业就会通过制订规章制度和政策来保证今后能取得同样的成功。这一阶段制订规章制度和政策有可能扼杀满足顾客需求的机会。但缺乏规章和政策，为了获取现金而过于灵活、采取权宜之计，又会使企业养成“坏习惯”。习惯成自然，而且这种习惯会持续到未来，对将来会造成不利影响。

对于初创期的企业而言，这类坏习惯的代价不高、收益不小。但随着企业员工和客户的增加，坏习惯的价值下降了，代价却直线上升。这样的例子比比皆是。例如，为争取到订单，企业会千方百计去满足客户的需要，但随后却可能造成创业者对企业失控。在这种情况下，签订风险很高的大宗合同可能导致巨大的损失。没有规章和政策，企业的管理就会混乱。虽然这对初创期的企业而言是正常的，但却使企业非常脆弱、易受挫折，问题常常演变成危机，这种状况把管理人员变成了消防队员。公司的管理也就只能是由危机到危机的“救火”管理。

3．因人设岗

初创期的企业，人们所承担的责任和义务常常是重叠交叉的。例如，总经理可能既管采购，又管销售，还兼管设计；销售人员可能要承担一部分采买工作；会计人员有时也是办公室主任。这时的企业是围绕人来组织的，而不是围绕工作本身进行组织的。企业按照缺乏规划的方式在成长，它只是对各种机会做出反应，而不是有计划、有组织、定位明确地去开发利用自己所创造的机会。

对于初创期的企业而言，事事优先是正常的，企业在不断成长、不可避免地犯了一些错误之后，就逐渐学会了哪些事不能去做。这是一个不断试错的学习过程，当初创期企业出现了大的失误，如损失了市场份额、失去了大的客户或赔了一大笔钱时，企业就被推入了下一个生命阶段。

企业初创期成就越大，自满程度越高，所出现的危机就越大，推动企业变革的作用力也就越大。此时，企业终会认识到，自己需要一整套规章制度来明确该做与不该做的事情。规章制度的完善表明企业强调管理的急迫性，这时企业过渡到下一个发展阶段。如果没有出现这种强调管理制度的情况，企业就会陷入被称为“创业者陷阱”或“家族陷阱”的病态发展之中。爱迪思认为，企业初创期出现的问题有些属于正常现象，随着企业的成长会慢慢解决；而有些则属于不正常现象，需要尽力避免，如表8-4所示。

表8-4 创业初期企业出现的正常现象与不正常现象

正常现象	不正常现象
所承担的义务没有因风险而丧失	风险使承担的义务消失殆尽
现金支出短期大于收入	现金支出长期大于收入
辛勤的工作加强了所承担的义务	所承担的义务丧失
缺乏管理深度	过早授权
缺乏制度	过早制订规章制度和工作程序
缺乏授权	创业者丧失控制权
唱“独角戏”，但愿意听取不同意见	刚愎自用，不听取意见
出差错	不容许出差错
家庭支持	缺乏家庭支持
外部支持	由于外部干预而使创业者产生疏远感

8.4.4 新企业成长的管理技巧与策略

新创企业成立之初往往都是白手起家。但小企业并不是规模小的大企业，尽管从规模、资金、员工人数等数量指标上能够区分小企业和大企业，但这些指标并不能够从本质上揭示两者之间的区别。

新创企业通常缺乏制订计划的能力，也没有大量数据资料作为决策的参考依据。因此，小企业往往没有像大公司一样的长远计划。但小企业经营者为了提高企业生命力，可能更加关注市场变化，更加贴近顾客，更加注重短期的快速反应能力和适应外部动荡不定的商业环境。由此看来，小企业并不是规模小的大企业，所以不能简单地把大企业成功的管理经验应用于小企业。

1．创业初期的营销管理

创业初期，销售是此时最重要的任务。创业初期的销售有时甚至是不赚钱的，为了吸引顾客从消费其他人的产品和服务转移到消费自己的产品和服务上，有时候赔钱的买卖也要做。所以，创业初期企业的销售收入增长很快，但由于成本增加更快，加上价格往往在成本附近，所以造成销量很大，但却没有利润。

随着企业的逐渐成熟，企业者要对已有的销售行为进行规范，要对客户进行筛选和细化管理，要对产品售前、售中、售后整个过程进行监控，整合所有销售的相关资源，把销售工作当成经营来做，逐步使销售收入与利润实现同步增长。关于新企业营销管理的详细介绍，参见“第9章 初创企业的营销管理”，这里不再赘述。

2．创业初期的人力资源管理

创业初期的人力资源管理的主要特点体现在：企业规模小，组织结构层次简单，决策权在主要创业者手中，决策简单，只需经营班子定出可行性方案即可；决策与执行环节少，使得决策集中、高效，执行快速有力，对于市场变化能够迅速做出反应；在用人机制上，初创企业有充分的用人自主权，能够吸引大批的人才加盟。

创业初期的人力资源规划，主要应该从业务发展的层面（包含技术、生产、营销等几个主要方面）以及企业整体运营进行思考，同时结合企业的长远发展来进行规划。

企业需要开展什么业务？需要成立哪些机构或部门？需要配备什么样的人才？需要配备多少这样的人才？需要的人才来源在哪里？如何才能引进这样的人才？如何才能让这些人才在企业中安心工作并发挥作用？企业在人才方面所做的预算是多少？一般员工的数量、来源、工作分配是怎样的？企业的薪酬福利制度是怎样的？如果创业初期老板们能够把这些问题思考清楚，能够系统性地把这些问题归纳到一起来处理，相信很容易找到答案。

3．创业初期的其他职能管理

初创企业的系统相对集权，有可能使子系统之间严重失衡，缺乏计划和控制系统下高度的灵活性甚至是随机性，没有实施专业化管理的土壤，如果各个部门之间协调不好，将会降低工作的效率。在计划方面，创业初期的企业更多注重对市场机会的开发、把握，以现有可以利用的市场机会确定经营方向，以实现远景目标战略（1～3年）；在领导方面，创业者通过与所有能互相合作和提供帮助的人们进行大量的沟通交流，并给予有力的激励和鼓舞，率领创业伙伴朝着某个共同方向前进；在控制方面，初创期企业应尽量减少计划执行中的偏差，确保主要绩效指标的实现。

总之，对创业初期的职能管理而言，创业企业没有规范化的管理方式，只有经过大量的实践后，才能结合企业的实际情况，形成符合自身特点的管理风格。用人来定制度，然后用制度来管理人。企业秩序的实现主要靠人员的主动性和自觉性，即以“人治”为主。

综上，在创业初期，企业的管理者要对公司运作和管理有正确的理解。在制订各种规章、制度的同时，更应清楚任何企业管理的目标一定是使企业运作如何更加有效，能帮企业获得经济效益，而非把表面文章或者形式架构做得如何漂亮，它的衡量标准是成果而非过程。所以，一切的管理应该考虑的是公司如何能够盈利、企业如何能够生存下去、如何能够取得自身独特的竞争优势等。另外，一套规范的管理体系并不是一朝一夕就能建成的，需要通过长期持续的磨合才能形成。在市场竞争日益激烈、产业模式不断更新换代的时期，众多行业利润不断被压缩，企业运营模式不断被新技术和新方法冲击或替代，企业内部管理的精细化和系统协调性的提高成了企业发展的必然要求，也更是创业期企业生存的基本条件。企业建立健全管理制度，再加之对企业发展过程中问题的解决，技术创新程度的提高，企业组织水平和产业化水平的提高，这些对社会经济的发展都将起到巨大的推动作用。

思考与训练

1．思考并回答以下问题

（1）请简述新企业注册的程序与步骤。

（2）新企业容易遇到哪些管理问题？应该如何应对？

2．分析以下案例并回答问题

谈出来的销售业绩

艾迩莜银饰项目的营运负责人也是主要负责人顾蕾在零售业工作过6年多，并曾在两家大型跨国零售连锁企业总部工作过，其工作内容涉及行销管理、会员管理、销售管理、服务品质管理、营运管理等零售管理的核心。在2007年到2009年创业前的两年多时间里，她在一家知名的银饰品牌连锁企业担任品牌营运总监，逐渐对创意设计银饰产生了兴趣。

钟情银饰，开始创业

2007年9月，顾蕾考入东华大学开始学习工商管理专业的课程。快毕业的时候，时任东华大学大学生就业指导中心的李主任介绍了校内珠宝设计方向的优秀学生设计资源，这吸引了她的注意力。2009年，顺应国家为促进大学生创业、创业带动就业而颁布的众多优惠政策，顾蕾评估了自身的各项条件，带着对银饰的喜爱，于2009年9月开始了创业之路。

顾蕾将自己的品牌宣传语定为“古精灵的手工秘艺”，并将这一品牌文化努力融入店面装修、商品陈列、宣传图片、部分产品故事中。在进行定价时，顾蕾将产品的整体定价定在略微偏低于同等产品的市场价格。

选择渠道，遭受挫折

在选择产品的销售渠道时，顾蕾第一个想到了在百货购物中心开设实体店。百货购物中心的实体店基本就是店铺与专柜两种模式。顾蕾想让店铺的品牌形象好，陈列形象好，让顾客认为该店有实力、产品质量有保证，通俗地说，她想让产品卖得上好价格及提高顾客信任度，使其消费金额更高。虽然开设店铺的成本高、装修费用高、租金高、管理费高，但顾蕾还是毫不犹豫地决定以开设店铺的形式销售自己的产品。

就这样，艾迩莛银饰的第一家实体店铺开张了。但一年之后，这家店铺就关闭了。时至今日，顾蕾也不觉得这家店铺本身的品牌形象和产品组合有任何问题，而最大错误就是选址！

W广场是一家全国连锁的商业地产企业，旗下购物中心遍布全国各地，他们在上海最成功的一家，就是艾迩莛第一家店铺进驻的购物中心。但再火的购物中心也有冷门的位置。当时，商场方将二楼的一片近2 000平方米的区城进行改造后，分割成近20个店铺进行品牌招商，顾蕾的企业作为一个新品牌于是进驻该购物中心。但开业以后，艾迩莛即遭受重创，店铺每天门前客流不超过30人次，周末客流也不过50~80人次。有客流才有销售，有销售才能生存，面对开业后连续三个月营业额只有几千元最高1万多元的情况，顾蕾一度陷入绝境。

寻找对策，协商沟通

店铺位置显然是最致命的问题，艾迩莛的周边不乏一些知名人品牌，在这个位置，他们也一样销售低迷。店铺仅靠每日30~50人次的客流是无以为继的，要从根本上解决这个问题，必须在位置上动脑筋。

顾蕾自2010年6月起就积极与商场进行沟通协商，希望通过降低租金、加大免费广告力度来进行调整。9月，这一商讨也取得了成效。商场明确表示降租是不可能的，但对于处在冷门的位置，还肯留下配合商场的商家，商场将给予一定的支持：9月中旬，商场在一楼以较低租金给予顾蕾4平方米的促销点位，作为引导顾客至二楼店铺的宣传平台。有了该平台，顾蕾可以截获一楼很多对银饰感兴趣的顾客到店铺内慢慢选购。

凭借着这个促销点位，当年9~12月顾蕾的店铺月均业绩保持在5万多元，尽管对于一个店铺来说这仍是较差的业绩，但是店铺却可以生存下去了。而没有跟商场积极协调的一些品牌店铺在这期间却关门了。

正当顾蕾为店铺的转危为安而欣慰的时候，新的麻烦又来了，商场提供的一楼促销点位即将收回，店铺则要一次性和商场签订两年的租约。面对高昂的房租和低迷的销售，顾蕾面临的抉择是要么撤店，要么等死。

经过团队内部协商评估，顾蕾和她的团队成员一致认为产品是有市场的，店铺已经在短短10个月内积累了对品牌认同的近200个会员，因此应该继续留在这个商场里经营。于是顾蕾再次和商场进行协商，并成功地与商场达成协议，将二楼店铺转为一楼专柜。

从二楼店铺到一楼专柜，客流上来了，尽管专柜的销售业绩会比店铺差，但由于租金减少了很多，店员也减少了2个，通过计算平衡后，顾蕾每月仍有着稳定的营业业绩和盈利。这一专柜仍然服务很多的老会员，也可以吸纳新会员，所以成为公司总部运营的一个坚强后盾。

【问题】

1. 顾蕾发现是销售地点的选择失误导致企业销售不振后，她最终解决这个问题的方法和思路能带给你什么启发?

2. 通过本案例思考：不同的企业应该如何选址?

第9章

初创企业的营销管理

【学习目标】

通过本章的学习，使学生形成对市场营销和企业营销管理的理性认识，了解企业营销管理的实质和过程，理解推销与营销的区别。同时，通过案例和讲授，让学生明白初创企业应该如何进行市场细分、选择目标市场和进行市场定位，以及制订市场营销组合策略的方法。

【学习重点与难点】

重点：企业营销管理的实质和过程、制订市场营销组合策略。

难点：进行市场细分、选择目标市场和进行市场定位。

案例分析

9-1 新型捕鼠器缘何没市场

美国一家制造捕鼠器的公司，为了试制一种适应于老鼠生活习性的捕鼠器，组织力量花了若干年时间研究了老鼠的吃、活动和休息等各方面的特征，终于制造出了受老鼠“欢迎”的一种新型捕鼠器。新产品完成后，经过屡次试验，捕鼠效果确实不错，捕鼠率达到百分之百。与老式捕鼠器相比，新型捕鼠器还有以下优点：① 外观大方，造型优美；② 捕鼠器顶端有按钮，捕到老鼠后只要一按按钮，死鼠就会掉落；③ 可终日置于室内，不必夜间投器白天收拾，绝对安全，也不会伤害儿童；④ 可重复使用，一个新型捕鼠器可抵好几个老式捕鼠器。新型捕鼠器上市伊始深受消费者的青睐，但好景不长，其市场迅速萎缩了。是什么原因使这么好的东西没有达到其预计的销售业绩呢？后来查明，其致命原因如下。

第一，购买该新型捕鼠器的买主一般是家庭中的男性。他们每天就寝前安装好捕鼠器，次日起床后因急于上班，便把清理捕鼠器的任务留给了家庭主妇。主妇们见到死鼠就害怕、恶心，同时又担心捕鼠器不安全，会伤害到人。结果许多家庭主妇只好将死鼠连同捕鼠器一块儿丢弃，由此消费者感到代价太大，因此主妇们不希望自己的丈夫再买这种捕鼠器。

第二，由于该捕鼠器造型美观，价格自然较高，所以中、低收入的家庭购买一个便重复多次使用，况且家中老鼠在被捕捉几只后，捕鼠器就可以“休息”一段时间，其重复购买因而减少，销量自然下降。

高收入的家庭虽然可以多买几个，但是用后处理很伤脑筋。人们用老式捕鼠器捉到一只老鼠后，可将捕鼠器与老鼠一起扔进垃圾箱；而对新型捕鼠器，人们则有些舍不得，留下来吧又不知该放在哪儿。

课堂思考与讨论

结合本案例，从市场营销的角度，分析美国这家制造新型捕鼠器的公司失败的根本原因。

9.1 » 企业营销管理概述

创业名言

营销是关于企业如何发现、创造和交付价值以满足一定目标市场的需求，同是获取利润的科学和艺术。

——菲利普·科特勒（世界营销大师）

与顾客保持联系多 5%，便可以使企业盈利增长 50%。

——德勒格（美国销售咨询专家）

9.1.1 什么是市场营销

市场营销是企业以顾客需要为出发点，有计划地组织各项经营活动，为顾客提供满意的产品和服务而实现企业目标的过程。

但是，有很多人仅仅把市场营销描述为“推销产品的艺术”。这是因为我们每天都生活在各种商业广告、直接邮寄或推销人员推销的包围之中，总有一些企业试图向我们推销些什么。但是，推销实际上只是企业营销这座冰山的尖顶，尽管很重要，但它只是很多企业营销职能中的一项，且不是最重要的职能。

著名管理学大师德鲁克（1973）曾经说过：可以设想，某些推销工作总是需要的，然而营销的目的就是要使推销成为多余。

美国市场营销协会（American Marketing Association，AMA，1995）对市场营销的定义是，市场营销是计划和执行关于商品、服务和创意的观念、定价、促销和分销，以创造符合企业目标的交换的一种过程。

事实上，从事交换活动需要相当多的工作和技巧，市场营销应作为一种艺术和科学。为了占领市场，扩大销售，实现预期目标，企业需要选择目标市场，通过创造、传递和沟通优质的顾客价值，获得、保持和增加顾客。也就是说，企业的市场营销活动既包括企业在流通领域内进行的活动，也包括生产过程和产前活动，以及流通过程结束后的售后活动，不仅要以顾客为全过程的终点，更重要的是要以顾客为全过程的起点。由此看来，市场营销就是在变化的市场环境中，为满足顾客需要、实现企业目标而进行的包括市场调研、选择目标市场、产品开发、产品定价、渠道选择、产品促销、产品储存和运输、产品销售、提供服务等一系列与市场有关的商务活动过程。

创业案例

9–1 茅理翔——方太集团前董事长

我第一次创业是在1985年到1995年，当时董事长是我，总经理是我，供销科长和推销员还是我自己——我一个人包打天下，这样的销售方式就叫推销，靠的是一个人的能力、勤奋、智慧和艰苦奋斗的精神。推销虽然是一个很伟大的事业，但是发展方太公司光靠推销是不行的，必须要靠营销。

评析

大部分优秀企业在创建之初，都经历了一个艰苦奋斗的过程。很多现在非常成功的企业，最初的营销竟然是创业者个人自己去推销自己的产品，案例中的茅理翔就是典型的代表人物。但是，一个企业要做强做大，光靠推销是不行的，必须靠营销。营销的目的就在于深刻地认识和了解顾客，从而使企业的产品或服务完全适合顾客的需要而形成企业产品的自我销售。理想的营销会产生一个已经准备来购买的顾客，剩下的事就是如何便于顾客得到这些产品和服务。

9.1.2 什么是企业营销管理

按照菲利普·科特勒的解释，所谓企业营销管理，是指为了实现企业目标而对旨在创造、建立和保持与目标顾客之间有益的交换关系的设计方案所进行的分析、计划、实施和控制。

企业营销管理的实质，是市场需求管理，即对市场需求的水平、时机和性质进行有效的调节。所以，企业营销管理的任务就是要寻找适当的营销策略来影响市场的需求水平、需求时机和需求特性，使市场供给和市场需求之间相互协调，并在实现买卖双方互利交换的基础上来实现企业的营销目标。因此，企业营销管理的实质也就是管理市场需求。管理市场需求也就是管理顾客，即顾客关系管理。

企业的市场需求主要来自两类顾客：新顾客和老顾客。传统的营销管理理论和实践强调企业应吸引新顾客和创造更高的销售业绩，但随着市场竞争环境的变化，企业的营销管理重心正在发生转移。

除了应设计战略吸引新顾客，并尽力创造与新顾客的交易之外，企业正在竭尽全力地留住老顾客，并与老顾客建立持久的良好关系。企业之所以更强调要留住老顾客，是因为从前的企业面对的是不断发展的经济和迅速成长的市场，这意味着将有大量新顾客不断出现。企业可以不停地用吸引来的新顾客来顶替流失掉的老顾客，使市场供求趋于协调。而如今，企业正面临全新的营销环境，如经济增长趋缓、人口增长受限、买方市场逐渐全面形成、企业之间的竞争加剧等，所有这些都意味着新顾客越来越少。吸引一个新顾客的成本可能是使一个老顾客继续感到满意的成本的5倍甚至10倍。因为失去一位顾客不仅仅是失去一笔交易，而且是失去了这个顾客在其整个购买生命期内可能会发生的全部购买量。因此，努力保住现有顾客会产生更好的经济效益。企业可能在某笔交易上赔钱，但从长期顾客关系中仍会获得巨大利益。当然，这并不意味着吸引新顾客不重要，只是企业在吸引新顾客的同时，还必须注意保住老顾客并与其建立可获利的长期关系。保住老顾客的关键是提供卓越的顾客价值和满意体验，因而许多世界著名的大企业都在竭诚地关照他们的老顾客，并尽力使其感到满意。

拓展阅读

9-1 顾客永远是对的

上海原来有一家永安公司，以经营百货著称。老板郭乐的经营宗旨是，在商品的花色品种上迎合市场的需要，在售货方式上千方百计地使顾客满意。商场的显眼处用霓虹灯制成英文标语：Customers are always right!（顾客永远是对的！）这也是要求每个营业员必须恪守的准则。为了拢住一批常客，公司实行了这样一些服务方式：一是把为重点顾客送货上门定为一条制度，使得一些富翁成了永安公司的老主顾；二是公司鼓励营业员争取顾客的信任，密切与顾客的关系，对那些“拉”得住顾客的营业员特别器重，不惜酬以重薪和高额奖金；三是公司针对有钱人喜欢讲排场、比阔气、爱虚荣的心理，采取一种凭“折子”购货的赊销方式，顾客到永安公司来购物，不用付现款，只需在存折上记上账；四是争取把一般市民顾客吸引到商店里来。如此四策的实施，使永安公司成为这样一家特殊的商店：无论富翁还是一般市民，只要光顾这里，都能满意而归。整个商场每天都被挤得水泄不通，生意格外红火。

日本著名的大仓饭店，是世界上别具一格的高级饭店，是真正的“家外之家”。大仓饭店有一条不成文的信条，即“顾客永远是正确的”。大仓饭店的职工受到了严格的训练，必须诚心诚意地接受每个顾客的意见和建议，使顾客的要求尽可能得到满足，大仓饭店也成为名副其实的“顾客之家”。

9.1.3 企业营销管理的过程

企业营销管理的目的在于使企业的营销活动与复杂多变的营销环境相适应，这是企业经营成败的关键。企业营销管理的过程就是识别、分析、选择和发掘营销机会，以实现企业的战略任务和目标的管理过程，亦即企业与其最佳的市场机会相适应的过程，这个过程包括4个主要步骤。

1．分析和评价市场机会

市场机会是指市场上未被满足的需求。可以说哪里有未被满足的需求，哪里就有企业的市场机会。但是，企业营销人员不仅应善于发现和识别市场机会，而且更应善于对其进行分析和评估。对企业来说，要分清哪些市场机会仅仅只是环境机会，哪些市场机会才是适合于本企业的营销机会。市场上一切尚未满足的需求都可以认为是企业的市场机会，但并非任何市场机会都可能成为特定企业的营销机会。

营销机会是指对企业具有吸引力的、企业能享有竞争优势的市场机会。某一市场机会能否成为特定企业的营销机会，主要取决于该市场机会是否与特定企业的战略目标和资源状况相适应，是否能够使特定企业扬长避短、发挥优势、比竞争者和潜在竞争者获得更多的超额利润。通常，市场机会和市场威胁并存，因此，企业不仅要注意寻找市场机会，抓住营销机会，也要注意发现市场威胁，并尽可能采取有效措施来避免或者减少各种市场威胁可能给企业带来的危害。

2．研究和选择目标市场

研究和选择目标市场通常包括以下内容。

（1）测量和预测市场需求。即对企业所选的特定营销机会，不仅要仔细测量其现有的市场容量，而且要预测其未来的市场规模，为企业决定是否进入特定市场以及如何进入特定市场提供客观依据。

（2）进行市场细分。即把一个整体市场（规模很大并且市场需求差异明显）依据顾客需求的差异性特征将其划分成若干个具有共同需求特征的子市场的过程。需要注意的是，虽然每一个整体市场都可能被划分成若干个子市场，但并不是每一个市场细分过程都具有实际意义。

（3）选择目标市场。即企业选择一个、多个或者整体市场作为自己的服务对象的过程。通常大多数企业都不大可能为需求差异显著的所有子市场提供最佳的服务，因而应在对经过市场细分的各个子市场进行分析和评估的基础上，选择并确定自己的目标市场，集中力量为一个或者多个子市场服务。

（4）进行市场定位。即企业在选定的目标市场上树立企业所特有的产品形象和企业形象，以区别于竞争对手，并制订相应的目标市场竞争战略的过程。

3．制订营销组合策略

营销组合策略是指企业根据选定的特定目标市场的需求和企业在特定目标市场上制订的竞争性定位战略，对企业可以控制的各种营销因素进行优化组合和综合运用，以实现企业的战略目标及其营销目标。

企业可以控制的营销因素涉及很多方面，E.J.麦卡锡将企业可以控制的营销因素概括为4大类，人们习惯将其称为4P’s。它们都是企业可以控制的营销因素，即企业根据目标市场的需求，可以决定自己的产品结构、确定产品价格、选择分销渠道和进行促销组合等。

企业营销管理活动不仅受企业自身资源和目标的制约，而且受企业外部的各种微观和宏观环境因素的影响与制约。影响企业营销活动的各种外部因素是企业不可控制的变量，即企业不可控制的因素。所以，企业营销管理者的任务是要适当安排营销组合策略，并使之与外部的不可控制的环境因素相适应。

营销组合策略是一个动态的组合策略，但这并不是说任何营销组合策略都能随时进行调整。一般来说，企业在短期内可以比较容易地调整价格、扩大销售区域和增加促销费用等，而如果企业要开发新产品、改进分销渠道等就需要较长时间。营销组合策略也是一个多层次的复合组合策略，即每个P还是由若干个子因素构成的次级组合。因此，企业在制订营销组合策略时，不仅要使4P之间的搭配适当，而且要注意每个P内部的各因素之间的合理配合，从而使各层次所有营销组合因素都能实现灵活运用和有效安排。

4．管理市场营销活动

企业进行营销活动时，不仅需要按产品（或者品牌）制订出具体的营销计划，更需要实施和控制营销计划。营销计划的实施过程包括：制订详细的行动方案，建立合理有效的组织结构，设计相应的决策和报酬制度，开发并合理调配人力资源，建立适当的企业文化和形成合适的管理风格等。在实施营销计划的过程中，营销管理者可能会遇到某些意想不到的情况，因而需要建立一个保证营销计划实施的控制系统来实现营销目标。通过营销计划实施的控制系统可以及时发现营销计划本身和营销计划实施中的问题，及时找出产生问题的原因并反馈给管理者和决策者，以便及时改进。为了保证营销计划的顺利实施，营销管理部门的组织架构还应该与企业的规模和营销管理的任务相适应。

9.2 » 创业初期的市场定位

创业名言

那些即将创业，或正在创业的年轻人，想赚所有人的钱，“大小通吃”的想法通常是行不通的。想成功，一定要有准确的市场定位。

——马云（阿里巴巴创始人）

创业案例

9-2 海尔在美国成功的奥秘

1999年4月30日，美国南卡罗莱纳州中部的一个人口为8 000人的小镇坎姆登，举行了海尔投资3 000万美元的海尔生产中心的奠基仪式。1年多以后，第一台带有“美国制造”标签的海尔冰箱诞生，海尔从此开始了在美国制造冰箱的历史。海尔成为中国第一家在美国制造和销售产品的公司。

下棋找高手

在海尔首席执行官张瑞敏眼中，海尔国际化就像是一盘棋，而要提高棋艺，最好的办法就是找高手下棋，张瑞敏找的高手是欧洲和美国。

海尔决定用自己的品牌进军欧美市场，其榜样是日本的索尼。20世纪60年代，索尼在国际市场上还默默无闻，他们每一个新产品上市时，都首先投放到欧美地区，打响知名度后再到日本和其他国家销售，索尼由此成为一个世界名牌。

美国家电市场名牌荟萃，竞争激烈，几乎是所有世界名牌的竞技场。而且在美国本土，家用电器也早已是处于成熟期的产品。面对海尔的“入侵”，通用电气（General Electric，GE）、惠尔浦（Whirlpool）和Maytag这3大美国电器生产商虎视眈眈，自然不会坐视不管，一场商业激战在所难免。那么，海尔靠什么来同这些美国著名企业叫板呢？

美国市场调研

（1）需求能力。1998年、1999年中国出口美国的冰箱销售额分别为4 718万美元、6 081万美元，其中海尔冰箱的销售额分别为1 700多万美元、3 100多万美元。据统计，在美国建一个冰箱厂的盈亏平衡点是28万台，海尔当时的冰箱出口已经远远超过这个数字。据统计，当时在美国180L以下的小冰箱市场中，海尔已占到超过30%的市场份额，当时预计2002年有望达到50%，但海尔的大规格冰箱长期因远隔重洋而无法批量进军美国市场。若海尔的小规格冰箱项目能见效，海尔公司在美国市场的产品结构将更加合理，市场占有率将进一步提高。

（2）消费者的需求结构。当时，在美国200L以上的大型冰箱被GE、惠尔浦等企业所垄断；160L以下的冰箱销量较少，GE等厂商认为这是一个需求量不大的产品，没有投入多少精力去开发市场，然而海尔发现美国的家庭人口正在变少，小型冰箱将会越来越受欢迎，独身者和留学生就很喜欢小型冰箱。

美国营销专家科特勒说：海尔战略的另一个部分是对消费群体的定位，它很正确，它针对的是年轻人。老一代习惯使用 GE这样的老品牌，年轻人对家电还没有形成任何习惯性的购买行为，因为他们刚有自己的第一套公寓或者正在建立自己的第一个家、买自己的第一台电冰箱。所以，海尔定位于年轻人是明智的决策。

根据以上调查分析，海尔决定在美国市场开发60～160L的各种类型的小型冰箱，这些冰箱的需求潜力很大。

从海尔最初向美国出口冰箱到后来短短几年的时间里，海尔冰箱已成功地在美国市场建立了自己的品牌。2003，美国的零售巨人沃尔玛连锁店开始销售海尔的两种小型电冰箱和两种小型冷柜，并同海尔签订了再购买10万台冰箱的协定。海尔在美国最受欢迎的产品是学生宿舍和办公场所使用的小型电冰箱。海尔在卧式冷柜方面也取得了成功，该产品在美国同类型号产品中的市场占有率为1/3；海尔的窗式空调机也具有广阔的市场前景。

评析

营销大师菲利普·科特勒曾说过："要管理好一个企业，必须管理它的未来，而管理未来就是管理信息。"海尔在美国成功的奥秘在于：① 在调研过程中有明确的目标消费群，充分了解该地区的人口结构和消费习惯，调研具有较高的针对性；② 有明确的市场定位，充分考虑竞争者的优、缺点，并以索尼为榜样，不断自我提高，采用以优制胜的方式将产品成功地推向市场，在电器行业站稳脚步；③ 通过市场调研，发现新的机会和新的需求并开发新的产品去满足这些需求；④ 不断提高企业的经营能力，增强竞争能力，这是克敌制胜的重要手段。

（资料来源：李爱卿，叶华．大学生创业基础．北京：清华大学出版社，2015.）

一个企业的经营源于市场营销，而市场营销源于市场调研。

9.2.1 市场营销调研

企业要想赢利，首先必须为顾客提供满意的产品或服务。企业对目标顾客越了解，提供的产品或服务就越能满足顾客的需求。美国制造捕鼠器的公司失败，就是没有真正了解顾客的愿望和需要，导致生产的新型捕鼠器不能满意顾客的需求。因此，从确定创业的第一天开始，创业者就必须不停思考以下问题：谁是我的顾客？我要进入哪一个细分市场？我的市场由哪些顾客组成？我通过什么方式吸引顾客？竞争对手是谁？顾客为什么选择我的产品而不是竞争对手的产品？怎样才能使竞争更有成效？真正的市场营销人员所采取的第一个步骤，就是要调查研究，即市场营销调研（Marketing Research）。

市场营销调研是指针对企业特定的营销问题或市场机会，采用科学的研究方法，系统、客观地收集、整理、分析、解释和沟通有关市场营销各方面的信息，为营销管理者制订、评估和改进营销决策提供依据。

1．了解顾客

顾客购买产品或服务是为了满足需求，如果你解决了顾客的问题，满足了顾客的需要，你的企业就有可能成功。企业与顾客的关系就是鱼和水的关系，没有顾客，企业就无法生存。只有了解顾客，才能满足顾客的需要，留住顾客。

一般需要了解顾客的以下信息。

（1）我的顾客是谁？（顾客定位）

（2）顾客需要什么产品和服务？

（3）顾客最看重产品/服务的什么方面？（规格、颜色、价格、质量还是售后服务）

（4）顾客愿意为产品或服务付多少钱？

（5）顾客在哪里？一般在何时何地购买？

（6）顾客的购买频率是怎样的？（每年/月/周/日）

（7）顾客的数量在增加吗？能保持稳定吗？

（8）他们是否在寻找有特色的产品或服务？

2．了解竞争对手

《孙子兵法》有云：“知己知彼，百战不殆；不知彼而知己，一胜一负；不知彼，不知己，每战必殆。”了解竞争对手的重要性已毋庸置疑。

一般需要了解竞争对手的以下信息。

（1）竞争对手的企业规模、领域是什么？

（2）竞争对手提供的商品或服务和你的有什么不同？

（3）竞争对手的产品或服务的价格、质量是怎样的？

（4）竞争对手给顾客什么样的额外服务？

（5）竞争对手拥有怎样的销售渠道？其有哪些优、缺点？

（6）竞争对手采用何种营销策略？其推广手段是什么？

（7）竞争对手的设备先进吗？

（8）竞争对手的组织结构如何？人力资源配置是否合理？

（9）竞争对手的员工素质怎么样？受过培训吗？待遇好吗？

（10）竞争对手目前占有的市场份额是多少？

（11）顾客对竞争对手的评价如何？

（12）竞争对手有哪些固定的大客户？

9.2.2 进行市场细分

1．为何要进行市场细分

因为任何企业（尤其是初创企业）都没有足够的人力资源和资金满足整个市场或追求过大的目标，也不是所有的子市场对本企业都有吸引力，所以，当企业不能满足所有买主的需要时，就必须进行市场细分，然后选择那些你能在最大限度上满足其需要的买主，即确定哪些顾客对你最重要、哪些顾客应成为你推销产品的目标。这样才能扬长避短，找到有利于发挥本企业现有的人、财、物等资源优势的目标市场，才不至于在庞大的市场上瞎撞乱碰。

例如，你到美国去推销丝绸女装，就必须了解美国市场，必须分出各种不同类型的买主，即各类女顾客，必须优先考虑或选择你能够满足其需要的那类顾客，即目标市场。

2．什么是市场细分

市场细分就是指按照细分标准，把一个产品的整个市场划分为若干个具有不同需求标准的顾客群体的过程。

市场细分是对需求不同的消费者进行分类，不是对产品分类。一个消费者群就是一个细分市场（子市场）。例如，服装市场可细分为传统、时尚、经济和豪华4个子市场。

同质市场：消费者对某一产品的要求基本相同或极为相似，如火柴、白糖等。

异质市场：消费者对某一产品的要求不尽相同。绝大多数的产品市场都是异质市场。市场细分是对异质市场进行细分，并将其分为若干个同质子市场。

3．市场细分标准

市场细分标准指的是以消费者所具有的明显不同的特征为分类的依据而确定的各个细分要素。常见市场细分标准如表9-1所示。

市场细分

市场细分的标准

表9-1 市场细分标准表

细分标准	具体变量
地理环境	国别、城乡、气候、交通、地理位置等
人口因素	年龄、性别、职业、收入、教育程度等
心理因素	个性、兴趣、爱好、社会阶层、生活方式等
购买行为	购买动机、追求利益、使用频率、品牌与商标的信赖程度等

拓展阅读

案例分析

9-2 保洁公司的市场细分研究

一、按地理变量细分市场

保洁公司的地理细分主要表现在产品技术研究方面，如保洁经过细心的化验发现东方人与西方人的发质不同，于是开发了滋养头发的潘婷，满足了亚洲消费者的需求。

针对不同地区，主推的产品也不一样，如在偏远的山区，宝洁推出了汰渍等实惠的洗涤产品，洗发水则有飘柔家庭装等实惠产品；对北京、上海等国际大都市，则主推玉兰油、潘婷等高端产品。

二、按人口变量细分市场

（1）年龄。例如，保洁的广告画面多选用年轻男女的形象，如邀请青春偶像郑伊健、张德培作为广告模特。保洁的市场定位为青年消费群体，其较高的市场占有率充分证明了定位的正确性。如沙宣，主要针对的是讲究个性的年轻时尚白领一族。

（2）收入。收入是影响市场细分的一个常用人口变量，收入水平影响着消费者的需求并决定他们的购买能力。

保洁的洗衣粉最初打入中国市场时，调研发现中国消费者对洗衣粉的功效要求不高，用量是西方国家的10%。于是，宝洁将市场细分如下：碧浪定位于高价市场，为5%的市场占有率；汰渍定位于中价市场，为15%的市场占有率；在中国收购与合资的当地品牌熊猫、高福力、兰香定位于低价市场。

（3）性别。保洁公司旗下的吉列品牌有剃须刀、刀片及其他剃须用品，宝洁将整体市场按性别因素细分为男士市场和女士市场，专门为男士设计了锋速三、超级感应、感应、超滑旋转等系列产品，专门为女士设计了吉利女士专用刀架、刀片Venus、吉列女士超级感应系列等产品，深受消费者喜爱。

三、按心理变量细分市场

（1）社会阶层。保洁公司利用社会阶层这一特点，对不同的阶层实施不同的营销战略。保洁公司国际著名护肤品牌SK-Ⅱ针对的就是社会地位较高的购买者，其精华露的价格则从800～1200元不等。

（2）生活方式。面对广大的家庭主妇型消费者，保洁公司推出了桶装洗发水、沐浴露，适合于家庭用；而对于大学生群体或者经常外出的人群，保洁公司同时也推出了易携带的洗护二合一产品；对于白领一族，宝洁公司推出了亚洲第一彩妆品牌：ANNASUI（安娜苏）。

四、按购买行为细分市场

（1）保洁根据不同消费者群体，推出了5种不同利益诉求的洗发产品：海飞丝——去屑、潘婷——维他命原B5营养发质、飘柔——柔顺光滑、沙宣——专业美发、伊卡璐——草本精华纯天然。

（2）从使用数量中的大量使用者来分：帮宝适——婴儿、Shulon’s Old Spice系列——男士剃须、护舒宝——女士专用品、玉兰油——时尚女性。

（3）从购买时机来分：夏季畅销的玉兰油多效防晒霜、玉兰油护肤沐浴乳、汰渍洗衣粉。

4．市场细分过程中需要注意的问题

（1）不同类型企业在市场细分时应采取不同的标准。例如，消费品市场主要以地理环境、人口状况等因素作为细分标准，但不同的消费品的市场体量也有差异。

（2）市场细分的标准是随社会生产和消费需求的变化而不断变化的。由于消费者价值观念、购买行为和动机不断变化，企业细分市场采用的标准也会随之变化。

（3）企业在进行市场细分时，应注意各种标准的有机组合。在选择细分标准时，可以采取单一标准，更多情况下则采用多项标准的组合，这样可使整个市场更细、更具体，企业也更易把握细分市场的特征。

（4）市场细分是一项创造性的工作。由于消费者需求的特征和企业营销活动是多种多样的，市场细分标准的确定和选择不可能完全拘泥于书本知识。企业应在深刻理解市场细分原理的基础上，创造新的、有效的标准。

9.2.3 选择目标市场

目标市场是企业营销活动所要满足的市场，是企业为实现预期目标要进入的市场。

一旦公司确定了市场细分方案，就必须评估各种细分市场和决定为多少个细分市场服务。

企业进行目标市场选择的营销策略一般有3种。

1．无差异化营销

实行这种策略的企业将整体市场视为一个大的目标市场，不进行细分，用同一种产品、统一的市场营销组合对待整个市场。例如，可口可乐公司早期曾采用无差异化营销，推出价格单一和口味单一的饮料，来满足所有顾客的需要。运用这种策略，可以节省大量的成本——产品种类少，有利于降低生产、库存和运输成本；广告计划之间的无差异，可以降低广告成本；无须进行细分市场的调研工作和筹划工作，可以降低市场营销调研和生产管理成本。但是，实践证明，用一种产品或品牌同时满足所有顾客的全部需要，几乎是不可能的。

无差异化营销的最大优点是成本的经济性；最大缺点是顾客的满意度低，适用范围有限。

2．差异化营销

差异化营销是指企业同时在几个细分市场上经营业务，并分别为每一个细分市场制订不同的营销计划。例如，某服装公司为不同性别、不同年龄段、不同收入水平、不同生活方式的消费者，提供不同颜色、不同规格、不同款式、不同档次的服装，并运用不同的传播策略进行广告宣传，就是差异化营销策略。差异化营销可以有针对性地满足具有不同需求特征的顾客群体，提高产品的竞争力。但是，由于产品品种、销售渠道、广告宣传的多样化，市场营销费用会大大增加。问题还在于，市场营销成本增加的同时，并不能保证效益会同步上升。因此，企业要防止把市场分得过细。如果分得过细，要进行“反细分”或扩大顾客的基数。

差异性营销的最大优点是可以有针对性地满足不同顾客群体的需求，提高产品的竞争能力，并能够树立起良好的市场形象，吸引更多的购买者；最大缺点是市场营销费用大幅度增加。

3．集中性营销

集中性营销是指将目标市场细分为若干市场后，只选择其中某一市场作为目标市场。其指导思想是把企业的人、财、物等资源集中于一个细分市场，不求在较多的细分市场上都获得较小的市场份额，而谋求在较少的市场上得到较大的市场份额。这种策略特别适用于势单力薄的初创企业。

创业案例

9-3　万向集团创业初期的集中性营销

浙江万向集团在创业初期，创始人鲁冠球在北京进行市场调查的过程中，从中国汽车工业总公司了解到：国产汽车万向节已供过于求，而进口汽车的万向节尚无人生产，原因是进口汽车型号多、批量小、工艺复杂、利润不高，国家只得花大量外汇去进口。于是，鲁冠球做出了“别人下马我上马”的决策，果断地将已有70万产值的其他产品停下来，集中力量生产市场紧缺的进口汽车万向节。万向集团由此开始了进口汽车万向节的专业化生产，以此带动了大批量国产车万向节的销售，一举占领了市场。

评析

如果初创企业能够避开大企业竞争激烈的市场“红海”，选择一两个能发挥自己技术、资源优势的小市场，就容易取得成功。由于目标集中，企业可以大大节省营销费用，增加盈利；又由于生产、销售渠道和促销的专业化，企业也能够更好地满足这部分特定消费者的需求，易于取得竞争优势。但这一策略风险较大，如果目标市场的需求发生变化，目标消费者的兴趣发生转移，或是有了更强劲的竞争对手，企业就可能陷入困境。

集中性营销的最大优点是能满足特定顾客的需求，集中资源，节省费用；最大缺点是经营者承担的风险较大。

总而言之，选择目标市场营销策略，要综合考虑企业实力、市场需求特点、产品生命周期、产品的性质差异、竞争者的策略等各方面的情况。

9.2.4 进行市场定位

1．市场定位的概念

市场定位（Marketing Positioning）是根据竞争者现有产品在市场上所处的地位和顾客对产品某些属性的重视程度，勾画与传递本企业产品、形象的活动过程。

市场定位的实质就是差异化，就是有计划地树立本企业产品具有某种与竞争者产品不同的理想形象，以便目标市场了解和赏识本企业所宣称的与竞争对手不同的特点。简而言之，产品的市场定位，就是在消费者心目中为企业的品牌选择一个希望占据的位置，也就是说，将品牌植入用户心智，让你的品牌成为潜在顾客心智中某一品类的代表。

2．市场定位的原则

各个企业经营的产品不同，面对的顾客也不同，所处的竞争环境也不同，因而市场定位所依据的原则也不同。总的来讲，市场定位所依据的原则有以下4点。

（1）根据具体的产品特点定位。构成产品内在特色的许多因素都可以作为市场定位所依据的原则，如所含成分、材料、质量等。

“王老吉”饮料的定位是“一种有预防上火功能的凉茶饮料”，强调它具有预防上火的功能，与其他类饮料不同。“泰宁诺”止痛药的定位是“非阿司匹林的止痛药”，显示药物成分与以往的止痛药有本质的差异。一件仿皮皮衣与一件真正的水貂皮衣的市场定位自然不会一样。同样，不锈钢餐具若与纯银餐具定位相同，也是令人难以置信的。

（2）根据特定的使用场合及用途定位。为老产品找到一种新用途，是为该产品创造新的市场定位的好方法。

小苏打曾一度被广泛用来作为家庭的刷牙剂、除臭剂和烘焙配料，现在已有不少新产品代替了小苏打的上述一些功能。后来，小苏打又有了新的定位，小苏打可以定位为冰箱除臭剂，另外还有家公司把它当成调味汁和卤肉的配料，更有一家公司发现它可以作为冬季流行性感冒患者的饮料。我国曾有一家生产曲奇饼干的厂家最初将其产品定位为家庭休闲食品，后来又发现不少顾客购买是为了馈赠，又将其定位为礼品。

（3）根据顾客得到的利益定位。产品提供给顾客的利益是顾客最能切实体验到的，也可以用来作为定位的依据。

1975年，美国米勒（Miller）推出了一种低热量的“Lite”牌啤酒，将其定位为“喝了不会发胖的啤酒”，迎合了那些经常饮用啤酒而又担心发胖的人群的需要。

（4）根据使用者类型定位。企业常常试图将其产品指向某一类特定的使用者，以便根据这些顾客的看法塑造恰当的形象。

美国米勒啤酒公司曾将其原来唯一的品牌“高生”啤酒定位于“啤酒中的香槟”，吸引了许多不常饮用啤酒的高收入妇女。后来发现，占30%的狂饮者大约消费了啤酒销量的80%。于是，该公司在广告中展示石油工人钻井成功后狂欢的镜头，还有年轻人在沙滩上冲刺后开怀畅饮的镜头，塑造了一个精力充沛的品牌形象。米勒公司在广告中提出“有空就喝米勒”，从而使米勒啤酒成功地占领啤酒狂饮者市场达10年之久。

事实上，许多企业进行市场定位依据的原则往往不止一个，而是多个原则同时使用。因为要体现企业及其产品的形象，市场定位必须是多维度、多侧面的。

3．市场定位的策略

（1）避强定位。避强定位策略是指企业力图避免与实力最强或较强的其他企业直接发生竞争，而将自己的产品定位于另一市场区域内，使自己的产品在某些特征或属性方面与最强或较强的对手有比较显著的区别，如“充电五分钟，通话两小时”的oppo手机。

优点：避强定位策略能使企业较快地在市场上站稳脚跟，并能在消费者或用户中树立形象，风险小。

缺点：避强往往意味着企业必须放弃某个最佳的市场位置，很可能使企业处于最差的市场位置。

（2）迎头定位。迎头定位策略是指企业根据自身的实力，为占据较佳的市场位置，不惜与市场上占支配地位的、实力最强或较强的竞争对手发生正面竞争，而使自己的产品进入与对手相同的市场位置。

优点：竞争过程往往相当惹人注目，甚至会产生所谓的轰动效应，企业及其产品可以较快地为消费者或用户所了解，易于达到树立市场形象的目的。

缺点：具有较大的风险性。

（3）重新定位。公司在选定了市场定位目标后，如定位不准确或虽然开始定位得当，但市场情况发生变化时，如遇到竞争者定位与本公司接近，侵占了本公司部分市场，或由于某种原因消费者或用户的偏好发生变化，消费者转移到竞争者方面时，就应考虑重新定位。重新定位是一种以退为进的策略，目的是为了实施更有效的定位。

（4）创新定位。创新定位是指寻找新的尚未被占领但有潜在市场需求的位置，填补市场上的空缺，生产市场上没有的、具备某种特色的产品。例如，日本索尼公司的随身听等一批新产品正是填补了市场上迷你电子产品的空缺，并进行不断创新，使得索尼公司即使在第二次世界大战时期也能迅速发展，一跃而成为世界级的跨国公司。采用这种定位方式时，公司应明确创新定位所需的产品在技术上、经济上是否可行，有无足够的市场容量，能否为公司带来合理而持续的盈利。

市场定位是设计公司产品和形象的行为，以使公司明确在目标市场中自己相对于竞争对手的位置。公司在进行市场定位时，应慎之又慎，要通过反复比较和调查研究，找出最合理的突破口，避免出现定位混乱、定位过度、定位过宽或定位过窄的情况。而一旦确立了理想的定位，公司必须通过一致的表现来维持此定位，并应经常加以监测以随时适应目标顾客和竞争者策略的改变。

4．市场定位的步骤

市场定位的关键是企业要设法在自己的产品上找出比竞争者更具有竞争优势的特性。

竞争优势一般有两种基本类型：一是价格竞争优势，就是在同样的条件下比竞争者定出更低的价格，这就要求企业采取一切行动来降低单位成本；二是偏好竞争优势，即能提供确定的特色来满足顾客的特定偏好，这就要求企业采取一切行动在产品特色上下功夫。因此，企业市场定位的全过程可以通过以下3个步骤来完成。

步骤1：分析目标市场的现状，确认本企业潜在的竞争优势。

这一步骤的中心任务是要回答以下3个问题。

① 竞争对手的产品定位是怎样的？

② 目标市场上顾客的欲望满足程度如何以及还需要什么？

③ 针对竞争者的市场定位和潜在顾客真正的利益要求，企业应该及能够做什么？

要回答这3个问题，企业市场营销人员就必须通过一切调研手段，系统地设计、搜索、分析并报告有关上述问题的资料和研究结果。

通过回答上述3个问题，企业就可以从中把握和确定自己的潜在竞争优势所在。

步骤2：准确选择竞争优势，对目标市场进行初步定位。

竞争优势表明企业能够胜过竞争对手的能力。这种能力既可以是现有的，也可以是潜在的。选择竞争优势实际上就是企业将自己与竞争者的各方面实力进行比较的过程。比较的指标应是一个完整的体系，只有这样，才能准确地选择相对竞争优势。通常的方法是分析、比较企业与竞争者在经营管理、技术开发、采购、生产、市场营销、财务和产品7个方面究竟哪些是强项，哪些是弱项。借此选出最适合本企业的优势项目，以初步确定企业在目标市场上所处的位置。

步骤3：显示独特的竞争优势和重新定位。

这一步骤的主要任务是企业要通过一系列的宣传促销活动，将其独特的竞争优势准确地传播给潜在顾客，并在顾客心目中留下深刻印象。为此，企业首先应使目标顾客了解、知道、熟悉、认同、喜欢和偏爱本企业的市场定位，在顾客心目中建立与该定位相一致的形象。其次，企业通过各种努力以强化目标顾客的形象、增进对目标顾客的了解、稳定目标顾客的态度和加深目标顾客的感情来巩固与市场相一致的形象。最后，企业应注意目标顾客对其市场定位理解出现的偏差或由于企业市场定位宣传上的失误而造成的目标顾客模糊、混乱和误会，及时纠正与市场定位不一致的形象。

企业的产品在市场上定位即使很恰当，但在下列情况下，还是应考虑重新定位。

① 竞争者推出的新产品定位于本企业产品附近，侵占了本企业产品的部分市场，使本企业产品的市场占有率下降。

② 消费者的需求或偏好发生了变化，使本企业产品销售量骤减。

③ 重新定位是指企业为已在某市场销售的产品重新确定某种形象、以改变消费者原有的认识、争取有利的市场地位的活动。

例如，某日化厂生产婴儿洗发剂，以强调该洗发剂不刺激眼睛来吸引有婴儿的家庭。但随着出生率的下降，该产品的销售量减少。为了增加销售，该企业将产品重新定位，强调使用该洗发剂能使头发松软有光泽，这样就吸引了更多、更广泛的购买者。

重新定位对于企业适应市场环境、调整市场营销战略是必不可少的，可以视为企业的战略转移。重新定位可能导致产品的名称、价格、包装和品牌的更改，也可能导致产品用途和功能上的变动，企业必须考虑定位转移的成本和新定位的收益问题。

9.3 » 制订市场营销组合策略

制订营销计划时，要考虑市场营销的4个方面，即产品（Product）、价格（Price）、渠道（Place）和促销（Promotion），由于这4个词的英文字头都是P，再加上策略（Strategy），所以简称为营销4P's。

9.3.1 产品策略

企业必须有产品（服务也是产品），问题是我们的产品必须适销对路。那么，怎样才能令我们的产品适销对路呢？这就是我们研究产品策略所要做的事情。而了解产品的层次，是制订产品策略的基础。

1．产品的层次

现代市场营销观点认为，产品就是能够提供给市场，用于满足人们欲望和需要的任何事物。产品的整体概念由5个基本层次组成：核心产品、形式产品、期望产品、附加产品和潜在产品，如图9-1所示。

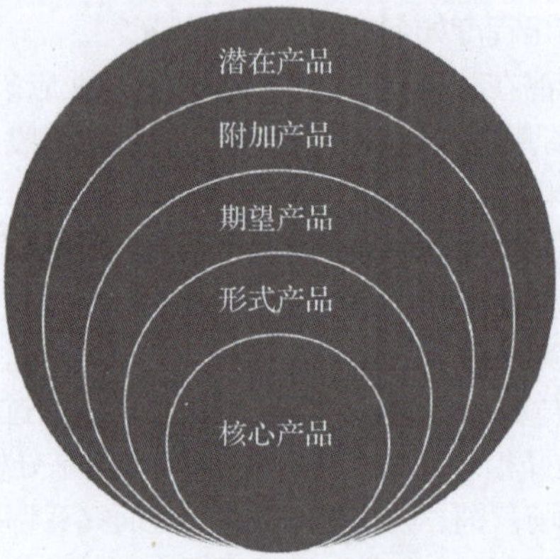

图 9-1　产品整体概念的五个层次

（1）核心产品。产品的核心层次是指产品的核心功能，即消费者真正购买或使用该产品的原因。产品的核心层次要能帮助使用者解决最基本的问题，如旅馆——休息与睡眠。

（2）形式产品。产品的有形层次则是将产品转化为有形的实体或服务，这是一种看得见、摸得着的产品层次。这一层次有5种特征：品质水平、产品特性、品牌名称、形式、包装。这是最直观，也是最能吸引使用者的一个层次，如旅馆——床、浴室、毛巾、衣柜、厕所等。

著名的法国香水业有句名言："设计精美的香水瓶是香水的最佳推销员。"法国香水的包装瓶根据香味类型使用统一的造型，例如，有种香味类似森林和木料的男用香水，它的包装瓶被设计成细高如树的造型，并配上能让人联想到木板的本色细条纸盒外包装。

（3）期望产品。产品的期望层次是指购买者在购买产品时通常期望或默认的一组属性和条件，如旅馆——干净的床、新的毛巾、清洁的厕所、相对安静的环境等。

（4）附加产品。产品的附加层次是指厂商能提供给消费者在实体商品之外更多的服务与利益，如旅馆——电视机、免费Wi-Fi、鲜花、快捷结账、美味的晚餐、优质的服务等。

这一层次要求企业营销人员必须考虑得更多，提供超出顾客期望的服务和利益，让顾客获得意外的惊喜，以便把公司的产品与竞争者的产品区别开来，给予顾客完整的满足感，借以提高顾客的满意度及复购率。

（5）潜在产品。产品的潜在层次是指该产品在将来最终可能会实现的全部附加部分和转换部分（产品将来的发展方向），如旅馆——全套家庭式旅馆的出现。

企业在生产和销售产品时不但要重视产品的核心功能，而且要注意产品的形式，为顾客提供更多附加利益。

2．制订产品策略

产品决策：企业要突出更能满足顾客需要的产品特性，即产品和服务的差异性。

策略1：充分了解顾客的需求

消费包括个人消费和集体消费，不管是哪一种消费，只有有需要才会有消费，所以我们的产品必须投其所好。

策略2：了解顾客需求的变化

市场唯一不变的法则就是永远在变！

策略3：提供顾客想要的产品

要始终关注顾客的需要，要保证你提供的产品或服务是顾客想要的，而不是你想要的。

策略4：变化和创新

从某种程度上说，策略3是被动的，而策略4是主动的，希望“人无我有，人有我优，人优我特，人特我新”，但策略4的前提是为了满足策略3。

湖南美食文化孕育出中华名吃——香豆腐。湖南人敢为天下先创造了传奇品牌——斗腐倌。斗腐倌从品牌单一的香豆腐发展成7大系列产品，由一口锅卖豆腐升级成一站式迷你小吃店赚钱模式。斗腐倌将小豆腐做成大生意，成为小本创业项目中的典范。

斗腐倌创始人刘向阳先生是典型的小本创业者，他2008年从一张桌子、一口锅卖豆腐开始创业，发展成代理店600多家、销售额5 000多万元的企业，是小本创业中的实力派。

9.3.2 产品定价与产品的生命周期

在企业营销过程中，价格虽然不是唯一的因素，但绝对是一个非常重要的因素，所以如何制订和运用好价格策略对企业的经营至关重要。

1．产品的生命周期

产品生命周期（Product Life Cycle，PLC）是产品的市场寿命，即一种新产品从开始进入市场到被市场淘汰所经历的市场生命循环过程，进入和退出市场标志着周期的开始和结束。

产品生命周期理论是美国哈佛大学教授费农1966年在其《产品周期中的国际投资与国际贸易》一文中首次提出的。费农认为，产品生命是指市场上的营销生命，产品和人的生命一样，要经历形成、成长、成熟、衰退这样的周期，而这个周期在不同技术水平的国家里，发生的时间和过程是不一样的，其间存在较大的差距。这种差距表现了不同国家在技术上的差距，它反映了同一产品在不同国家市场上的竞争地位的差异，从而决定了国际贸易和国际投资的变化。

产品在生命周期各个阶段的销售规律如图9-2所示。

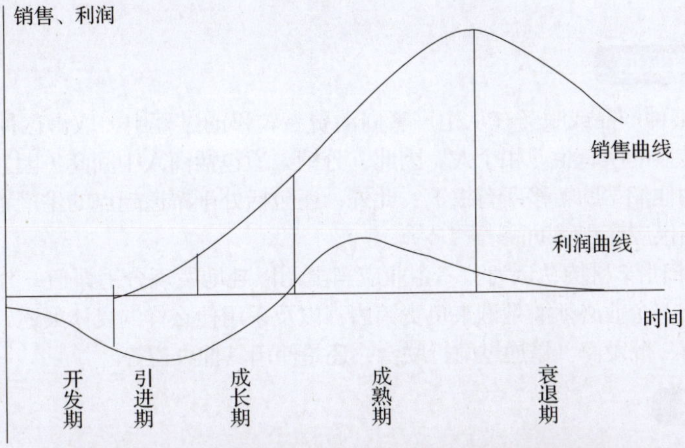

图 9-2　产品在生命周期各个阶段的销售规律曲线图

产品在各个时期的特点如下。

（1）开发期。开发期即从开发产品的设想到产品制造成功的时期。此期间该产品销售额为零，公司投资不断增加。

（2）引进期。新产品投入市场，便进入了引进期。此时，顾客对产品还不了解，除了少数追求新奇的顾客外，几乎没有人实际购买该产品。在此阶段，产品生产批量小，制造成本高，广告费用大，销售价格偏高，销售量极为有限，企业通常不能获利。

（3）成长期。当产品进入引进期，销售取得成功之后，便进入了成长期。这是需求增长阶段，需求量和销售额迅速上升，生产成本大幅度下降，利润也显著增加。但由于利润增长较快，容易吸引更多的竞争者。

（4）成熟期。经过成长期之后，随着购买产品的人数增多，市场需求趋于饱和，产品便进入了成熟期。此时，销售增长速度缓慢，由于竞争的加剧，企业为保持产品地位需投入大量的营销费用，导致广告费用再度提高，利润逐渐下滑。

（5）衰退期。随着科技的发展、新产品和替代品的出现以及消费习惯的改变等原因，产品销售量显著衰退，利润也大幅度滑落，产品从而进入衰退期。优胜劣汰，市场竞争者也越来越少。

2．产品在不同阶段的定价策略不同

在计算机刚刚进入市场的时候，其价格与今天的价格已经不可同日而语；当手机是一种身价的象征时，谁也不曾想到，今天的手机已经普及到小学生了。所以，不管企业生产的产品质量有多好，产品价格还得由市场说了算。

具体来说，一个产品在它的生命周期的不同阶段，价格不同。

（1）开发阶段/引进阶段。产品在开发阶段进入市场，定价较高，但利润较低，因为营销成本高。

（2）成长阶段。在成长阶段，产品逐渐得到市场认可，定价较高，利润开始增长。

（3）成熟阶段。在成熟阶段，因为大多数潜在顾客已经购买了企业的产品，新顾客很少，产品价格降低或打折销售，企业盈利减少，营销费用加大。企业应在此时开发新产品并迅速引进市场。

（4）衰退阶段。在衰退阶段，原有产品销售额和利润开始下降，宣告退出市场，新产品开始盈利。

3．产品进入市场的最佳阶段

作为创业者，应该分析你的产品进入的市场正处于哪个阶段，从而确定你的营销策略。最佳的时机当然就是及早进入市场，以在市场的发展阶段获得最大的利润。而且，这个阶段的竞争也不是很激烈。

如果你想在产品的成长期和成熟期获利，那就需要在产品的开发阶段就进入市场。这个阶段的营销任务就是向顾客介绍新产品，使顾客了解新产品将给他们带来什么。但是同时，企业的营销费用相对较高。

9.3.3 产品分销渠道

分销渠道是指某种产品或服务在从生产者向消费者转移的过程中，取得这种产品或服务的所有权，或帮助所有权转移的所有企业和个人。因此，分销渠道包括商人中间商（因为他们取得所有权）和代理中间商（因为他们帮助转移所有权），此外，还包括处于渠道起点的生产者和终点的最终消费者或用户，但不包括供应商和辅助商。

世界营销大师菲利普·科特勒认为：“企业应当全力以赴地发现分销渠道，分销渠道越多，企业离市场越近。”因此，企业必须清楚谁来负责销售，以及采用什么样的具体渠道，是采用直接销售方式，还是使用分销商、批发商；是通过同行联合，还是使用其他渠道等。

9.3.4 促销策略

促销是指利用各种方式向顾客传递信息并吸引他们来购买你的产品或服务。

促销组合是企业所采用的用来支持销售和提升总体品牌形象的具体策略。企业最常用的促销方式有广告、销售促进、公共关系和人员销售等。

（1）广告。这种方式即向市场发布信息，使大家对你的产品或服务产生（更大的）购买兴趣，如电视广告、报纸广告、杂志广告、DM广告、出租车广告、网络广告等。

（2）销售促进。销售促进又叫营业推广，是指尽一切努力使光顾企业的顾客购买更多的产品，如免费品尝、免费试用、买赠、抽奖、积分换购等促销方式。

（3）公共关系。公共关系即借助媒体发布利好信息为企业做宣传来影响顾客。公共关系可以增加企业的信誉度，为很多初创企业所青睐。新闻发布、媒体报道、博客、微信等是常用的建立公共关系的方式。

（4）人员销售。人员销售即业务人员与顾客进行面对面的沟通，以促成交易。

由于促销很费钱，所以企业在制订促销策略前，要先了解竞争对手使用的促销方法，然后再决定采用对自己企业奏效的促销方式。

思考与训练

1．思考并回答以下问题

（1）针对茶叶这种产品，如何进行市场细分？

（2）产品进入市场的最佳阶段是什么？为什么？

（3）如何制定市场营销组合策略？

2．分析以下案例并回答问题

从孩子王到创业者——张新华的创业之路

艰难探索，找准方向

1993年，张新华从山东滨州学院企业管理专业毕业后，回到家乡，在一个乡镇的中心小学做了一名人民教师，他教过体育、数学等科目，是个孩子王。

但张新华从少年时代就想成为一名成功商人，做教师期间，他感觉如果把一生的时光都付诸三尺讲台，那么这一生将会非常遗憾。他看到同学、朋友纷纷下海经商，有的人还取得了很大的成功，张新华也想经商创业干出一番事业。越这样想，他从商的渴望就越强烈。1999年，张新华下定决心辞职，一方面，他觉得如果再不下海创业就来不及了；另一方面，他也不愿意这种不稳定的心态耽误教学工作。

创业之路应该从哪里开始呢？他认为家乡淄博并不是理想的地方，而应该到大城市去，多见识多学习，因为那里人多，创业机会也多。他没有选择济南、青岛，而是选择了北京。因为北京离淄博较近而且是首都，应该是创业机会最多的城市，远比其他北方城市更具优势。恰巧他在北京有位亲戚，愿意帮助他在企业找一份工作。在北京，张新华先在一家生产塑料制品的公司当库管，后来又做了车间主任。打工的这几年里，他把大学期间学习的企业管理知识应用到实践中，刻苦努力，有了一定的成绩。2005年，北京有家床上用品生产厂家知道他非常有管理能力，就聘任他做厂长。

2006年，他接触到北京一家环保产业公司，该公司当时正在进行产品招商。张新华意识到他的机会来了，他主动要求做天津地区的销售代理，没想到事情竟然成了。于是张新华辞去厂长工作，在天津成立了个体企业，做起了代理，并且逐步开始在山东、河北等地开拓市场。按照北京这家环保公司的要求，张新华的销售方式主要以会议营销为主，即通过寻找特定顾客，以服务和产品说明会的方式销售产品。2008年，张新华的企业年销售额达到200多万元，企业团队人数增加到18人。这一年，张新华在天津、滨州和淄博都有了自己的企业。

把握方向，转变模式

做代理期间，张新华研究了我国的环保行业，他认为国内的家用环保行业发展严重滞后，是大有可为的，而且，由于政府倡导，低碳生活的概念深入人心，政府也相继出台了一系列政策鼓励和发展节能环保行业，倡导居民的低碳健康生活。另一方面，从2008年下半年开始，张新华的会议营销团队的收益越来越少。再加上三个地方同时开展业务需要管理和运作，张新华感觉有些力不从心。于是，张新华开始思考解决的办法，他必须有所改变。他发现在家用环保行业中缺少了集约一站式的购物平台。最后，他撤除天津和山东滨州的业务，将业务集中在淄博。

2010年，张新华成立淄博净美环保技术有限公司，并打算开设净美低碳生活超市，经销家用的小电器、照明设备、水处理设备和空气处理设备等。

张新华的朋友都说现在还做这种连锁卖场只有死路一条。但是，张新华认为由于政府的政策鼓励这样的项目，并且政府出台了多项政策予以大力支持，家用环保产品的市场需求在未来10年将会爆发式增长，高品质家用产品也将层出不穷。但目前，大部分消费者对此类产品的认知及认可程度较低。张新华选择淄博这样的城市，是因为他认为应该也能够培育和启动淄博市场。

面对困难，大胆变革

2010年11月，首家净美低碳生活超市在淄博市正式营业。一年后，张新华已经在区域内陆续开设了6家净美连锁低碳生活用品超市。

实际运作了半年左右，这些超市在销售方面却遇到了困难。其中四家店面的销售业绩始终徘徊在一个较低的水平；而另外两家业绩虽不错，但大部分业绩都来自于团购，而不是店面销售。

经过近一个月的市场调查与研究，张新华最终找出了问题的症结所在。净美的项目自身及理念是致力于倡导节能环保、推广低碳生活，但净美超市过度强调平价销售，从而造成了店面销售不畅的局面。张新华果断地做了改变，即改换超市名称叫作净美低碳生活体验馆。这不只是名称改变了，张新华对卖场的市场定位也改变了——不再强调超市的平价销售的卖场特色，而是向特定消费群体倡导低碳理念从而实现产品销售。净美低碳体验馆将目标客户群定位在学历层次较高、中高收入、热心环保、喜欢接受新事物并愿意担当时尚先锋的中高端群体。从职业上来划分，客户群体大约是公务员群体、医生、律师、企业高管、白领、高收入自由职业者等；从年龄上来划分，客户群还必须与产品类别相对应，诸如低碳厨房系列主要是针对30~50岁的妇女，低碳创意空间系列则更倾向于20~30岁的年轻人，低碳健康系列面向的则主要是60岁以上的老年人。

市场定位进一步清晰后，业绩随之取得了有序的稳步上升，净美低碳生活体验馆也就真正地在市场上立住了脚跟。

另外，为了维护客户关系，让更多的净美目标客户群体了解企业，张新华又采取了以下几个措施。

1. 创办了《净美低碳生活》内刊杂志，在净美会员及目标客户群体中赠阅，以宣传推广低碳生活。

2. 创办了净美低碳生活俱乐部，组织各项环保公益活动及低碳知识、健康知识讲座，吸引更多的环保公益人士加入。

3. 广泛地在社会上举办及参与各项环保公益活动，树立净美环保公益的品牌形象。

现在的淄博净美环保技术有限公司业绩快速增长，作为淄博市政府扶持的企业第一批入驻淄博市创业孵化基地；2011年3月，参加山东3·15名优商品（服务）和企业形象博览会，获得2011年山东3·15名优商品（服务）和企业形象博览会优秀奖；还获得淄博市精神文明建设委员会、淄博市工商行政管理局、淄博市个体私营企业协会、淄博市企业信用协会共同授予的“文明诚信双百佳单位”等称号。

【问题】

1．2011年年初，张新华在企业业绩不好的情况下成功转型，对你有什么启发？

2．在进行准确的市场定位和锁定目标客户群后，应如何付诸实际行动？

第10章

初创企业的财务管理

【学习目标】

通过学习本章的内容，使学生了解初创企业财务管理的现状和大学生初创企业在财务管理方面存在的问题，掌握创业初期财务管理的方法，了解中、小企业如何策划上市。并通过对初创企业常见财务风险和应对措施的分析，使学生明白财务风险是初创企业失败的第一风险，在企业经营过程中必须重视和防范，才能使企业生存下去。

【学习重点与难点】

重点：创业初期的财务管理、流水账和日记账。

难点：读懂资产负债表和损益表，制订现金流量计划，合理规避财务风险。

案例分析

10-1　李明的鸡场

李明一直想办一个企业，做批发鸡的生意，因为他所在的小镇周围有很多农户养鸡。他和母亲住在一起，母亲非常支持他创办企业，她让李明用家里的房子做担保向银行申请贷款。

李明得到贷款后立即着手准备。他为企业购买了设备和原材料，在小镇附近租了鸡舍，买了计算机、现代化的制冷设备、新的厢式货车，还在货车门上喷涂了鸡场的标志。李明告诉母亲，精良的设备能帮助企业树立良好的形象，也有助于吸引更多的客户。

李明马上投入到了繁忙的工作中。鸡的需求量很大，他夜以继日地工作，客户还把他推荐给了他们的朋友。由于赊购的客户太多，李明用于付款的现金非常紧张，到年底时，他拥有的现金严重不足，无法支付银行的欠款。于是，银行中止了贷款，并要求李明偿还所有债务，李明不得不宣布鸡场破产。银行开始拍卖李明的资产来偿还其债务，首先拍卖的资产是车和计算机，但除此之外仍有大量的债务不能偿还。看样子，李明的母亲有可能失去家里的房产了。

课堂思考与讨论

1. 李明的鸡场为什么会倒闭？
2. 李明应该如何分配、管理好资金，才能让鸡场免于倒闭？

10.1 » 财务管理概述

创业名言

一个企业所做的每一个决定都有其财务上的含义，而任何一个对企业财务状况产生影响的决定就是该企业的财务决策。因此，从广义上讲，一个企业所做的任何事情都属于公司理财的范畴。

——达摩达兰

10.1.1 企业财务管理的定义与内容

财务管理是在一定的整体目标下，对资产的购置（投资）、资本的融通（筹资）和经营中现金流量（营运资金）以及利润分配的管理。财务管理是企业管理的一个重要组成部分，它是根据财经法规制度，按照财务管理的原则，组织企业财务活动，处理财务关系的一项经济管理工作。简单地说，财务管理是组织企业财务活动，处理财务关系的一项经济管理工作。财务管理讲求成本效益原则，目的在于使企业资金更有效地为企业带来效益。

创业是一个复杂的过程，从企业最初的资金筹集，到企业运行中的资金运用，再到税后利润的分配、债务的偿还等，这个过程从始至终都与财务管理关系密切，或者换句话说，做好企业的本质就是做好企业财务管理工作。

企业的财务管理主要包括以下几个方面。

1．资产管理

企业的资产管理包括了企业的流动资产、原材料、产成品、固定资产、应收应付账款等管理内容，首先，企业初始期一般不会设有仓储等财务管理部门，销售部门也没有明确的职责管理资产。因此，一方面，企业资产很容易流失，而企业资产一旦流失，对初始期的企业将是重大的打击；另一方面，财务管理可以起到记录并及时审核企业资产价值的重要作用，因此资产管理是企业管理中的重要任务。

2．经营管理

企业的经营管理分为成本控制和总利润控制两方面。企业的各项成本虽然发生在企业的各个人员和各个部门中，企业的利润虽然主要取决于销售部门和科研部门，但是最终这两部分都需要财务部进行核算。因此做好财务管理对企业初期经营能尽快盈利起到了重要的作用。

3．投融资管理

处于初创时期的企业，通常现金流短缺，没有办法扩大规模形成规模效应，难以降低成本，最快实现盈利。如果对未来的现金流、利润增长等做出了合理准确的财务预测，则可能会给企业带来投融资机会，加快企业的成长。

总之，企业初创时期，绝不能因为自身规模较小、业务单一、利润较薄，就忽略企业内部的财务管理。

10.1.2 财务管理的重要性

一个企业的兴衰与财务息息相关，企业管理必须以财务管理为中心，其重要性主要体现在以下几个方面。

1．企业财务管理是企业管理的基础，是企业内部管理的中枢

财务管理是组织资金运动，处理同有关方面财务关系的一项经济管理工作。它是一种价值管理，渗透和贯穿于企业一切经济活动之中。企业的资金筹集、使用和分配，一切涉及资金的业务活动都属于财务管理的范围。

企业的生产、经营、进、销、调、存每一环节都离不开财务的反映和调控，更是对企业经济活动的有效制约和检查。财务管理是一切管理活动的共同基础，它在企业管理中的中心地位是一种客观要求。

2．财务管理是实现企业和外部交往的桥梁

财务会计的一个重要职能就是反映企业经济活动情况，为企业经济管理提供完整的，以财务信息为主的经济信息。企业的会计信息不仅是企业内部管理的需要，还是企业外部有关决策者所需要的，因为企业不是孤立存在的，它必然要与外界发生各种各样的联系，进行信息交流，如国家宏观经济管理部门、企业外部的投资人和债权人等，都需要利用会计信息进行有关的经济决策。

通过会计核算，对原始数据进行收集、传递、分类、登记、归纳、总结、储存，将其处理成有用的经济管理信息，然后开展财务分析，对企业财务活动的过程和结果进行评价和分析，并对未来财务活动及其结果做出预计和测试。通过这一系列财务管理环节，使企业能够向外界提供准确、真实的信息，从而有助于国家进行宏观调控，使投资人进行合理投资，帮助银行做出信贷决策，以及有助于税务机关依法征税。

3．强化财务管理可以找出企业问题的根源，拿出解决问题的方法

财务管理具有灵敏度高的特点，企业生产经营管理各方面的效果和问题都会通过不同的财务指标及时反映出来，如决策是否得当，经营是否有方，生产组织是否合理，产品质量及品种是否适合需要，产销是否衔接畅通，耗费是否正常，收入和盈利的取得是否合理等都会对财务指标产生重大影响。

财务部门通过对财务指标的经常性的计算、预测、整理、分析等工作，能提出改进措施，促使企业不断提高经济效益。

10.2 » 初创企业财务管理的现状与对策

财务管理是企业管理活动的一项重要内容，是对资金进行的管理，主要解决企业资金的筹集、运用和分配等问题。

财务管理讲求成本效益原则，通过对企业资金的管理，使企业资金能更有效地为企业带来效益。对企业进行有效的财务管理，必须了解企业财务管理的现状，以及财务管理过程中存在的主要问题，并进行改进。

处于创业初期的小企业往往将管理的重点放在经营上，而忽视财务管理。企业财务管理水平如何？能否适应创业初期的管理要求？创业者必须对此有一个清晰的认识。通过下面的一些问题可以判断创业初期企业的财务管理水平。

企业经营一年赚了还是亏了？如果赚了，赚了多少钱？有足够的资金保证企业的正常运转吗？每天清理营业款吗？营业款与销售单汇总数是否一致？收款是自己进行吗？应收账款有专门的账簿登记吗？仓库请人管理吗？盘点过库存吗？多长时间盘点一次？聘请过会计处理财务、税务业务吗？赚到的钱是存在银行赚取利息，还是用来补充流动资金以扩大经营？以上这些问题涉及企业财务管理的基本要求。如果处理得当，则基本能适应创业初期的管理要求；如果处理得不好，则企业财务必将是一本糊涂账。

10.2.1 大学生初创企业财务管理存在的问题

1．财务管理基础知识欠缺

创业的大学生大多来自非财会专业，他们能提供创意和技术，能为初创企业提供技术支撑，可是创办企业之后不仅只是发展业务、提供服务或销售产品，财务管理也是大学生初创企业正常运作必不可少的一项管理活动或管理工作，但财务管理知识的缺乏也是大学生初创企业管理者的致命伤。

2．财务管理意识薄弱

大学生初创企业成立之初，由于规模小、业务量少、企业员工不多，大学生初创企业很难建立一个完善的财务管理系统，通常只简单地将财务工作视为一种记账的手段，对财务管理的一系列工作也没建立科学的管理理念和做法，不能很好地分析和利用财务信息，导致财务管理工作混乱不堪。例如，在控制筹资成本、投资风险、赊销商品等时存在一些不科学的做法，导致筹资成本高、投资风险大、赊销坏账多等，从而阻碍了大学生初创企业的发展。

3．财务基础工作不规范

缺乏财务人员和财务人员素质不高是大学生初创企业普遍存在的现象。大学生初创企业成立之初，由于资金有限，许多大学生初创企业都没有专门的财务人员或财务人员一人身兼数职，甚至许多财务人员都是由大学生自己兼任的，或是由亲朋好友来担任的。因此，在一般情况下，大学生初创企业的财务人员没有完整、系统的财务管理理论知识，这就会造成公司财务工作的遗漏、错误，从而产生财务风险。

另外，大学生初创企业的财务基础工作缺乏规范的基本程序。原始凭证缺失、记账凭证填制不规范、凭证的传递与保管工作缺位、财务报表不完善或是根本没有财务报表等都是大学生初创企业缺乏规范的基本程序的表现。没有一套详细的财务工作标准、制度做规范，大学生初创企业的财务人员往往难以有序地进行工作，财务信息也难以有效地反映企业财务状况，最终会导致企业财务工作混乱，引起财务风险。

4．融资能力弱

启动资金少、融资能力弱是制约大学生初创企业发展的重要因素。

（1）缺乏广泛的社会关系。初创企业成立之初，大学生很难建立起一个正常的社会关系网，由此而造成融资能力弱。首先，大学生在校期间接触最多的是周围的同学和老师，而同学和老师很难为其提供创业所需的资金。其次，大学生刚步入社会，不能及时建立与政府、银行和其他企业的关系，相互之间缺乏了解与信任也是使企业融资的一个重要原因。一个对北京大学生创业调查的结果显示，77.2%的大学生认为资金缺乏是大学生创业最主要的障碍，60.7%的大学生认为社会关系缺乏是制约大学生创业的另一障碍。因此，大学生要创业就必须建立广泛的社会关系，拓宽自己的关系网，并尽可能多地参与社会上与创业相关的创业活动，以便获得更多的融资信息和融资渠道。

（2）缺乏对政策的了解。近年来国家对大学生创业的支持力度不断加强，国家和地方的相关优惠政策也是层出不穷。例如，上海市专门设立了大学生创业“天使基金”，为大学生开办企业提供5万～30万元的创业支持；武汉市自2011年起，加大了财政投资，鼓励、扶持大学生创业，2012年投放小额贷款500万元，并在武汉大学等6所高校设立大学生创业俱乐部，给予每个俱乐部5万元的启动资金；宁波市出台的《关于使用失业保险基金预防失业促进就业有关问题的通知》（甬政发〔2012〕135号）对高校毕业生创业给予5万～50万元的小额担保贷款；太原市税务部门对大学生创办咨询、信息、技术服务等类型的企业，免征1～2年的企业所得税，相关银行对登记失业的大学生自主创业，提供不超过5万元的小额担保贷款；西安市高校毕业生在西安创业最高可获50万元的创业贴息贷款。但大学生是否都充分了解和利用了相关的优惠政策呢？就宁波工程学院的一项大学生创业调查研究显示，仅7.8%的学生了解创业的相关法规政策。对政策掌握的不全面会使大学生在创业时错失优惠政策，不利于企业融资。

（3）银行贷款条件的限制。银行贷款是有一定限制的，大学生初创企业由于财务管理不规范导致其难以提供有效、可靠的财务信息，使得金融机构不能及时了解其财务状况，从而增加其贷款的难度。另外，大学生初创企业多为小额贷款，而银行对小额贷款审核严格，要求贷款人具备偿还能力，对大学生初创企业而言，创业刚刚开始，银行贷款审核部门很难认定其具备偿还能力，因此大学生初创企业想要获取银行贷款实际上很难。据杭州市的一份调查显示，只有9.74%的大学生初创企业获得了银行贷款。此外，大学生初创企业贷款难的另一个原因是其无法提供有效资产做抵押或质押。

（4）未雨绸缪意识不够。企业融资是需要一定时间的，而缺乏资金运用管理意识和能力的大学生往往在企业急需资金时才会想起去筹集资金，但是商业银行的融资审批是需要一定时间的。以小额贷款为例，从申请递交到取得贷款，融资时间最快也要两个多月，如果是外资银行，融资时间甚至要达半年之久。因此，缺乏未雨绸缪的意识会造成大学生初创企业资金周转困难，从而影响大学生初创企业的发展。

5．投资缺乏科学性

筹集资金之后，如何保证资金运营的科学性与投资的合理性是大学生初创企业所面临的又一大问题。投资缺乏科学性会导致投资项目难以获得预期收益，投资无法收回，甚至影响到大学生初创企业的正常运营。

10.2.2 大学生初创企业财务管理的对策

1．加强财务基础知识的学习

加强财务管理专业基础知识的学习是十分重要的。进行创业的大学生只有了解了企业运作过程中的筹资、投资、营运及利润分配等内容，才能正确处理企业的财务关系并进行有效的财务管理工作。

目前，各高校纷纷开展不同形式的创业培训活动，旨在使大学生了解创业，促进大学生的创业活动，减少大学生的创业风险。例如，华中科技大学的“创业精英训练营”、武汉大学的“SYB创业培训班”、武汉理工大学的“创业教育实验班”等，都为有意愿创业的大学生提供了创业学习平台。非财务专业的学生可以在培训班中学习财务管理知识，为创业做好准备。

2．树立财务管理意识

大学生初创企业要发展，就需要大学生重视财务管理问题，建立完善的企业财务管理制度。此外，大学生不仅需要提高自己的企业财务管理意识，更应该将财务管理意识融入企业每一个员工的意识当中。组织员工学习、定期召开财务会议都能有效促进企业财务管理意识的树立。

大学生创业之初，既然很难从无到有地建立一套较为完整的财务管理系统，何不去学习借鉴其他类似的中小企业的财务管理制度呢？虽然情况可能不尽相同，面对的问题也是各有差异，但类似的经验还是可以学习的。例如，资金管理、成本核算、销售收入管理等财务管理制度，可以先借鉴类似的经验再依据自身情况加以修改，从而逐步建立、完善企业的财务管理制度。

3．规范财务基础工作

对于大学生初创企业而言，没有规范化的财务基础工作，财务管理也只能是空谈。原始凭证的收集保管、记账凭证的审核编制、财务报表的编报审核等工作都是财务基础工作的重中之重。重视财务基础工作是大学生初创企业财务管理的基础。在大学生初创企业发展过程中，应尽快摆脱财务人员一人身兼数职的尴尬局面。对大学生初创企业而言，聘请专业的财务人员虽然会增加相关费用，但行之有效的财务管理工作更是大学生初创企业财务管理必不可少的。规范化的财务基础工作要求同时建立监督审核制度，财务基础工作如果没有监督审核，往往会造成很大风险。

4．提高融资能力

对于大学生创业，国家和地方都出台了一系列优惠政策，大学生创业要充分了解国家政策、利用优惠政策。目前，专门针对大学生创业的国家优惠政策主要包括：注册资金允许分期到位；毕业生创办国家指定行业企业可以享受一到两年的减免税；各银行、信用机构简化小额贷款程序；政府所属的人事机构免费为毕业生保管人事档案等多项优惠政策。与此同时，地方也有一些优惠政策。这些优惠政策有助于大学生创业的资金筹集和企业发展。另一方面，融资的多元化也可以解决大学生初创企业资金紧张的问题。目前，我国的资本市场日益开放，很多外资也进入我国资本市场，大学生应该充分利用外资解决融资困难的处境。

还可以从企业自身出发建立融资渠道，初创企业如果能够增强财务管理意识、加强财务基础规范工作，就可以建立良好的企业信用，从而更方便地从金融机构获得贷款。

5．建立投资风险机制

理性的投资可以减少投资风险，确保投资收益，促进大学生初创企业的发展。理性投资需要做到以下几点。

（1）树立投资风险意识，明确投资风险。大学生应该将对投资风险的管理上升到一定高度，真正地重视投资风险，定期开展培训与自我培训，将风险意识融入企业全体员工的意识中去，形成企业文化。建立投资风险评估机制可以有效防范风险的产生，运用“阿尔曼”模型、概率模型等建立预警机制，运用净现值法、差额投资内部收益率比较法等方法计算投资项目的可行性。在投资项目实施前充分了解投资项目，明确投资收益，避免盲目投资、跟风投资。

（2）建立风险应对机制。投资风险不能完全避免，因此，如何将风险降低到可以接受的范围也是大学生所必须掌握的。大学生初创企业应该建立一个总体的投资风险应对机制，并在不同投资项目实施前制订相应的、明确的风险应对措施，以明确投资风险发生后大学生初创企业的对策，避免因风险产生而造成的混乱。

（3）扩展信息获取渠道。信息获取的准确性、有效性和及时性是大学生初创企业合理投资的关键因素。目前，大学生获取信息的渠道众多，但如何获取有效的信息仍是许多大学生所迷茫的问题。信息的获取是多方面的，关注国家实时的经济政策，加强与其他企业的合作，加强与行业内部的交流，关注国际经济动向等都有助于大学生初创企业获取投资信息。

（4）建立监督机制。投资风险的产生可能源自外部，也可能是由于内部问题引发的，建立投资风险监督机制，将投资绩效与权责挂钩，明确奖惩制度，可以避免盲目投资和不理性的投资。

总之，大学生创办企业可以解决就业难的问题，也可以将新的创意或者新的技术等转化为生产力。但是，创业之路是曲折的，管理企业是艰辛的，特别是大学生初创企业的管理更艰辛。因此，在企业创业初期，首先要做好财务管理这项工作，这将为企业的发展壮大奠定良好的基础。

10.3 » 创业初期的财务管理

创业名言

立信，乃会计之本。没有信用，也就没有会计。

——潘序伦

10.3.1 记好流水账和日记账

创业之初，不论你的企业有几个人、有多少资金、规模多大，都要做好来往账目，记好企业的流水账或日记账，并且要日清月结。及时掌握企业现金流的情况，企业现金流是创业者进行决策的重要参考数据。

1．流水账

流水账是一种简单的账目，是按照企业每天发生的收入和支出事项的时间顺序，把所花费和收入的金额及时记录下来的一种记账方法。

流水账并不是规范的财务记账方法，一般只对内不对外，财务可以更改流水账，还可以根据流水账来编制记账凭证。由于它使用简便，所以大多数企业都会记流水账，如表10-1所示。

流水账和日记账

记流水账的注意事项如下。

（1）及时收集单据。

（2）按时间顺序记账。

（3）尽量日清月结。

（4）保存好凭证备查。

表10-1　企业日常流水账

2019年		摘要	收入	支出	余额	备注
月	日					
		结转下页				

2．日记账

日记账属于比较正规的账簿，是根据编制的原始凭证登记的，不允许随意更改，即使想更改也需按规定的格式更改。在编写日记账的时候，注意要清晰、明确、完整、一目了然，也就是说要简洁无重复，这是十分重要的。

规范的日记账有助于财务报表和账簿的编写，有助于公司财务的管理。会计在编写各类明细账、总账以及财务报表时均是以日记账为依据的。创业者可以通过对盈利、支出、应收应付账款的及时分析，正确把握企业的发展方向，及时、合理地控制成本。

流水账是单式记账法，出现错误不容易查找。但日记账采用的是复式记账法，也叫借贷记账法，发现问题容易查找。

日记账有以下几种类型。①现金日记账：记录每天的现金收支情况；②银行存款日记账：记录每天银行账户的收支情况；③销售日记账：记录每天的销售收入情况；④采购日记账：记录每天采购的物品和支出情况。

由于现金日记账和银行存款日记账是经济活动中最主要的两本账，是必须每日清算、核对的账簿，所以企业一般必须设置现金日记账和银行存款日记账。下面就来介绍现金日记账和银行存款日记账的设置和登记方法。

（1）现金日记账的设置和登记方法。

现金日记账是重要的会计账簿之一，是用来核算和监督库存现金每天的收入、支出和结存情况的账簿。

每天，由出纳人员按照经济业务发生的时间先后顺序，根据有关现金收款凭证和现金付款凭证或提取现金的银行存款付款凭证，逐日逐笔进行登记，并根据以下公式，逐日结出现金余额，与库存现金实存数核对，以检查每日现金收付是否有误，做到日清日结。

现金日记账

上日余额＋本日收入－本日支出 ＝ 本日余额

期初余额＋本期增加－本期减少 ＝ 期末余额

现金日记账通常使用订本三栏式账簿，如表10-2所示。

表10-2　现金日记账

2019年		凭证编号	对方科目	摘要	收入（借方）	支出（贷方）	结存余额
月	日						
1	1			上年结转			
				结转下页			

三栏式现金日记账的具体登记方法如下。

① 日期栏。日期栏指记账凭证的日期，应与现金实际收付日期一致。

② 凭证编号栏。凭证编号栏指登记入账的收付款凭证的种类和编号，如“现金收（付）款凭证”，简写为“现收（付）”；“银行存款收（付）款凭证”，简写为“银收（付）”。凭证栏还应登记凭证的编号数，以便于查账和核对。

③ 摘要栏。摘要用来说明登记入账的经济业务的内容。文字要简练，但要能说明问题。

④ 对方科目栏。对方科目栏指现金收入的来源科目或支出的用途科目，如银行提取现金，其来源科目（即对方科目）为“银行存款”，其作用在于了解经济业务的来龙去脉。

⑤ 收入、支出栏（或借方、贷方）。收入、支出栏指现金实际收付的金额。每日终了，应分别计算现金收入和付出的合计数，结出余额，同时将余额与出纳员的库存现金核对，即通常所说的“日清”。如账款不符应查明原因，并记录备案。月终同样要计算现金收、付和结存的合计数，通常称为“月结”。

（2）银行存款日记账。

银行存款日记账是企业对外提供的账簿中最重要的会计账簿之一。银行存款日记账是由出纳人员根据有关银行存款的收款凭证、付款凭证，按照经济业务发生的时间顺序，逐日逐笔地记录和反映银行存款的增减变化及其结果的账簿。

出纳人员在期末时，应将本单位的银行存款日记账与开户银行转来的对账单逐笔进行核对，以检查企业银行日记账的记录是否正确。

银行存款日记账一般也采用订本三栏式账簿，它的填写方式与现金日记账类似，由于篇幅的限制，这里不再介绍。

10.3.2 读懂资产负债表和损益表

1．资产负债表

资产负债表也称财务状况表，是反映企业在一定时期内全部资产、负债和所有者权益的财务报表，是企业经营活动的静态体现。

资产负债表根据“资产 = 负债＋所有者权益”这一会计方程式，依照一定的分类标准和要求编制而成，是会计中一种重要的财务报表。

资产负债表最重要的功用在于能确切地反映企业的营运状况和企业需要外部融资的数额，如第5章的表5-4所示。从资产负债表中可以了解到企业的如下信息。

- 企业的资产、负债及股东权益的增减。
- 企业的经营规模。
- 企业的资金实力和企业资金被占用的情况。

2．损益表

损益表又称为利润表，是反映企业在一定时期内经营成果的会计动态报表，如第5章的表5-3所示。损益表有如下作用。

- 可以用来分析企业利润增减变化的原因。
- 可以用来评价企业的经营效率和经营成果。
- 可以衡量一个企业在经营管理上的成功程度。
- 可作为经营成果的分配依据。
- 有助于考核企业经营管理人员的工作业绩。
- 可用来分析企业的获利能力。

10.3.3 制订现金流量计划

现金流是决定企业的资金周转能力以及自身融资潜力的重要指标，同时还是银行贷款时关注的重要指标，是银行衡量企业偿还能力的一大标准。

对于新创企业，资金缺乏是最为普遍的问题，如果创业者不能及时解决这一问题，则非常容易造成创业夭折。因此创业者要特别注意，在创业初期，资金不要被固定资产占用太多，在企业经营的任何时期，必须保持正的现金流，不能让现金断流。

为避免出现现金断流的危机，你必须制订现金流量计划，如表10-3所示。在计划表中一旦发现现金流量出现负值，就可以预先采取防范措施加以补救。现金流量计划是企业正常营运的基础。

现金流量计划的作用如下：

① 显示企业每个月的现金流入流出量，可帮助企业判断其缺不缺钱，缺多少钱，什么时间缺钱，缺多长时间；

② 了解企业经营所需资金，帮助管理者对企业筹资与投资进行科学决策；

③ 显示企业每月的赊售和赊购情况，帮助管理者及时掌握企业的偿债能力；

④ 有助于确定企业贷款的数量及贷款的期限，减少资金成本。

表10-3 现金流量计划表

项目 \ 月份		1月	2月	3月	4月	…	12月	合计
月初现金								
现金流入	现金销售							
	赊账销售							
	贷款							
	股东投资							
	现金流入合计							
现金流出	现金采购							
	赊账采购							
	包装费							
	工资							
	宽带费							
	装修费							
	开办费							
	贷款本息							
	……							
	现金流出合计							
月底现金								

10.3.4 合理规避财务风险[①]

1．创业初期常见的财务风险

（1）赊销造成回款困难，甚至坏账。赊销是以信用为基础的销售，卖方与买方签订购货协议后，卖方让买方取走货物，而买方按照协议以在规定日期付款或分期付款的形式付清货款的过程。

在创业初期，由于新产品尚未被市场和顾客接受，赊销是难免的。虽然赊销能够刺激顾客购买，但存在很大的风险。例如，赊销出去的货物不能及时回款，给客户的账期过长，货款被拖延支付，或者干脆成为坏账，都将导致资金周转不灵。

（2）货物积压或销售不畅。由于刚开始经营时，市场尚未打开，客户少，货物销售不畅，致使很多货物积压严重，资金被大量占用，无法变现，这在很大程度上阻碍了企业的发展，有些企业甚至因此面临破产倒闭的危险。

（3）房租等固定支出在经营成本中占有比例太大。很多初创企业在选址时只考虑了地段等因素，忽略了房租等费用在营业成本中的比例，结果是生意虽然很好，但房租等固定支出过多，等于是在给房东打工。

（4）创业启动资金被固定资产占用太多。有些创业者拿到启动资金或风险投资后，第一件事就

① 李肖鸣，朱建新.大学生创业基础.北京：清华大学出版社，2014.

是买车、买房，缺少风险意识、从而导致资金流断裂。

2．应对财务风险的常用措施

企业在激烈的市场竞争中，不进则退。因此，企业发展不能只看眼前，必须放眼未来，居安思危。

（1）在现金流断裂之前，就应该去寻找帮扶资金，想办法弥补现金流的不足。目前，我国的各种创业扶持基金很多，创业者应多留意这些基金的帮扶要求，在困难时，可以去申请资金扶持，以渡难关。

（2）出让部分股份，以换取周转资金。在企业遇到资金困境时，创业者可以采取出让部分股份给企业、机构、个人的方法，吸纳新股东或者合资经营，以维持企业生存。

（3）如果因为赊销导致企业资金周转不灵，可以采取只对信誉好、实力强的客户提供赊销的优惠方式，以保持长期稳定的客户关系，而对相互了解不深的客户不进行赊销。如果赊销数量大，还可以建立赊销日记账，做好每一笔赊销记录，及时回收应收账款。

（4）如果是因为货物销售不畅导致资金被占用，可采取促销手段来促进销售，回笼资金。

（5）如果是因为场地过大造成的房租压力过大，可采取部分分租的形式，出让一部分场地给与自己产品和服务不冲突但是相关的企业，一起来分担房租压力。例如，卖地板的与卖灯具的合租，开饭店的与开停车场的合租，做设计的把一楼分租给广告公司等，这样的战略合作随处可见。

10.3.5 做好税务筹划

1．什么是税务筹划

税务筹划又称税收筹划，是指在纳税行为发生之前，在不违反法律、法规（税法及其他相关法律、法规）的前提下，通过对纳税主体（法人或自然人）的经营活动或投资行为等涉税事项做出事先安排，以达到少缴税或递延纳税目标的一系列谋划活动。

税务筹划在西方国家的研究与实践起步较早，在20世纪30年代就引起社会的关注，并得到法律的认可。1935年，英国上议院议员汤姆林提出："任何一个人都有权安排自己的事业。如果依据法律所做的某些安排可以少缴税，那就不能强迫他多缴税。"这一观点得到了法律界的认同。英国、澳大利亚、美国等国家在税收判例中经常援引这一原则精神。经过半个多世纪的发展，税务筹划的规范定义为"在法律规定许可范围内，通过对经营、投资、理财活动的事先筹划和安排，尽可能取得节税的经济利益"。

2．做好税务筹划的必要性

从税务筹划的起源和定义可以看出，税务筹划不仅是企业利润最大化的重要途径，也是促进企业经营管理水平的一种方式，更是企业领导决策的重要内容，这也正是税务筹划活动在西方发达国家得以迅速发展、普及的根本原因。

事实上，税务筹划是纳税人的一项基本权利，纳税人在法律允许或不违反税法的前提下，所取得的收益应属合法收益。所以初创企业应做好税务筹划以增加企业收益。

10.4 » 中小企业如何策划上市

公开上市意味着公司能够使用公众的资金，从而为扩大公司业务打开了方便之门。简单地说，公开上市是一个过程。在这个过程中，公司以出售股票的形式将公司的一部分所有权卖给公众，从而使由一个人或几个人拥有的公司变成由公众所拥有的公司。成功的企业家应当了解如何建立一个广泛的、卓有成效的团队，以便完成企业公开上市的目标。

10.4.1 上市条件

上市条件是指股份有限公司申请其股票在证券交易所交易所必须符合的法定条件。根据《中华人民共和国公司法》的规定，股份有限公司申请其股票上市必须符合下列条件。

① 股票经国务院证券管理部门批准已向社会公开发行。

② 公司股本总额不少于人民币5 000万元。

③ 开业时间在3年以上，最近3年连续盈利；原国有企业依法改建而设立，或者本法实施后新组建成立，其主要发起人为国有大、中型企业的，可连续计算。

④ 持有股票面值达人民币1 000元以上的股东人数不少于1 000人，向社会公开发行的股份达公司股份总数的25%以上；公司股本总额超过人民币4亿元的，其向社会公开发行股份的比例为15%以上。

⑤ 公司在最近3年内无重大违法行为，财务会计报告无虚假记载。

⑥ 国务院规定的其他条件。

10.4.2 公司上市的法定程序

股份有限公司具备上市条件后，只是具备了申请上市的资格，而要真正成为上市公司还必须依照法定程序提出申请，经过审查批准方可上市。

根据《中华人民共和国公司法》《中华人民共和国证券法》、中国证券监督管理委员会（简称中国证监会）和证券交易所颁布的规章和规则等，企业公开发行股票并上市应该遵循以下程序。

（1）改制与设立股份有限公司。拟定改制重组方案，聘请保荐机构（证券公司）和会计师事务所、资产评估机构、律师事务所等中介机构对改制重组方案进行可行性论证，对拟改制的资产进行审计、评估，签署发起人协议和起草公司章程等文件，设立规范的股份有限公司。

（2）保荐机构和其他中介机构对公司进行辅导。具体包括尽职调查、问题诊断、专业培训和业务指导等，完善企业组织结构和内部管理，规范企业行为，明确业务发展目标和募集资金投向，对照发行上市条件对存在的问题进行整改，准备首次公开发行申请文件。

（3）申请文件申报和受理。企业和所聘请的中介机构，按照证监会的要求制作申请文件，保荐机构进行内核并负责向中国证监会尽职推荐。中国证监会在5个工作日内受理符合申报条件的申请文件。

（4）申请文件的审核。中国证监会对正式受理的申请文件进行初审，同时征求发行人所在地省级人民政府和国家发展和改革委员会（简称国家发改委）的意见，并向保荐机构反馈审核意见，保荐机构再组织发行人和中介机构对反馈的审核意见进行回复或整改。初审结束后至发行审核委员会审核前，进行申请文件预披露，最后提交发行审核委员会审核。

（5）路演、询价与定价。发行申请经发行审核委员会审核通过后，中国证监会进行核准，企业在指定报刊上刊登招股说明书摘要及发行公告等信息，证券公司与发行人进行路演，向投资者推介和询价，并根据询价结果协商确定发行价格。

（6）发行与上市。根据中国证监会规定的发行方式公开发行股票，向证券交易所提交上市申请，办理股份的托管与登记，挂牌上市。上市后由保荐机构按规定负责持续督导。

注意：上述程序适用于拟在主板市场或深圳中小企业板市场上市的公司。

10.4.3 公司上市涉及的主要中介机构及其职责

1．保荐机构

保荐机构在推荐发行人首次公开发行股票前，应当按照中国证监会的规定对发行人进行辅导。保荐机构负责证券发行的主承销工作，依法对公开发行募集的文件进行核查，并向中国证监会出具保荐意见。保荐机构应当尽职推荐发行人证券发行上市，在发行人证券上市后，保荐机构应当持续督导发行人履行规范运作、信守承诺、信息披露等义务。

2．律师

企业股票公开发行上市必须依法聘请律师事务所担任法律顾问。律师主要对股票发行与上市的各种文件的合法性进行判断，并对有关发行上市涉及的法律问题出具法律意见。

3．会计师

股票发行的审计工作必须由具有证券从业资格的会计师事务所承担。会计师事务所对企业的账目进行检查与审验，主要工作包括审计、验资、盈利预测等，同时也为企业提供财务咨询和会计服务。

4．资产评估师

企业在股票发行之前往往需要对公司的资产进行评估。这一工作通常是由具有证券从业资格的资产评估师承担的，资产评估具有严格的程序，整个过程一般包括申请立项、资产清查、评定估算和出具评估报告。

思考与训练

1．思考并回答以下问题

（1）针对大学生初创企业存在的财务问题，有哪些应对措施?

（2）日记账与流水账有什么区别?

2．分析以下案例并回答问题

小侯的汽车饰品店

2010年8月中旬，小侯走上了创业之路。因为喜欢汽车，他把目标锁定在了与汽车有关的项目上。一家属于他自己的汽车饰品店在一番忙碌之后诞生了。但是仅仅半年，他就鸣金收兵，败下阵来。回忆那段创业的日子，让小侯很是痛苦：付出了很多，回报太少。

其实，创业之前，小侯是做了充分准备的。因为喜欢汽车，他就琢磨着做与汽车相关的创业项目。他先在网上搜集了一些与汽车消费品相关的创业项目。考虑到随着人们生活水平的提高，买车的人越来越多，而爱车的人一般都比较注重车内装饰，最终他决定开一家汽车饰品店。

小侯觉得自己的想法还是比较顺应市场发展方向的，于是便高高兴兴地开始了第二步工作。他先从网上搜索了一些经营汽车饰品的代理商，并对各家的产品质量和价位进行了比较，然后选定了一家太原的代理商。经过联系，他和那家太原的代理商签好了协议，并交了6 000元的加盟费。之后就开始租房子、装修、进货，脑子里满是憧憬的小侯很快就成了老板。但是，现实给小侯的热情浇了一盆冷水——开张后，顾客寥寥无几。尽管他店里的饰品很吸引人，但无奈饰品店所处的位置比较偏，路过的车倒是不少，但也仅仅是路过，根本不会在这样一个地段停车，也不会来买车内饰品。小侯每天都早早开店，很晚才打烊，饰品的价位也定得很低，就这样，开业半年，总共才卖出两三千元的货。这时，租房合同也到期了，小侯不敢再续租，把剩下的货放到朋友空着的车库里，从此不再提开店的事。

【问题】

1．小侯创办的汽车饰品店面临了哪些财务风险?

2．小侯创业失败的根本原因是什么？对你有什么启发?